中國學術思想 研究輯刊

四 編
林慶彰 主編

第22冊

《左傳》職官考述（下）

許秀霞 著

花木蘭文化出版社

國家圖書館出版品預行編目資料

《左傳》職官考述（下）／許秀霞 著 — 初版 — 台北縣永和市：
花木蘭文化出版社，2009〔民98〕

目 16+206 面；19×26 公分
（中國學術思想研究輯刊 四編：第 22 冊）
ISBN：978-986-6449-21-5（精裝）

1. 左傳　2. 人事制度　3. 研究考訂

621.737　　　　　　　　　　　　　　　98001901

ISBN - 978-986-6449-21-5

9 789866 449215

中國學術思想研究輯刊
四　編　第二二冊　　　　　　ISBN：978-986-6449-21-5

《左傳》職官考述（下）

作　　者　許秀霞
主　　編　林慶彰
總 編 輯　杜潔祥
出　　版　花木蘭文化出版社
發 行 所　花木蘭文化出版社
發 行 人　高小娟
聯絡地址　台北縣永和市中正路五九五號七樓之三
　　　　　電話：02-2923-1455／傳眞：02-2923-1452
網　　址　http://www.huamulan.tw 信箱 sut81518@ms59.hinet.net
印　　刷　普羅文化出版廣告事業
封面設計　劉開工作室
初　　版　2009 年 3 月
定　　價　四編 28 冊（精裝）新台幣 46,000 元

《左傳》職官考述（下）

許秀霞　著

目

次

第五章　列國職官考述——齊、楚、宋、陳、秦職官（異姓小國附）

　　齊爲太公之後，與周雖爲異姓，然《左傳》數次提及太公與周王室之密切關係。如僖公二十六年：「夏，齊孝公伐我北鄙，衛人伐齊，洮之盟故也。公使展喜犒師，使受命于展禽。齊侯未入竟，展喜從之。……（展喜）對曰：「昔周公、大公股肱周室，夾輔成王。成王勞之，而賜之盟，曰：『世世子孫無相害也！』」（卷十六，頁 264～265）由此段文字即可說明了周、魯、齊間的依存關係。

　　楚國位於中原南方，其建國之初，正是周天子最強盛的時候；而後西周滅亡，平王東遷，周天子的威權一落千丈，中國歷史進入諸侯爭霸的時期。楚趁勢崛起，迅速向外擴展勢力。所謂：「漢陽諸姬，楚實盡之。」《左傳》僖公二十八年）及楚莊王觀兵于周疆、問鼎之大小、輕重焉；（宣公三年）在在可說明楚之壯大及其勃勃之野心，故其可爲春秋時期異姓國家之代表。

　　中原諸國，宋與楚最近，宋受周封，立國又在諸姬之間，故官制比楚較多受姬周官制之影響，然亦不免爲楚之流風所及，如門尹、大尹之類，即與楚國相同，故知宋亦近楚。至於陳國，一度爲楚所滅，則與楚之關係更形密切。

　　秦國則因地處西陲，與西北少數民族「戎」人爲鄰，文物制度與中原頗不相同，是以官制變化也大。

　　至於所附之邾、越、唐、梁、薛、鄫等異姓小國，皆爲春秋時代之小國，這些小國不論在國勢或領土上，皆難與其它國家相抗衡，而在國際諸事上，也大多只有陪襯的身份，是以《左傳》在敘及其國時，也僅僅數語帶過，難有較大的篇幅著墨。由於這些國家見諸《傳文》之機率太低，職官資料亦寥

寥可數，是以在處理本章各國職官資料時，雖仍依《周禮》六官之別爲分類之依據，然篇末則不再附有統計資料，蓋數據太少，不足以比較出職官種類之高低也。

第一節　齊職官

周武王克商之後，分封天下，封太公尙父於齊之營丘。太公至國脩政後，因其俗、簡其禮，通商工之業，便魚鹽之利，是以人民多歸齊，故齊爲大國。〔註1〕《左傳》書中數次提及太公與周王室之密切關係，如僖公二十六年：「夏，齊孝公伐我北鄙，衛人伐齊，洮之盟故也。公使展喜犒師，使受命于展禽。齊侯未入竟，展喜從之。……（展喜）對曰：「昔周公、大公股肱周室，夾輔成王。成王勞之，而賜之盟，曰：『世世子孫無相害也！』」（卷十六，頁264～265）此段文字說明了周、魯、齊間的依存關係，則此三國之間，在制度上也有一定的相似性；雖然，制度因地、因時制宜，其中更改變遷，在所難免。

郝鐵川在歸納春秋時期各國的內、外朝制度時，將齊獨立爲一個系統，以爲齊是「羈旅之士，布衣之士等微臣卑職組成了內朝，九族大族組成了外朝。」又說：

> 春秋時期，齊國重要貴族除陳、鮑外，大抵是姜姓公族，其中國、高二氏是天子命卿，國氏據說爲太公之後，高氏據說是文公之後，齊桓公的得立，便是因爲有他們作内應。高、國因有著天子命卿的特殊地位，所以在春秋末期以前，他們一直是齊國名義上的執政者，即把持外朝大政。自桓公卒，「五公子爭立」事件之後，齊國君主注意防範内朝公子、公孫的内閧，公子、公孫多奔走國外，很少有在國内任職者。即使待在國内的公子、公孫，地位也不高。有的要靠其他貴族救濟方能過活。《左》昭十年載：「凡公子、公孫之無祿者，（陳桓子）私分之邑。」齊國君主從來不敢廢除「天子之二守」高、國，但又總是試圖削弱高、國二氏的權力，因此使任用卑臣微臣來牽制國、高。程公說《春秋分紀》云：「管仲以下卿而執國政，齊制，執政不嫌于位卑也。哀十四年《傳》：『齊簡公之在

〔註　1〕　本段係約寫自《史記・齊太公世家第二》，《史記會注考證》卷，頁2508。司馬遷撰，瀧川龜太郎考證。天工書局印行，民國78年。

魯也，闞止有寵焉。及即位，使爲政。』止班序不詳見甚，亦位卑
而執法歟？」桓公任用寵臣管、鮑；惠公任用寵臣崔杼；景公任用
寵臣晏嬰，靈公任用寵臣崔杼、慶克簡公任用寵臣闞止，通觀齊國
執政之更替，可知高、國兩頭執政幾乎貫徹春秋始終，而歷代君主
任用寵臣干政亦幾乎貫徹春秋始終。這些寵臣之流實際上就是相對
于外朝高國二氏的內朝成員。齊國內、外朝制度的特點在于：內朝
常掌實權，並向外朝轉化。〔註2〕

這些是郝鐵川針對齊國政治生態所作的歸納，就齊國的政治分配而言，在《左
傳》中所出現的寵臣人數，亦即所謂國君的嬖幸之臣，遠比其它國家來得多。
這些嬖幸之臣的出現，或許正也是郝鐵川所言，齊國君主爲了制衡國、高二
氏，所採取的一項舉動。

齊國世代由國、高二氏執政。僖公十二年，王欲以上卿之禮饗管仲，管
仲辭曰：「臣，賤有司也，有天子之二守國、高在，若節春秋來承王命，何以
禮焉？陪臣敢辭。」（卷十三，頁223）杜預注曰：「國子、高子，天子所命爲
齊守臣，皆上卿也。」則國、高二氏，齊之掌政者也，而《傳》未嘗以「宰」
字稱呼二氏，單以「爲政」稱之，足見齊制不同於周、魯也。

齊國所稱之「爲政」，計有下列幾則。

1. 僖公三十三年：齊國莊子來聘，自郊勞至于贈賄，禮成而加之以敏。
   臧文仲言於公曰：「國子爲政，齊猶有禮，君其朝焉！」（卷十七，
   頁290）

此以「爲政」稱呼國子；按理，則國、高二氏應該掌握齊國的大部分政
治實權才是。然而，通觀《左傳》中所記載的國、高二氏，他們在政治上並
無任何表現，反而是管仲、晏嬰等人，有更爲優秀的一個政績。

2. 哀公十四年：齊簡公之在魯也，闞止有寵焉，及即位，使爲政。（卷五
   十九，頁1031）

齊簡公在魯之事在哀公六年，當時陳僖子從齊國召之，還是公子的簡公
得到消息，先拜訪了南郭且于，闞止等候於外；陽生戒之使與其子處魯；闞
止想必是因爲在魯國護衛簡公之子，是以得到寵信；因此，得以在簡公即位
時，執掌了國家大權。既是公子流亡在外時的家臣，則其原本爵位之不高，
必是當然。故程公說《春秋分紀》云：「管仲以下卿而執國政，齊制，執政不

〔註2〕郝鐵川著，《周代國家政權研究》頁51，黃山書社，1990年。

嫌于位卑也。哀十四年《傳》：『齊簡公之在魯也，闞止有寵焉。及即位，使爲政。』止班序不詳見甚，亦位卑而執法歟？」〔註3〕

一、《周禮》天官之屬

（一）宰　夫

1. 昭公二十年：齊侯至自田，晏子侍于遄臺，子猶馳而造焉。公曰：「唯據與我和夫！」晏子對曰：「據亦同也，焉得爲和？」公曰：「和與同異乎？」對曰：「異。和如羹焉，水、火、醯、醢、鹽、梅，以烹魚肉，燀之以薪，宰夫和之，齊之以味，濟其不及，以洩其過。君子食之，以平其心。」（卷四十九，頁 858）

晏子以宰夫烹煮之事以比喻「和」，足見宰夫之職專掌烹煮；宰夫之職亦見於晉、鄭，其所掌皆庖廚之事也。

2. 昭公二十七年：冬，公如齊，齊侯請饗之。子家子曰：「朝夕立於其朝，又何饗焉？其飲酒也。」乃飲酒，使宰獻，而請安。（卷五十二，頁 910）

此宰者，宰夫也。〈正義〉曰：「燕禮者，公燕大夫之禮也。公雖親在，而別有主人。鄭玄云：『主人，宰夫也。宰夫，大宰之屬，掌賓客之獻飲食者也。君於其臣，雖爲賓，不親獻，以其尊，莫敢伉禮也。』今齊侯與公飲酒，而使宰獻，是比公於大夫也。」

（二）醫

1. 文公十八年：春，齊侯戒師期，而有疾。醫曰：「不及秋，將死。」（卷二十，頁 351）

醫之官，晉、秦及楚皆有設立，齊國之醫則僅此一見。

（三）雍、饔人

1. 僖公十七年：雍巫有寵於衛共姬，因寺人貂以薦羞於公。（卷十四，頁 237）

杜注：「雍巫，雍人名巫；即易牙也。」〈正義〉亦曰：「《周禮》掌食之官有內雍、外雍，此人爲雍官名巫，而字易牙也。」雍巫雖僅爲掌食之官，

〔註 3〕 程公說《春秋分紀》卷四十二，頁 463，景印文淵閣四庫全書經部第一百五十四冊，臺灣商務印書館印行。

然卻因此得到桓公的寵信，並因雍巫而答應立公子無虧。其後，管仲卒，雍巫與寺人貂因內寵以殺群吏，而立公子無虧。小小的食官，卻能興風作浪至此，可見國君之近侍，雖然官職卑微，卻因接近權力中心，而能左右國家大權。此則又非職位所能定其職權高下也。

2. 襄公二十八年：公膳日雙雞，饔人竊更之以鶩。（卷三十八，頁654）

公膳爲公家供卿大夫之常膳；《周禮‧天官》有內饔、外饔；內饔掌王及后世子膳羞之割烹煎和之事，辨體名肉物，辨百品味之物。外饔掌外祭祀之割烹。〔註4〕依天子之禮，此饔之職近於內饔。

饔人之官，僅見於魯、齊二國。

（四）寺　人

1. 僖公二年：齊寺人貂始漏師于多魚。（卷十二，頁200）

杜注：「寺人，內奄官豎貂也。」〈正義〉曰：「《周禮》內宰之屬有內小臣：奄上士四人；寺人：王之正內五人；內豎：倍寺人之數。寺人掌王之內人及女宮之戒令；內豎掌內外之通令。皆掌婦人之事，是自內小臣以下，皆用奄人爲官也。」〔註5〕

寺人者，不過是奄官，掌管宮內婦女之事而已；而此寺人貂卻參與軍事，甚且洩露軍情，遠遠逾越其本職所能負責之事，此又因內寵而壞綱紀制度之一例也。故杜預曰：「《傳》言貂於此擅貴寵，漏洩桓公軍事，爲齊亂張本。」

2. 僖公十七年：雍巫有寵於衛共姬，因寺人貂以薦羞於公。……齊桓公卒，易牙入，與寺人貂因內寵以殺群吏，而立公子無虧。（卷十四，頁237）

寺人貂於僖公二年得寵，並洩漏軍情；十五年後，則與易牙殺群吏。十五年間，寺人貂受寵愛不衰，必是有足以讓桓公「心悅誠服」之處，此亦侍君之小臣擅於揣摩君王愛好也。

3. 襄公十七年：齊獲臧堅，齊侯使夙沙衛唁之。且曰：「無死」。堅稽首曰：「拜命之辱。抑君賜不終，姑又使其刑臣禮於士。」（卷三十三，頁574）

杜注：「夙沙衛，奄人，故謂之刑臣。」臧堅因夙沙衛之唁深感屈辱；無獨有偶地，襄公十八年，晉、齊之戰時，《傳》載：「夙沙衛連大車以塞隧

〔註4〕《周禮‧天官》卷四，頁61～63。
〔註5〕亦見《周禮‧天官》卷七，頁115～116。

而殿。殖綽、郭最曰：『子殿國師，齊之辱也。子姑先乎！』乃代之殿。」（卷三十三，頁 577～578）大臣對於寺人之率兵殿後，深以為恥，足見當時寺人雖偶而能獲取君王歡心，然其社會地位卑下，為一般大臣所瞧不起，不足以擔當大任。

《周禮・天官》中之各項掌管事務人員，由於接觸宮內女眷之機會頻繁，是以如酒人、漿人、籩人、醢人、醯人、鹽人等等，皆以奄人任之，夙沙衛此時究竟擔任何種官職，《傳》未明言；然從宮內掌管各項雜役之人員，成為慰勞俘虜之特使，亦非其原有職務矣。至襄公十九年，齊靈公「使高厚傅牙，以為太子；夙沙衛為少傅」；則奄臣又搖身一變成為太子之少傅矣。

齊國國君似乎對於侍從之近小臣，特別偏愛，是以在《傳》中屢見描述齊君身邊之嬖人。例如成公二年記載：「齊侯伐我北鄙，圍龍。頃公之嬖人盧蒲就魁門焉。龍人囚之。齊侯曰：『勿殺，吾與而盟，無入而封。』弗聽，殺而膊諸城上。齊侯親鼓，士陵城。三日，取龍，遂南侵，及巢丘。」（卷二十五，頁 421）嬖人，頃公寵信之人也，故頃公一怒為嬖人，乃親擊戰鼓，於三日將城攻下也。

此外，如莊公八年：「冬十二月，齊侯游于姑棼，遂田于貝丘。見大豕，……公懼，隊于車。傷足，喪屨。反，誅屨於徒人費。弗得，鞭之，見血。走出，遇賊于門，劫而束之。費曰：『我奚御哉？』袒而示之背。信之，費請先入，伏公而出，鬥，死于門中。石之紛如死于階下。遂入，殺孟陽于牀。曰：『非君也，不類。』見公之足于戶下，遂弒之。」（卷八，頁 144）

此處所記載之徒人，亦未明言其職為何。《漢書・古今人表第八》於「中上」人一欄，列有「齊寺人費」，師古注曰：「即徒人費也。」〔註6〕故知此徒人費等亦是寺人一流。費、石之紛如、孟陽當是齊侯平時所寵信者，所以甘為齊侯力戰也。

又，襄公二十五年：「（莊）公踰牆，又射之，中股，反隊，遂弒之。賈舉、州綽、邴師、公孫敖、封具、鐸父、襄伊、僂堙皆死。」（卷三十六，頁 619）杜注：「八子，皆齊勇力之臣，為公所嬖者，與公共死於崔子之宮。」此單言嬖者；而《史記・齊太公世家》則曰：「莊公嘗笞宦者賈舉，賈舉復侍，為崔杼閒公。……宦者賈舉遮公從官而入，閉門。」〔註7〕則賈舉亦奄臣也。

〔註6〕《漢書》卷二十，頁 907。班固撰，顏師古注，宏業書局印行，民國 73 年。
〔註7〕《史記會注考證》卷三十二，頁 2542～2543，司馬遷撰，瀧川龜太郎考證。

以此推之，州綽等人亦應是奄臣；蓋非執政諸卿大夫，而得以接近國君之臣子，大概亦莫奄臣莫屬了，是以附列於寺人之下。

如與其它諸國比較而言，齊國奄人、徒人之記載，遠較各國爲多，且這些徒人等，對於君王又特別死忠，常是君亡己亡，莫非是地域風氣使然乎？

寺人之職，魯、齊、晉、宋四國皆有。

二、《周禮》地官之屬

（一）大傅、少傅（師氏）

1. 襄公十九年：齊侯娶于魯，曰顏懿姬，無子。其姪鬷聲姬，生光，以
　　爲太子。諸子仲子，戎子，戎子嬖。仲子生牙，屬諸戎子。戎子
　　請以爲太子，許之。仲子曰：『不可。……』君曰：『在我而已。』
　　遂東太子光，使高厚傅牙，以爲太子；夙沙衛爲少傅。（卷三十四，
　　頁 585～586）

齊靈公因寵愛戎子之故，廢太子光而立公子牙，《傳》明言「夙沙衛爲少傅」，則高厚者，太傅也。高厚曾相太子光，會諸侯于鍾離；此居然又爲公子牙之太傅，是以同年即被殺也。且夙沙衛者，奄臣也；以一刑臣，居然能夠擔任太子之少傅，足見國君對此奄人之寵愛，此亦可說是齊國之特例吧！

（二）虞　人

1. 昭公二十年：十二月，齊侯田于沛，招虞人以弓，不進。公使執之。
　　辭曰：「昔我先君之田也，旃以招大夫，弓以招士，皮冠以招虞人。
　　臣不見皮冠，故不敢進。」（卷四十九，頁 858）

虞人，掌山澤之官也。此齊侯於田獵時招之，知是《周禮》中之〈山虞〉也。〈山虞〉之職曰：「若大田獵，則萊山田之野；及弊田，植虞旗于中，致禽而珥焉。」〔註8〕此虞人之職與《周禮》所載相同。

又，虞人之職僅見於魯、齊二國。

（三）牧（牧人）

1. 昭公二十年，齊侯使公孫青聘于衛。……賓（公孫青）曰：「寡君之下

天工書局印行，民國 78 年。

〔註8〕《周禮·地官》卷十六，頁 247。

臣，君之牧圉也。」（卷四十九，頁 854～855）

公孫青自謙爲衛君之「牧圉」，則齊國當有牧人與圉人之官。《周禮・地官》有「牧人」一職，以下士六人擔任。其職爲：「掌牧六牲而阜蕃其物，以共祭祀之牲牷。」鄭注：「六牲，謂牛、馬、羊、豕、犬、雞。」知所謂「牧」者，不單牧牛也。

牧之職於《左傳》中單稱爲「牧」，或是爲行文簡潔之故也，其見於晉、齊、楚三國。

三、《周禮》春官之屬

（一）祝、史

1. 昭公二十年：齊侯疥，遂痁。期而不瘳。諸侯之賓問疾者多在。梁丘據與裔款言於公曰：「吾事鬼神豐，於先君有加矣。今君疾病，爲諸侯憂，是祝、史之罪也。諸侯不知，其謂我不敬，君盍誅於祝固、史嚚以辭賓？」（卷四十九，頁 856）

此以國君久病不癒之故，怪罪於祝史。足見於此祝史二職的職務有相當大的關連性，即二者之職掌與掌管祭祀有關，是以嬖臣們相信，祭祀既豐，而國君的健康仍然沒有起色，就當是祝史之職了！

另外，由嬖臣們建議誅祝史，也可見祝史雖然掌管祭祀之事，但其職位已不復以往尊貴，否則如何會動輒建議謀殺祝史呢？劉起釪曾說：「在歷史上，這種現象出現在春秋之世，當時的政務職官「司徒、司馬、司空」等已成爲第一級的國卿，而原來的職司宗教的「六大」中的「史、祝、士、卜」等官則降到下僚。這是一個歷史性的變化。郭沫若氏說：『世道開明，卜、祝等失其魔力，遂淪爲下吏矣。（〈小盂鼎考釋〉，見大系）』」。〔註9〕

（二）大史、南史

1. 襄公二十五年：大史書曰：「崔杼弒其君」，崔子殺之。其弟嗣書，而死者二人。其弟又書，乃舍之。南史氏聞大史盡死，執簡以往，聞既書矣，乃還。（卷三十六，頁 619）

《周禮・大史》掌「建邦之六典，以逆邦國之治。」並未有記錄史事之職責，此齊國大史之責，似較近於內史、外史之職務。或是諸侯之國，以大

〔註 9〕劉起釪〈洪範成書考〉，頁 13。《中國社會科學》1980 年第 3 期。

史兼內史、外史之工作也。

　　齊大史秉筆直書，不畏強權，是後世所有史家的典範。由此例，我們也可看出，大史之職，著重正確記載時事，以爲歷史留下見證。另外，由大史之弟嗣書的動作，也可得知，史之職位，是世代相傳的。

　　齊除了大史之外，亦有南史，同樣負責朝事的記錄，名稱之不同，當是記錄區域的畫分。《會箋》曰：「南史，佐大史者。當是小史也，史居在南，非官名也。」〔註10〕

　　2. 哀公十四年：夏五月壬申，成子兄弟四乘如公。子我在幄，出逆之，遂入，閉門。侍人禦之，子行殺侍人。公與婦人飲酒于檀臺，成子遷諸寢，公執戈，將擊之。大史子餘曰：「非不利也，將除害也。」

　　（卷五十九，頁 1032）

　　此大史，成子之黨也，是以謊說成子將除害。

　　大史之職，亦見於周、魯、晉、鄭等國。

四、《周禮》秋官之屬

（一）司　寇

　　1. 成公十八年：慶封爲大夫，慶佐爲司寇。（卷二十八，頁 486）

　　慶佐者，慶克之子也，此時尚非大夫。襄公二十一《傳》曰：「齊侯使慶佐爲大夫，復討公子牙之黨，執公子買于句瀆之丘。」（卷三十四，頁 590）是慶佐於成公十八年爲司寇後，至襄公二十一年始爲大夫也。則齊司寇之爵位非大夫。不過，齊國之大夫爲狹義之大夫，楊伯峻曰：「齊國之大夫相當于諸侯之卿，非廣義之大夫。」〔註11〕

　　襄公二十一年僅註明慶佐爲大夫，未言其官職，然以其「討公子牙之黨，執公子買」等事而觀，則仍屬於刑官之範疇，則此時似仍擔任司寇之職。

　　齊國司寇之職僅此一見；然由於司寇爲掌刑之官，各國大多設立，周、魯、晉、鄭、衛宋皆有。

（二）士（士師）

　　1. 成公十八年：齊爲崔氏之難故，甲申晦，齊侯使士華免以戈殺國佐於內宮之朝。（卷二十八，頁 485）

〔註10〕《左傳會箋》頁 1190，竹添光鴻著，天工書局印行，民國 77 年。
〔註11〕楊伯峻《春秋左傳注》頁 908，源流出版社，民國 71 年。

杜注：「華免，齊大夫。」〈正義〉曰：「杜世族譜於齊國雜人之中有華免，而無士字。此〈注〉以華免爲大夫，則士者，爲士官也。官掌刑，故使殺國佐也。」然則此士蓋即士師之官，非御士之屬。僖公二十八年衛國有「大士」，其名爲「士榮」，〈正義〉曰：「《周禮》獄官多以士爲名，……士榮，……舉其官名，以其主獄事」則士爲官名也。故襄公十九年鄭國有「士子孔」，《會箋》亦曰：「疑爲士官，故稱士子孔以別之。」〔註12〕

《周禮・秋官・士師》之職曰：「掌國之五禁之法，以左右刑罰，……以五戒先後刑罰，毋使罪麗于民：……掌官中之政令。察獄訟之辭，以詔司寇斷獄弊訟，致邦令。」〔註13〕

士師掌刑罰，齊單稱「士」；衛則稱之爲「大士」。

五、家臣類

（一）家　宰

宰者，可分諸侯之宰，及卿大夫之家宰，以齊國而言，掌國之大權者並非稱宰，而是以「執政」二字代之，已如上述。

1. 襄公二十五年：申蒯，侍漁者，退，謂其宰曰：「爾以帑免，我將死。」其宰曰：「免，是反子之義也。」與之皆死。（卷三十六，頁619）

此宰，大夫之家宰是也。由宰與之共死來看，宰與主人的關係實非常密切，已到生死與共的地步。

2. 昭公八年：七月甲戌，齊子尾卒。子旗欲治其室。丁丑，殺梁嬰。八月庚戌，逐子成、子工、子車，皆來奔。而立子良氏之宰。其臣曰：「孺子長矣，而相吾室，欲兼我也。」（卷四十四，頁769）

此亦大夫之家宰也，同是禍福相連的一個例子。同時，家臣以「相」字形容家宰之掌理事務；且「家宰」由其它大夫立之。

（二）差　車

1. 哀公六年：將盟，鮑子醉而往，其臣差車鮑點曰：「此誰之命也？」陳子曰：「受命于鮑子。」（卷五十八，頁1008）

杜注曰：「點，鮑牧臣也。差車，主車之官。」

差車之官，《周禮》不見其名；既是主車之官，則頗類似〈春官・巾車〉

〔註12〕 《左傳會箋》第十六，頁1126。竹添光鴻著，天工書局印行，民國77年。
〔註13〕 《周禮・秋官》卷三十五，頁526。

之職。此是鮑牧之臣，故屬於家臣之類。

　　此官僅見於齊國。

（三）圉　人

　　1. 襄公二十七年：九月庚辰，崔成、崔彊殺東郭偃、棠無咎於崔氏之朝。
　　　　崔子怒而出，其眾皆逃，求人使駕，不得；使圉人駕，寺人御而
　　　　出。（卷三十八，頁 649）

　　圉人本職在於養馬，今眾人逃逸，故崔子使之駕車。

　　2. 襄公二十八年：十一月乙亥，嘗于大公之廟。慶舍蒞事。盧蒲姜告之，
　　　　且止之，弗聽。曰：「誰敢者，」遂如公。麻嬰爲尸，慶奊爲上獻。
　　　　盧蒲癸、王何執寢戈，慶氏以其甲環公宮。陳氏、鮑氏之圉人爲
　　　　優。（卷三十八，頁 655）

　　此圉人則又爲優，顯示圉人除負責養馬之外，平常多也操演他事，以備
不時之需也。

（四）寺　人

　　1. 襄公二十七年：九月庚辰，崔成、崔彊殺東郭偃、棠無咎於崔氏之朝。
　　　　崔子怒而出，其眾皆逃，求人使駕，不得；使圉人駕，寺人御而
　　　　出。（卷三十八，頁 649）

　　此寺人者，猶是奄士，御者逃逸，故崔子使宦官爲御也，此例可證大夫
之家亦有宦官。

六、其　它

（一）左　相

　　1. 襄公二十五年：叔孫宣伯之在齊也，叔孫還納其女於靈公，嬖，生景
　　　　公。丁丑，崔杼立而相之，慶封爲左相，盟國人於大宮。（卷三十
　　　　六，頁 619）

　　《左傳》中各國僅齊有左相；其餘國家則無。至於《史記·齊太公世家》
之記載則爲：「景公立，以崔杼爲右相，慶封爲左相。二相恐亂起，乃與國人
盟曰：『不與崔、慶者死。』」〔註14〕《史記》因《左傳》史事而引申之，《傳》

〔註14〕《史記會注考證》卷三十二，頁 2544，司馬遷撰，瀧川龜太郎考證。天工書
　　　　局印行，民國 78 年。

但言「崔杼相之」，《史記》則因此曰崔杼爲右相，慶封爲左相。後世立丞相以佐國君，相之名即始於此。

定公元年《傳》記載薛宰追敘本國先祖時說：「薛之皇祖奚仲居薛，以爲夏車正；奚仲遷于邳，仲虺居薛，以爲湯左相。若復舊職，將承王官，何故以役諸侯？」（卷五十四，頁941）《會箋》於此箋曰：「閻若璩曰：『李燾仁父言，古之所謂相者，一而已。初未嘗使他人參貳乎其間，堯相舜，舜相禹，禹相皋陶，皋陶既沒，乃相益，湯相伊尹。《傳》所謂仲虺爲湯左相者，不足信也。』案：薛宰自述其皇祖曾居是官，或出成湯一時之權制，非恆法。至襄二十五年慶封爲齊左相，雖亂人亦或有因於古，未可知。惟《通典》本《管子》稱黃帝置六相。文十六年大史克稱舜舉十六相，相則輔助之名，非仁父所謂一相之任之相。」〔註15〕對於「相」之稱呼，顧炎武亦曰：「三代之時，言相者皆非官名。……惟襄公二十五年，崔杼立景公而相之，慶封爲左相，則似眞以相名官者。」〔註16〕則所謂左相者，雖《周禮》無；史書卻有，因而爲慶封所引用也。

（二）銳司徒、辟司徒

1. 成公二年：齊侯見保者，曰：「勉之，齊師敗矣！」辟女子，女子曰：「君免乎？」曰：「免矣。」曰：「銳司徒免乎？」曰：「免矣。」曰：「苟君與吾父免矣，可若何？」乃奔。齊侯以爲有禮。既而問之，辟司徒之妻也，予之石窌。（卷二十五，頁425）

銳司徒、辟司徒者，《周禮》無此官名，《左傳》中亦僅此一見。

杜預注曰：「銳司徒，主銳兵者；辟司徒，主壘壁者。」竹添光鴻則曰：「辟司徒如漢大將軍有軍司空，主壁壘事也。《淮南·兵略訓》：『處軍輯，井灶通，此司空之官也。蓋齊無司空官。』」〔註17〕王天有亦曰：「齊國司徒分銳司徒、辟司徒，都是軍職，前者統領作戰士兵，後者負責營壘和後勤事務。」〔註18〕事實是否如此？由於資料有限，仍有待進一步之考證。

〔註15〕《左傳會箋》第二十七，頁1770。竹添光鴻著，天工書局印行，民國77年。

〔註16〕《日知錄集釋》卷二十四，頁1064。顧炎武著，黃汝成集解釋，欒保群、呂宗力校點，花山文藝出版社印行，1990年。

〔註17〕參見竹添光鴻《左傳會箋》，頁816。竹添光鴻並以爲「予之石窌」，是封此婦人。他說：「婦人封邑當自此始，《藝文類聚·封爵部》、《太平御覽·封建部五》〈婦人封門〉俱載此傳。而解者謂予辟司徒地，以襃其妻，失傳意矣。」天工書局印行。

〔註18〕王天有《中國古代官制》頁16，臺灣商務印書館印行，民國83年。

（三）工　正

1. 莊公二十二年：齊侯使敬仲爲卿。辭曰：「羈旅之臣幸若獲宥，及於
   寬政，赦其不閑於教訓，而免於罪戾，弛於負擔，君之惠也。所
   獲多矣，敢辱高位以速官謗？」……，使爲工正。（卷九，頁162
   ～163）

　　工正，杜預注曰：「掌百工之官。」今〈冬官考工記〉無此官名。然〈冬
官考工記〉既爲執掌百工之事，則所謂工正者，宜爲百工之首也。

　　張亞初、劉雨從金文中見有〈百工〉一職，認爲「百工有兩種含意，一
是象伊毁等器上的百工，與臣妾並列，是奴隸的一種，也就是官營手工作坊
中的工奴；一種是象矢令方彝銘文中所說的，與各種職官一起依次排列的百
工，是職官名，也就是管理工奴的工頭。矢令方彝告訴我們，這種百工地位
在里君之下，並不是十分顯要的職官。作爲職官講的百工，相當于文獻上所
講的工正、工師。……杜注：『工師，掌工匠之官』，在大量的戰國兵器銘文
中完全可以證明，這種說法是正確的。」〔註19〕

　　工正之職，魯、楚、宋亦有設立。

（四）衡鹿、舟鮫、虞候、祈望

1. 昭公二十年：（晏子）對曰：「山林之木，衡鹿守之；澤之萑蒲，舟鮫
   守之；藪之薪蒸，虞候守之；海之鹽蜃，祈望守之。」（卷四十九，
   頁857）

　　杜注：「衡鹿、舟鮫、虞候、祈望，皆官名也，言公專守山澤之利，不與
民共。」〈正義〉曰：「《周禮》司徒之屬有林衡之官，掌巡林麓之禁。鄭玄云：
『衡，平也，平林麓之大小及所生者。竹木生平地曰林；山足曰麓。此置衡
鹿之官，守山林之木，是其宜也。舟是行水之器，鮫是大魚之名，澤中有水
有魚，故以舟鮫爲官名也。《周禮》山澤之官皆名爲虞。每大澤大藪，中士四
人。鄭玄云：『虞，度也。度知山之大小，及所生者。』澤，水所鍾也，水希
爲藪，則藪是少水之澤，立官使之候望，故以虞候爲名。海是水大之神，有
時祈望祭之，因以祈望爲主海之官也。此皆齊自立名，故與《周禮》不同。」
《國語・齊語》載管仲之制曰：「澤立三虞，山立三衡。」〔註20〕此單言虞、

〔註19〕張亞初、劉雨《西周金文官制研究》頁49，北京中華書局印行。

〔註20〕《國語》卷六，頁229～230。韋昭注，漢京文化事業有限公司出版，民國72
　　　　年。

衡，猶有《周禮》遺意。

《西周金文官制研究》輯有「司录（麓）」一職，並說：「金文散盤录貞之录，王國維、郭沫若諸家都定爲職官名，录讀爲麓，這是很對的。……從《周禮》的記載看，林衡兼管林與麓，麓不是一種單獨職官，但在西周金文中林與麓是由兩種職官來分掌的。」〔註21〕

此四種官職，爲齊國所獨有；《左傳》中，亦僅此一見。

又按：祈望者，後世立鹽官之始。

（五）侍　漁

1. 襄公二十五年：申蒯，侍漁者，退，謂其宰曰：「爾以帑免，我將死。」

　　　　　　其宰曰：「免，是反子之義也。」與之皆死。（卷三十六，頁619）

杜注：「侍漁，監取魚之官。」《會箋》以爲：「侍漁之官，蓋監收漁稅者。」〔註22〕此亦《周禮》所無者，蓋齊國近海，海洋之利多，故有他國未有之官也。

由此看來，齊國官制之特別者，一在於其地的民俗風情，諂媚奉上，卻又能爲主子盡忠死節者；二者爲其地域靠近海洋，於各國之中，獨有爲海洋之利而設之官，此齊國官制之最特別之處也。

七、小　結

《周禮》六官歸屬	官　名	《　左　傳　》　記事	出現次數	備　註
天　官	宰　夫	（1）（昭20）晏子論宰夫。（2）（昭27）齊侯饗魯公，使宰獻。	2	
	醫	（文18）預言齊侯將死	1	
	饔　人	（1）（僖17）雍巫，以官名氏，薦羞於公。（2）（襄28）饔人竊更公之雙雞。	2	
	寺　人	（1）（僖2）漏師于多魚。（2）（僖17）雍巫因寺人以薦羞。（3）（襄17）夙沙衛（刑臣）唁臧堅。	3	天官四類
地　官	大　傅（師氏）	（襄19）高厚傅太子	1	
	少　傅（師氏）	（襄19）夙沙衛爲（太子）少傅	1	
	虞　人	（昭20）齊侯田，招虞人以弓	1	
	牧（牧人）	（昭20）公孫青自謙爲牧圉	1	地官四類

〔註21〕張亞初、劉雨《西周金文官制研究》頁11，北京中華書局印行。

〔註22〕《左傳會箋》頁1188，竹添光鴻著，天工書局印行，民國77年。

春　官	祝、史	（昭20）大臣建議殺祝史	1	祝、史爲二職
	大　史	（1）（襄25）書「崔杼弒其君」。（2）（哀14）黨於成子。	2	
	南　史	（襄25）聞大史盡死，執簡以往	1	春官四類
秋　官	司　寇	（成18）慶佐爲司寇	1	
	士（士師）	（成18）士華免以戈殺國佐	1	秋官二類
其　它	左　相	（襄25）崔杼立而相之，慶封爲左相	1	
	銳司徒	（成2）與軍事有所關，《傳》未明言	1	
	辟司徒	（成2）與軍事有所關，《傳》未明言	1	
	工　正	（莊22）使（敬仲）爲工正	1	
	衡　鹿	（昭20）守山林之木	1	
	舟　鮫	（昭20）守澤之萑蒲	1	
	虞　候	（昭20）守藪之薪蒸	1	
	祈　望	（昭20）守海之鹽蜃	1	
	侍　漁	（襄25）申蒯，侍漁者	1	其它九類

職　官　別	總　數	比　例
天　官	4	17.39%
地　官	4	17.39%
春　官	4	17.39%
夏　官	0	0%
秋　官	2	8.7%
冬　官	0	0%
其　它	9	39.13%
合　計	23	100%

　　由以上表格而觀，齊國之職官在《左傳》中所出現的數量並不多；較爲特別的則是，屬於軍事方面的〈夏官〉類職官及工藝方面的〈冬官〉之類，在齊國皆付之闕如；〈冬官〉之類職官在各國所見本來爲數即少；然屬於〈夏官〉類之職官，則各國或多或少皆有所見，而齊國卻於此掛零。此或因齊國致力於外交工作，是以得以避免戰事之發生；或因齊國於當時國際中，已漸屬於無法採取軍事活動的小國之一。齊桓公雖曾爲一代霸主，然風光之時代維持不長，尤其桓公死後，諸公子爭立，再加上小人、嬖臣的寵幸，使得齊國之國勢長期處在欲振乏力的窘境之下，這當也是齊國未見〈夏官〉類官的原因之一吧！

　　齊國官制特別值得一提的是，其因地利之便所特別設置的職官，如衡鹿、舟鮫、虞候、祈望及侍漁，此五職官皆是因應齊國的山海地形而設置，其中祈望一職，甚且成爲後代鹽官之始。此種因地制宜的特色，深切地反映出職官制度的可變性，在職官的研究上，有其代表性的意義。

第二節　楚國職官

　　顧炎武於《日知錄》卷四〈列國官名〉曰：「春秋時，列國官名，若晉之中行、宋之門尹，秦之不更、庶長，皆他國所無，而楚尤多。」就顧氏所列，共有令尹、莫敖等二十八種官名，爲楚獨有。〔註23〕不過，事實上，這些官名有些係同名異實性質，如司馬；有些則是與中原諸國同實異名，如樂尹之與樂工或樂師等。楚國之官名，既與中原各國殊異，則欲以《周禮》與之比對，自不易相合。今依本論文之模式，先以《周禮》六官爲主，次列其異於《周禮》之官名，如莫敖、令尹等，以探楚官之特性。

一、《周禮》天官之屬

（一）大　宰

　　《周禮》之六卿，以太宰爲長，是以宰爲上卿之號。但在楚國，卻是以令尹爲長；不過楚國仍設有大宰之官，只是職位不高。

　　1. 成公十年：晉侯使糴茷如楚，報大宰子商之使也。（卷二十六，頁449）

　　子商之使在成公九年，《傳》曰：「楚子使公子辰如晉，報鍾儀之使，請脩好、結成。」則楚國之大宰，平常也負責出使之任務。

　　2. 成公十六年：楚子登巢車，以望晉軍。子重使大宰伯州犁侍于王後。
　　　　（卷二十八，頁475）

　　伯州犁者，晉伯宗之子也。成十五年《傳》曰：「晉三郤害伯宗，譖而殺之。……伯州犁奔楚。」（卷二十七，頁467）此因晉楚交戰，故子重使伯州犁侍王，以解說晉軍之布陣也。

　　3. 昭公元年：楚公子圍聘于鄭。……令尹命大宰伯州犁對曰：「君辱貺寡大夫圍，謂圍將使豐氏撫有而室。……」（卷四十一，頁697）

〔註23〕顧炎武《日知錄集釋》頁204。黃汝成集釋，欒保群、呂宗力校點，花山文藝出版社印行，1991年。

－186－

4. 昭公元年：楚公子圍使公子黑肱、伯州犁城犨、櫟、郟。……殺大宰
伯州犁于郟。（卷四十一，頁 710）

5. 昭公元年：楚靈王即位，蒍罷爲令尹，蒍啓彊爲大宰。（卷四十一，頁
710）

6. 昭公七年：楚子成章華之臺，願與諸侯落之。大宰蒍啓彊曰：「臣能得
魯侯。」蒍啓彊來召公。（卷四十四，頁 760）

7. 昭公二十一年：楚蒍越帥師將逆華氏，大宰犯諫曰：「諸侯唯宋事其君。
今又爭國，釋君而臣是助，無乃不可乎！」（卷五十，頁 871）

就以上所見楚之太宰，其職權皆偏重文治方面，而與軍事無涉。

（1）擔任使節：如子商、伯州犁、蒍啓彊。

（2）提供意見：如伯州犁曾於戰時侍於王後，提供意見；大宰犯則向國
君進諫。

（3）築城：靈王曾使伯州犁與公子黑肱城犨、櫟、郟。此蓋誘兵之計，
爲殺伯州犁也，故非太宰常職。

綜上而觀，楚太宰屬於文職人員，負責出使及提供君王意見，並不直接
統兵作戰。且其地位不高，以其用羈人爲之可知也。

（二）少　宰

除大宰外，楚又有少宰一職，其即《周禮》中之小宰也。蓋《周禮》中
之「小」宰、「小」司馬、「小」司寇，《左傳》、《國語》皆稱「少」。

1. 宣公十二年：楚少宰如晉師。曰：「寡君少遭閔凶，不能文。……」（卷
二十三，頁 394）

杜注：「少宰，官名。」少宰者，大宰之輔佐也，故其亦文職，負責於戰
事之時出使也。

少宰之職，楚國、宋國各僅一見。

（三）醫

1. 襄公二十一年：楚子使醫視之。復曰：「瘠則甚矣，而血氣未動。」（卷
三十四，頁 591）

《周禮・天官》有醫師、食醫、疾醫、瘍醫、獸醫等等。由《傳》觀之，
此處之醫，或者當是「疾醫」。疾醫之職爲：「掌養萬民之疾病。」〔註24〕

〔註24〕《周禮・天官》卷五，頁 73。

　　醫之官，晉、秦、齊及楚皆有設立。楚國之醫則僅此一見。

（四）大　閽

　　1. 莊公十九年：初，鬻拳強諫楚子。楚子弗從。臨之以兵，懼而從之。鬻拳曰：「吾懼君以兵，罪莫大焉。」遂自刖也。楚人以爲大閽，謂之大伯，使其後掌之。（卷九，頁 160）

　　杜注：「若今城門校尉官。」〈正義〉曰：「《周禮・天官・閽人》掌守王宮之中門之禁。鄭玄云：『閽人司昏晨以啓閉者。刑人墨者使守門。』〈秋官・掌戮〉：墨者使守門，刖者使守囿，則閽不使刖。而鬻拳得爲閽者，《周禮・地官》之屬有〈司門〉下大夫二人，掌授管鍵以啓閉國門。鄭玄云：『若今城門校尉，主王城十二門。』此〈注〉亦云：『若今城門校尉官。』然則鬻拳本是大臣，楚人以其賢而使典此職，非爲刑而役之。其爲大閽者，當如〈地官〉之司門，非〈天官〉之閽人，亦主晨昏開閉。通以閽爲名焉。謂之「大伯」，伯者，長也，爲門官之長也。」

　　閽爲守門，蓋無疑義也。故《傳》文於此追敘之前，曾敘「楚子卒，鬻拳葬諸夕室，亦自殺也。而葬於絰皇。」杜注：「絰皇，冢前闕，生守門，故死不失職。」鬻拳在生之時守門，是以死後仍不忘盡忠職守也。然所謂「墨者使守門」之類，鬻拳並非因罪受刑，而係自刖，並不同於一般的受刑者。故鄭玄曰：「若今城門校尉」，可信也。

　　此官亦世襲，故《傳》文接著說：「使其後掌之。」

　　大閽之官，僅楚國一見。

（五）閽、司宮

　　1. 昭公五年：（楚子）曰：「晉，吾仇敵也。苟得志焉，無恤其他。今其來者，上卿、上大夫也。若吾以韓起爲閽，以羊舌肸爲司宮，足以辱晉，吾亦得志矣。可乎？」（卷四十三，頁 745）

　　杜注：「刖足使守門；……加宮刑。」〈正義〉曰：「《周禮・掌戮》云：『墨者使守門、劓者使守關、宮者使守內、刖者使守囿、髡者使守積。』則守門者當以墨也。知不以韓起爲墨者，楚子意在辱晉，必將加之重罪。墨是刑之輕者，知其必非墨也。且欲以叔向爲宮刑，明起刑亦次宮也。莊十九年《傳》稱鬻拳自刖，楚人以爲大閽，知此亦是刖也。欲以叔向爲司宮，爲奄官之長；則韓起爲閽，亦欲令爲門官之長。」

　　顧棟高：「按《周禮・閽人》王宮每門四人，囿游亦如之。次內小臣之下，

寺人之上。〈記〉曰：『深宮固門，閽寺守之。』是閽與奄寺雖不同，皆以刑人而掌近職，無容別見。」〔註25〕

　　閽之官，吳、邾皆有設立，同時楚國之大臣亦有閽寺，以守家門。守門之官，除有常職之外，另亦有因特殊事故而暫時設立者，如哀公十六年：「（白公）以王如高府，石乞尹門。」（卷六十，頁 1043）杜注：「爲門尹。」此門即高府之門也。石乞本勝之徒，今因勝作亂，故一時權充門尹，以看守府庫及楚子，非常職也。

二、《周禮》地官之屬

（一）司　徒

　　1. 宣公十一年：令尹蒍艾獵城沂，使封人慮事，以授司徒。（卷二十二，
　　　　頁 383）

　　杜注：「封人，其時主築城者。……司徒，掌役。」《周禮・大司徒》之職有「大軍旅、大田役以旗致萬民，而治其徒庶之政令。」〈小司徒〉之職亦有「凡用眾庶，則掌其政教與其戒禁聽其辭訟，施其賞罰，誅其犯命者，凡國之大事致民。」〔註26〕是大、小司徒均掌役也，諸侯之司徒兼掌大小司徒之責。

　　司徒之官，各國大多皆有設立，如周、魯、鄭、衛、楚、宋、陳皆有司徒見於《傳》。

（二）封　人

　　1. 宣公十一年：令尹蒍艾獵城沂，使封人慮事，以授司徒。量功命日，
　　　　分財用，平板榦，稱畚築，程土物，議遠邇，略基址，具餱糧，
　　　　度有司，十旬而成，不愆于素。（卷二十二，頁 383）

　　〈正義〉曰：「《周禮・封人》：『凡封國，封其四疆，造都邑之封域者亦如之。』大司馬大役與慮事，受其要以待考而賞誅。鄭玄云：『慮事者，封人也。於有役，司馬與之屬賦丈尺與其用人數也。』是封人主造城邑，計度人數。此云使封人，故云其時主築城者。慮事者，謀慮城築之事，無則慮之；訖則計功也。史書多有無慮之語，皆謂揆度前事也。」

　　《周禮・地官》封人之編制，設中士四人，下士八人。其職爲『掌設王

〔註25〕顧棟高《春秋大事表》卷十，頁 620～621，景印文淵閣四庫全書，臺灣商務
　　　　印書館印行。
〔註26〕分見《周禮・地官》卷十，頁 163；卷十一，頁 170。

之社壝，爲畿，封而樹之。凡封國，設其社稷之壝，封其四疆。造都邑之封域者亦如之。』則封人亦掌建築城郭。封人爲司徒之屬官，故其慮事畢，必須上於所司。

封人之職，鄭、宋、楚、蔡皆有設立。

（三）牧（牧人）

1. 昭公七年：無宇辭曰：「……馬有圉，牛有牧。」（卷四十四，頁 759）

杜注：「養馬曰圉，養牛曰牧。」《周禮・地官》有「牧人」一職，以下士六人擔任。其職爲：「掌牧六牲而阜蕃其物，以共祭祀之牲牷。」鄭注：「六牲，謂牛、馬、羊、豕、犬、雞。」依申無宇之言，馬、牛各有專職之人照管，知春秋時之牧，不包含馬也。

牧之官，見於晉、齊及楚。

（四）太師（師氏）

1. 文公元年：（楚子）欲立王子職，而黜太子商臣。商臣聞之而未察，告其師潘崇曰：「若之何而察之？」潘崇曰：「享江羋而勿敬也。」……穆王立，以其爲大子之室與潘崇，使爲大師，且掌環列之尹。（卷十八，頁 299）

潘崇有功於商臣，故商臣爲君之後，使爲大師，足知此大師爲輔佐國君之長，位極尊貴。《史記・楚世家》亦載此事曰：「穆王立，以其太子宮予潘崇，使爲太師，掌國事。」〔註27〕則太師不僅教導國君而已，同時也掌握國家政治之實權。

2. 哀公十七年：楚子問帥於大師子穀與葉公諸梁。（卷六十，頁 1045）

大師子穀之名僅此一見；然葉公卻是平定白公之亂的主要人物，而子穀之名還序列其上，這表明子穀之地位十分尊崇。吳永章以子穀與潘崇位均尊貴的例子，論太師之職爲「當令尹之任而榮寵又過之。」〔註28〕

太師之官，僅見於晉、楚兩國。

（五）太子師、太子少師（師氏）

1. 成公九年：（晉）公曰：「君王何如？」（鍾儀）對曰：「非小人之所得知也。」固問之。對曰：「其爲大子也，師、保奉之，以朝于嬰齊

〔註27〕《史記・楚世家》，《史記會注考證》卷四十，頁 2883，司馬遷撰，瀧川龜太郎考證。天工書局印行，民國 78 年。

〔註28〕吳永章〈楚官考〉頁 166，收於《中華文史論叢》1982 年第二期。

而夕于側也。不知其他。」（卷二十六，頁 448）

杜注：「嬰齊，令尹；側，司馬子反。言其尊卿敬老。」

2. 襄公十三年：楚子曰：「不穀不德，少主社稷，生十年而喪先君，未及
　　習師、保之教訓而應受多福，是以不德，而亡師于鄢；以辱社稷，
　　爲大夫憂，其弘多矣。」（卷三十二，頁 555）

《禮記・文王世子》曰：「凡三王教世子必以禮樂。……立大傅、少傅以
養之，欲其知父子、君臣之道也。大傅審父子、君臣之道以示之；少傅奉世
子，以觀大傅之德行而審喻之。大傅在前，少傅在後；入則有保，出則有師，
是以教喻而德成也。師也者，教之以事而喻諸德者也；保也者，慎其身以輔
翼之而歸諸道者也。記曰：『虞夏商周有師保、有疑丞。』」〔註29〕由此可知，
古官制有太子太師、少師、太傅、少傅、太保、少保諸官以教導太子。師保
即統此類官而言之；亦可泛稱師傅、保傅。故昭公十九年，伍奢爲太子大師，
費無極爲太子少師。

〈楚語〉上亦載「楚莊王使士亹傅太子箴。」〔註30〕知共王所謂師保者，
士亹即其中之一也。

3. 昭公十九年：及即位，使伍奢爲之師，費無極爲少師，無寵焉，欲譖
　　諸王，曰：「建可室矣。」（卷四十八，頁 844）

此言太子建之師，言伍奢時，單言「爲之師」，再言「費無極爲少師」，
則伍奢者，太師也。《史記・楚世家》載：「是時伍奢爲太子太傅，無忌爲少
傅。」〔註31〕

此三則《傳》均說明了楚國爲太子設有師保之官，師爲太子師、少師；
保則未有明言，如以《史記》相校之，則大師或者相當於太傅、少師則相當
於少傅了！

（六）縣　公

楚之制度與中原迥異，不但國君僭稱爲「王」，同時各地方首長，亦稱爲
「公」。宣公十一年《傳》曰：「申叔時使於齊，反，復命而退。王使讓之，
曰：『夏徵舒爲不道，弒其君，寡人以諸侯討而戮之，諸侯、縣公皆慶寡人，

───────────────

〔註29〕　《禮記・文王世子》卷二十，頁 397。十三經注疏本，藝文印書館印行。

〔註30〕　《國語・楚語》卷十七，頁 527。韋昭注，漢京文化事業有限公司出版，民國
　　　　　72 年。

〔註31〕　《史記・楚世家》頁 2903。《史記會注考證》司馬遷撰，瀧川龜太郎考證。天
　　　　　工書局印行，民國 78 年。

女獨不慶寡人，何故？』」（卷二十二，頁 384）是楚之縣大夫稱爲「公」也。
杜注曰：「楚縣大夫皆僭稱『公』。」王引之《經義述聞》曰：「縣公猶言縣尹
也，與公侯之公不同。如謂楚僭稱王，其臣僭稱公，則楚官之貴者無如令尹、
司馬，何以令尹、司馬不稱公，而稱公者反在縣大夫乎？襄二十五年《傳》，
『齊棠公之妻，東郭偃之姊也。』杜注曰：『棠公，齊邑大夫。』齊之縣大夫
亦稱公，則公爲縣大夫之通稱，非僭擬於公侯也。若以爲僭，則公尊於侯，
齊君但稱侯，豈有其臣反稱公者乎？」〔註32〕

　　楚縣大夫除稱縣公外，有時亦稱縣尹，如莊公十八年《傳》：「初，楚武
王克權，使鬭緡尹之。」此即權尹也。至於其它如沈尹、囂尹、陵尹等，亦
爲縣大夫之稱謂也。

　　楚國之縣，來自於國勢擴張之後，吞併了其它諸侯國後所採取的措施。
其時中原諸國尚採取分封之制，而楚國因爲僻處南方，制度風情不與中原相
同，是以獨特地採用了郡縣制，將吞併之後的諸侯國立縣，並派遣官員爲郡
縣之長，稱爲縣公，建立起直隸于楚中央的地方政權。楚國設縣之最早時間，
見於莊公十八年，以下即分述楚國之各縣公。

1. 權　尹

　　（1）莊公十八年：初，楚武王克權，使鬭緡尹之，以叛，圍而殺之。遷
　　　　　權於那處，使閻敖尹之。（卷九，頁 159）

　　杜注：「權，國名，南郡當陽縣東南有權城。鬭緡，楚大夫。」〈正義〉
曰：「尹訓正也。楚官多以尹爲名，此滅權爲邑，使緡爲長，故曰尹也。」

　　這是楚王親派縣尹而置縣的最早記載，也是現存史籍中最早的置縣記
載。殷崇浩曰：「那處縣（今湖北省荊門縣境）即冉。顧棟高曰：「郍，一名
那處，文王子郍季所封。」（《春秋大事表·楚疆域表》）。楊守敬曰：「《史記·
管蔡世家》，周公輔成王，封其弟季載于冉。孔氏曰：『冉亦作郍，或作那。』
（《水經注疏》卷二十八）。可見，那處爲西周封國，楚滅之以爲縣。楚縣那
處的時間當在縣權以前，爲現今我們知道楚最早所置的縣。」〔註33〕

2. 申　公

　　申者，本是國名。隱公元年《傳》，「初，鄭娶于申，曰武姜。」則申是
伯夷之後，姜姓。後爲楚所滅，故城在今河南省南陽市。莊六年載楚文王伐

〔註32〕王引之《經義述聞》卷十八，頁 689。臺灣商務印書館印行，民國 68 年。
〔註33〕殷崇浩〈春秋楚縣略論〉頁 83，收於《江漢論壇》1980 年第四期

申；哀公十七年《傳》載子穀追敍曰：「彭仲爽，申俘也。文王以爲令尹，實縣申、息。」則魯莊之時申已爲楚滅。然據昭十三年《傳》文，楚平王似曾復其國。

　　「申公」在《傳》文中，出現頻繁，且申、息之師常參與戰事，凡此皆說明了申縣的重要性。如文公十六年：「楚大饑，……麇人率百濮聚於選，於是申、息之北門不啓。」（卷二十，頁347）正義曰：「申、息北接中國，有寇必從北來，故二邑北門不敢開也。」則申、息爲楚國北方之門戶。又，成公六年：「楚圍宋之役，師還，子重請取於申、呂以爲賞田。王許之。申公巫臣曰：『不可。此申、呂所以邑也，是以爲賦，以御北方。若取之，是無申、呂也，晉、鄭必至于漢。』王乃止。」（卷二十六，頁443）由此《傳文》可知，申爲防禦晉、鄭之北方門戶。另，殷崇浩則從軍賦的角度出發，說：「申公巫臣之所以反對以申、呂作爲賞田，是因爲這樣就會削弱縣師的後勤供應。這就明確告訴我們，楚縣的軍賦是自理的，它來源于縣內配備的土地。」〔註34〕

　　（1）莊公三十年：秋，申公鬪班殺子元。（卷十，頁180）

　　杜注：「申，楚縣，楚僭號，縣尹皆稱公。」則至遲在魯莊公三十年以前，楚已經完成滅申之工作，並設縣尹。

　　（2）僖公二十五年：秋，秦、晉伐鄀。楚鬪克、屈禦寇以申、息之師戍商密。……秦師囚申公子儀、息公子邊以歸。楚令尹子玉追秦師，弗及。（卷十六，頁263）

　　此時申縣由鬪克主政；息縣則由屈禦寇主之，故二人起申、息之師。申、息二縣，爲楚國北方之門戶，負有防止晉、鄭入侵的重要任務，是以每每以二縣連言。如僖公二十年，城濮之敗，楚王謂子玉曰：「若申、息之老何？」成六年用申、息之師救蔡，均可爲證。

　　（3）僖公二十六年：公以楚師伐齊，取穀。……楚申公叔侯戍之。（卷十六，頁265）

　　（4）僖公二十八年：楚子入居于申，使申叔去穀。（卷十六，頁270）

　　（5）宣公十二年：王怒，遂圍蕭，申公巫臣曰：「師人多寒。」王巡三軍，拊而勉之，三軍之士皆如挾纊。（卷二十三，頁399）

　　申公可以隨王師出征，同時對王建言，則此職位應當非一般小縣尹可比擬。

〔註34〕同上，頁82。

楊伯峻：「巫臣爲申縣之尹，蓋氏屈，故成二年《傳》又稱屈巫。」〔註35〕

　　（6）成公二年：及共王即位，將爲陽橋之役，使屈巫聘於齊，且告師期。
　　　　　　（卷二十五，頁428）

申公巫臣又負有聘使，且告師期之責任。

　　（7）襄公二十六年：伍舉娶於王子牟。王子牟爲申公而亡，楚人曰：「伍
　　　　　　舉實送之。」伍舉奔鄭，將遂奔晉。（卷三十七，頁634）

此《傳》係倒敘，未詳王子牟何年爲申公？

　　（8）哀公四年：左司馬眅、申公壽餘、葉公諸梁致蔡於負函。（卷五十七，
　　　　　　頁999）

　　殷崇浩從上述《傳》文所見之申公人選，歸納出：「他們有的出自大族，
如鬥班、屈巫；有的出自王室公族，如王子牟，都是很重要的人物。歷代楚
王精心揀擇這樣一些重要大臣派往楚縣代表楚中央行使管理大權，決不是偶
然的。……這都說明，楚王對縣公的配置十分重視。」〔註36〕若就申之地位
而言，申公人選的重要性，更是在於其扼守楚國北方重地，關係國家安危，
是以特別謹愼其人選的選派。

3. 息　公

　　息縣在今河南省息縣。楚文王縣息，大約在莊公十一、二年間。蓋據莊
公十四年《傳》，楚文王這年攻入蔡國是爲了討好息嬀。息嬀從息滅後，被掠
入楚，到生了兩個兒子，其間至少應有兩、三年的時間，則楚滅息的而以息
嬀歸的時間，至遲應在魯莊公十一、二年間。

　　申、息二縣經常連文而言，地理位置上同樣屬於楚國北方。

　　（1）僖公二十五年：秋，秦、晉伐鄀。楚鬥克、屈禦寇以申、息之師戍
　　　　　　商密。……秦師囚申公子儀、息公子邊以歸。楚令尹子玉追秦
　　　　　　師，弗及。（卷十六，頁263）

有關注解詳見〈申公〉部份第二則。

　　（2）文公三年：冬，晉以江故告於周，王叔桓公、晉陽處父伐楚以救江，
　　　　　　門於方城，遇息公子朱而還。（卷十八，頁305）

杜注：「子朱，楚大夫，伐江之師也。」息公者，息縣縣尹也。

4. 商　公

〔註35〕楊伯峻《春秋左傳注》頁749，源流出版社，民國71年。
〔註36〕殷崇浩〈春秋楚縣略論〉頁81，收於《江漢論壇》1980年第四期。

（1）文公十年：城濮之役，王思之，故使止子玉曰：「毋死。」不及。止
　　　子西，子西縊而縣絕，王使適至，遂止之，使爲商公。（卷十九，
　　　頁 322）

杜注：「商，楚邑。今上雒商縣。」《會箋》曰：「左遷而外任也。……商
縣隋改商州，今屬陝西府。楚成王時，楚地恐未能至商州，其使子西爲商公，
或是商密之地。」〔註37〕

5. 期思公

（1）文公十年：期思公復遂爲右司馬，子朱及文之無畏爲左司馬，命夙
　　　駕載燧。（卷十九，頁 323）

杜注：「復遂，楚期思邑公，今弋陽期思縣。」即今河南省固始縣一帶。
《水經注》卷三十酈道元曰：「期思，『縣，故蔣國。周公之後也。……楚滅
之以爲縣。』」

田獵之右司馬屬臨時調派之性質，非一般朝政之右司馬，則縣公除了平
日處理縣務之外，遇到田獵等事，亦得充任臨時人員也。

6. 沈　尹

沈尹一職首見於宣公十二年，杜預於此注曰：「沈或作寢。寢，縣也。今
汝南固始縣。」由於此時孫叔敖爲令尹，且其之子封於寢丘，故以爲所謂「沈
尹將中軍」者，沈尹即孫叔敖也。然《呂氏春秋・尊師篇》：「楚莊王師孫叔
敖、沈尹巫」〔註38〕沈尹與孫叔敖之名屢屢同時出現，故是不同之兩人也。
另外，哀公十七年有沈尹朱，哀十八年又另有寢尹，則沈尹亦未必同於寢尹
也。前引《呂氏春秋・尊師篇》高誘注曰：「沈縣大夫」，當是也。

另，昭公五年：「楚師濟於羅汭，沈尹赤會楚子，次於萊山。……楚子懼
吳，使沈尹射待命于巢，薳啓彊待命于雩婁，禮也。」（卷四十三，頁 749）
沈尹既爲官名，不可能同時二人擔任；又如昭公二十七年：「左司馬沈尹戌帥
都君子與王馬之屬以濟師，與吳師遇于窮，令尹子常以舟師及沙汭而還。」（卷
五十二，頁 907）同樣是沈尹，卻又冠上「左司馬」之官職，則顯見「沈尹」
一職演變至後來，已是以官名氏，而非官名了！然而，此後之「沈尹」究竟
是官名、還是「以官名氏」，單從《傳文》並不能分辨，今略去上引二例，將

〔註37〕《左傳會箋》卷八，頁 623，竹添光鴻著，天工書局印行，民國 77 年。
〔註38〕《呂氏春秋校釋》頁 204。呂不韋著、高誘注、陳奇猷校釋。華正書局出版，
　　　　民國 74 年。

有關沈尹事略表述如下。

年　代	官名	姓名	《　左　傳　》　記　事	卷　次	頁碼
宣公十二年	沈尹		沈尹將中軍。	二十三	392
成公七年	沈尹		子重取子閻之室，使沈尹與王子罷分子蕩之室，子反取黑要與清尹之室。	二十六	443
襄公二十四年	沈尹	壽	舒鳩人叛楚，楚子師于荒浦，使沈尹壽與師祁犁讓之。	三十五	611
昭公四年	沈尹	射	楚沈尹射奔命於夏汭，葴尹宜咎城鍾離，薳啓彊城巢，然丹城州來。	四十二	733
昭公十九年	沈尹	戌	楚人城州來，沈尹戌曰：「楚人必敗。」	四十八	846
昭公二十三年	沈尹	戌	沈尹戌曰：「子常必亡郢。苟不能衛，城無益也。」	五　十	879
昭公二十四年	沈尹	戌	楚子爲舟師以略吳疆。沈尹戌曰：「此行也，楚必亡邑。」	五十一	886
哀公十七年	沈尹	朱	王與葉公枚卜子良以爲令尹。沈尹朱曰：「吉，過於其志。」	六　十	1045

　　綜觀沈尹所負責之事務，亦大抵與軍事爲主；尤其宣公十二年時，以「沈尹」之職，居然可以將中軍，則其職位亦不低。昭公十九年後出現之沈尹戌，以一個預言家的姿態出現，則當是個人的性格特質，而非官職使然。

　　竹添光鴻以爲沈尹之所以可將中軍，係因爲其推薦孫叔敖於莊王，使爲令尹而己讓之，因其本爲令尹、王所親任，故職掌在子重、子反之上耳。楚之縣尹稱公，可尊可卑，故沈諸梁爲葉公，得兼令尹。〔註39〕

7. 鄖　公

　　（1）成公七年：鄭共仲、侯羽軍楚師，因鄖公鍾儀，獻諸晉。（卷二十六，頁443）

　　鄖，據杜預桓公十一年《傳》：「楚屈瑕將盟貳、軫。鄖人軍於蒲騷，將與隨、絞、州、蓼伐楚師。」（卷七，頁122）則此時鄖尚爲一獨立國家，杜注此段曰：「鄖國，在江夏雲杜縣，東南有鄖城。」楊伯峻曰：「則當在今湖北省沔陽縣境。然據《括地志》及《元和郡縣志》則當在今安陸縣，恐今安陸縣一帶皆古鄖國。」〔註40〕

〔註39〕《左傳會箋》第十一，頁746，竹添光鴻著，天工書局印行，民國77年。
〔註40〕楊伯峻《春秋左傳注》頁130，源流出版社，民國71年。

此鍾儀爲鄖公而被執也。但成公九年《傳》載鍾儀對晉侯問其族時，卻答：「泠人也。」，並說：「先人之職官也，敢有二事？」（卷二十六，頁448）則泠人是其世職，再以其世職兼鄖公。

（2）昭公十四年：楚子殺鬬成然，而滅養氏之族。使鬬辛居鄖，以無忘舊勳。（卷四十七，頁820）

（3）定公四年：鄖公辛之弟懷將弑王，曰：「平王殺吾父，我殺其子，不亦可乎？」（卷五十四，頁951）

鬬辛居鄖從昭公十四年至定公四年，共有二十三年之久，則楚縣尹之任期時間並無限制，如無特殊事故，應能居此職以終老。

8. 析　公

（1）襄公二十六年：子儀之亂，析公奔晉，晉人寘諸戎車之殿，以爲謀主。（卷三十七，頁635）

杜預於此無注，然昭公十八年《傳》曰：「冬，楚子使王子勝遷許於析，實白羽。」杜注：「於《傳》時，白羽改爲析。」蓋以《經》言白羽，則白羽爲舊名，析則作《傳》時名。

9. 陳　公

陳在今河南省淮陰縣。

（1）昭公八年：使穿封戌爲陳公，曰：「城麇之役不諂。」（卷四十四，頁770）

杜注：「滅陳爲縣，使戌爲縣公。」

穿封戌原本爲方城外之縣尹。《傳》於襄公二十六年載：「穿封戌囚皇頡，公子圍與之爭之，正於伯州犁。……下其手曰：『此子爲穿封戌，方城外之縣尹也，誰獲子？』」（卷三十七，頁632）《會箋》解曰：「（襄）十六年晉師遂侵方城之外；昭十八年，葉在楚國方城外之蔽也；二十年建與伍奢將以方城之外叛；哀四年，致方城之外於繒關；十六年葉公在蔡方城之外，皆是概舉之辭。《史記·越世家·正義》云：『方城外謂許州、豫州等，此說最合。』」〔註41〕

穿封戌由方城外之縣尹調任爲陳公，這個事件說明了縣尹之間是可以互相調任的；而且，靈王派穿封戌爲陳公，頗有嘉勉的意思，則陳公的位秩必高於方城外之縣尹，否則靈王不會以此對穿封戌邀功也。

〔註41〕《左傳會箋》卷十八，頁1214，竹添光鴻著，天工書局印行，民國77年。

另據昭公十三年晉叔向之語：「有楚國者，其棄疾乎？君陳、蔡，城外屬焉。」（卷四十六，頁 808）杜預注曰：「時穿封戌既死，棄疾並領陳事。」則棄疾曾兼領陳、蔡，此又是縣公派任的另一特例，即一人可以兼領二縣也。

10. 蔡　公

蔡在今河南省上蔡縣，亦屬楚國北方。

（1）昭公十一年：楚子城陳、蔡、不羹。使棄疾爲蔡公。（卷四十五，頁 787）

楚於此年誘蔡侯般而殺之，並滅蔡以設縣。

11. 葉　公

葉縣，在今河南省葉縣境，向爲楚國之軍事重鎮。昭公十八年《傳》：「葉在楚國，方城外之蔽也。」（卷四十八，頁 843）《會箋》曰：「是年楚子遷許于析，更以葉封沈諸梁，號曰葉公。定五年葉公始見于《傳》，哀四年再見、十六年又見，蓋自是爲楚重鎮矣。」〔註42〕

（1）定公五年：葉公諸梁之弟后臧從其母於吳，不待而歸。葉公終不正視。（卷五十五，頁 959）注：「諸梁，司馬沈尹戌之子、葉公子高也。」

（2）哀公四年：左司馬眅、申公壽餘、葉公諸梁致蔡於負函。（卷五十七，頁 999）

（3）哀公十四年：楚子問帥於大師子穀與葉公諸梁。（卷六十，頁 1045）

（4）哀公十六年：（太子建）其子曰勝，在吳，子西欲召之。葉公曰：「吾聞勝也詐而亂，無乃害乎？」……葉公在蔡，方城之外皆曰：「可以入矣。」子高曰：「吾聞之，以險徼幸者，其求無饜，偏重必離。」聞其殺齊管修也，而後入。……葉公亦至，及北門，或遇之，曰：「君胡不胄？國人望君如望慈父母焉，盜賊之矢若傷君，是絕民望也，若之何不胄？」乃胄而進。……遇箴尹固帥其屬，將與白公。子高曰：「微二子者，楚不國矣。棄德從賊，其可保乎？」乃從葉公。沈諸梁兼二事，國寧，乃使寧爲令尹，使寬爲司馬，而老於葉。（卷六十，頁 1042～1044）

（5）哀公十七年：王與葉公枚卜子良以爲令尹。沈尹朱曰：「吉。過於其

〔註42〕《左傳會箋》卷二十四，頁 1603，竹添光鴻著，天工書局印行，民國 77 年。

志。」葉公曰：「王子而相國，過將何爲！」他日，改卜子國而
使爲令尹。（卷六十，頁 1045）

　　葉公自定公五年見諸《傳》以來，陸續有其相關記載，且地位愈形重要。
如哀公十四年楚子問帥；哀公十六年，平定白公勝之亂，此年其得民眾愛戴之
情形，《傳》文之記載十分詳細，是以其在亂事當時，還身兼令尹、司馬二職；
到了哀公十七年，楚子在選擇令尹之時，甚至還與他一起商量，並且採用了他
的建議，更換原來的人選。凡此種種，皆可看出葉公在楚國的地位。而其任葉
公一職，自定公五年直至哀公十七年，最少在二十八年以上，且哀公十六年之
時，《傳》載其「老於葉」，知沈諸梁擔任葉公之職，一直到其老年退休而後止。

　　對於葉公地位之尊貴，《會箋》曰：「楚之縣尹稱公，可尊可卑，故沈諸
梁爲葉公，得兼令尹。」〔註43〕

12. 藍　尹

（1）定公五年：王之奔隨也，將涉於成臼。藍尹亹涉其帑，不與王舟。（卷
　　　五十五，頁 959）

　　杜注：「亹，楚大夫。」《會箋》曰：「藍尹，藍地之縣尹也。如襄十九年
之灑藍、〈晉語〉十五年藍臺之類，非以草名官也。」〔註44〕

13. 白　公

（1）哀公十六年：（太子建）其子曰勝，在吳，子西欲召之。葉公曰：……
　　　弗從，召之，使處吳竟，爲白公。（卷六十，頁 1042）

　　杜注：「白，楚邑也。汝陰褒信縣西南有白亭。」吳永章引《水經注》曰：
「（淮水）又東徑白城南，楚白公之邑也。」〔註45〕

14. 武城尹

1. 哀公十七年：楚子問帥於大師子穀與葉公諸梁，……王卜之，武城尹
　　　吉。使帥師取陳麥。……秋七月己卯，楚公孫朝帥師滅陳。
（卷六十，頁 1045）

　　定公四年《傳》有武城黑，杜注：「黑，楚武城大夫。」（卷五十四，頁
950）楊伯峻曰：「武城，今河南信陽市東北。」〔註46〕

〔註43〕《左傳會箋》第十一，頁 746，竹添光鴻著，天工書局印行，民國 77 年。
〔註44〕《左傳會箋》第二十七，頁 1812，竹添光鴻著，天工書局印行，民國 77 年。
〔註45〕吳永章〈楚官考〉頁 84，收於《中華文史論叢》1982 年第二期。
〔註46〕楊伯峻《春秋左傳注》頁 1543，源流出版社，民國 71 年。

　　從以上所述楚國置縣之情況而言，可以說，縣制在楚國的行政制度中，佔有非常重要的地位。殷崇浩說：

> 春秋楚縣所起的歷史作用，主要有兩個方面。首先，對內，春秋楚縣的建立，加強了君主集權，削弱了傳統的分封制，保證了楚國地方政權向郡縣一制的過渡，對楚國歷史的發展起了重要作用。
>
> 在春秋時期的歷史條件下，楚國採用置縣的辦法，首先便加固了楚自身的立足根基。隨著置縣的開展，傳統的分封制度被逐漸削弱，君主集權日益得到鞏固和加強，楚的國力也益發強大。最後，縣的數量越來越多，爲了管理的方便，則需在縣上建郡，這樣，分封制就過渡到了郡縣制。至遲到戰國中期，楚國的郡已見于記載，也就是說至遲到戰國中期，楚國的這一過渡已經完成。楚國之所以國祚長久、國力強盛，與它在春秋時即已普遍置縣，從而在此基礎上較早地完成了向郡縣制的過渡，有很大的關係。〔註47〕

　　的確，楚縣的設立是楚制的一大特色，楚以僻處南方，被中原視爲蠻夷的國家，而能逐鹿中原，確實與其縣制有不可分割的關係。

　　關於楚縣公（縣尹）的特色，可歸納成下列幾點。

（一）重要之縣的縣尹由王室公族的人員擔任：如歷任之申公，包括了鬥班、屈巫、王子牟等。

（二）縣公可兼任數職：如鄖公鍾儀，以泠人之世職而兼領鄖公也；又如棄疾，原任蔡公；當擔任陳公的穿封戌卒後，棄疾也兼領二縣。

（三）某些縣公之地位極爲尊貴：楚國縣公雖爲總領縣境之事，然某些地位較爲特殊之縣公，則可掌握極大之權力。如沈尹曾將中軍；葉公沈諸梁亦曾於白公勝之亂時，兼領令尹、司馬二事，其後楚王於選擇令尹之時，甚至還徵詢葉公之意見。

三、《周禮》春官之屬

（一）師（樂師）

1. 僖公二十二年：鄭文夫人芈氏、姜氏勞楚子於柯澤。楚子使師縉示之俘馘。（卷十五，頁249）

〔註47〕殷崇浩〈春秋楚縣略論〉頁85，收於《江漢論壇》1980年第四期。

杜注：「師縉，楚樂師也。」〈正義〉曰：「書傳所言師曠、師曹、師蠲之類皆是樂師，知此師縉亦是樂師也。」《周禮‧大司樂》云：「王師大獻，則令奏愷樂。」〈樂師〉云：「凡軍大獻，教愷歌，遂倡之。」〔註48〕是戰勝而歸，樂官奏樂愷歌，故使師縉以俘馘示焉。

2. 成公九年：晉侯觀于軍府，見鍾儀。問之曰：「南冠而縶者誰？」有司對曰：「鄭人所獻楚囚也。」……問其族，對曰：「泠人也。」公曰：「能樂乎？」對曰：「先人之職官也，敢有二事？」（卷二十六，頁448）

杜注：「泠人，樂官。」〈正義〉曰：「《詩‧簡兮》序云：『衛之賢者仕於泠官。』鄭玄云：『泠官，樂官也。泠氏世掌樂官而善焉，故後世多號樂官為泠官。』《呂氏春秋》稱黃帝使泠倫自大夏之西、崑崙之陰取竹，斷兩節而吹之，以為黃鍾之宮。昭三十一年，景王鑄無射，泠州鳩非之，是泠氏世掌樂官也。〈周語〉云：『景王鑄鍾成，泠人告和。』〈魯語〉云：『泠簫詠歌及鹿鳴之三。』此稱泠人，《詩》稱泠官，是泠為樂官之名也。」

按：《呂氏春秋‧仲夏紀》曰：「昔黃帝命伶倫作為律。伶倫自大夏之西、乃之阮隃之陰，取竹於嶰谿之谷。以生空竅厚鈞者，斷兩節間，其長三寸九分而吹之，以為黃鍾之宮。……黃帝又命伶倫與榮將鑄十二鍾，以和五音。」〔註49〕伶倫，或作泠倫，此即樂官或名泠官之由來也。

依〈正義〉所引諸書之言，知泠為樂官之稱；再依鍾儀之言，知樂官亦世襲之職也，故其族為泠人。

樂官稱「泠」者，《左傳》中僅周與楚各一見。

3. 定公五年：王將嫁季羋，季羋辭曰：「所以為女子，遠丈夫也。鍾建負我矣。」以妻鍾建，以為樂尹。（卷五十五，頁959）

杜注：「司樂大夫。」前引《傳文》鍾儀自言以泠人之官世襲，此鍾建者，又為樂尹，當是鍾儀之後也，此時稱樂尹，或因時代之變異使然。

《淮南子‧修務訓》嘗載：「是故鍾子期死，而伯牙絕絃破琴，知世莫賞也。」高誘注曰：「鍾，官氏；子，通稱；期，名也，達於音律。伯牙，楚人

〔註48〕分見《周禮‧春官》卷二十二頁344；卷二十三，頁352。
〔註49〕《呂氏春秋校釋》卷五，頁284。呂不韋著、高誘注、陳奇猷校釋。華正書局出版，民國74年。

覩世無有知音若子期然，故絕絃破其琴也。」〔註 50〕此即爲楚國的傳說，這也是鍾氏世爲楚國樂官的旁證。

楚國一國之內，對於掌樂者即有三種不同稱呼，可稱之爲「師」、亦稱「泠」、「樂尹」，此三者之職掌或有不同也，然資料闕如，無法細分也。

樂尹爲楚國獨有之官。

（二）卜 尹（卜師）

1. 昭公十三年：平王封陳、蔡，復遷邑，致群賂，施舍、寬民，宥罪、舉職。召觀從，王曰：「唯爾所欲。」對曰：「臣之先開卜。」乃爲卜尹。（卷四十六，頁 807）

杜注：「佐卜人開龜兆。」《周禮・春官・卜師》「掌開龜之四兆。」鄭玄注曰：「開，開出其占書也。」則開有二義，刻龜曰開；取閱卜占書亦曰開。此觀從欲爲卜師之助手；而王予以「卜尹」之職。

〈楚世家〉載此事曰：「平王謂觀從：『恣爾所欲。』欲爲卜尹，王許之。」〈集解〉引賈逵曰：「卜尹，卜師，大夫官。」〔註 51〕又，哀公十八年《傳》：「初，右司馬子國之卜也，觀瞻曰：『如志。』」（卷六十，頁 1047）杜注：「觀瞻，楚開卜大夫，觀從之後。」則觀從一家亦世代爲卜師之職。

依楚國之習俗，係由「司馬令龜」（昭公十七年）即在卜龜之前，必須由司馬先報告所欲占卜的事情，楚有多次卜筮，但未必載有人名。

（三）巫

對於楚地的習俗，《淮南子・人間訓》曾藉孫叔敖的話說：「荊人鬼，越人機」〔註 52〕《漢書・地理志》亦曰：「楚有江漢川澤山林之饒，……信鬼巫，重淫祀。」〔註 53〕《左傳》中的確常見楚人之運用龜卜、枚卜、甚至連共王在選擇王位繼承人時，都以埋璧卜嗣的方式進行，凡此種種，皆可說明楚地信鬼巫，重淫祀的特性；不過，在《左傳》中，楚地之巫，則僅出現一次。

〔註 50〕《淮南子・修務訓》第十九卷，頁 215。劉安等編著，高誘注，上海古籍出版社印行，1989 年。

〔註 51〕《史記會注考證》卷四十六，頁 2998，司馬遷撰，瀧川龜太郎考證。天工書局印行，民國 78 年。

〔註 52〕《淮南子・人間訓》卷十八，頁 193。劉安等編著，高誘注，上海古籍出版社印行，198 年。

〔註 53〕《漢書・地理志》卷二十八下，頁 1666。班固撰，顏師古注，宏業書局印行，民國 73 年。

1. 文公十年：初，楚范巫矞似謂成王與子玉、子西曰：「三君皆將強死。」
（卷十九，頁 322）

杜注：「矞似，范邑之巫。」劉文琪《疏證》云：「《北魏書・陽固傳》著
〈演賾賦〉云：『識同命於三君兮，兆先見於矞姒。』似、姒異文，古之巫多
女，疑陽氏所稱爲古本也。」〔註 54〕

（四）左　史

1. 昭公十二年：（靈）王出，復語。左史倚相趨過，王曰：「是良史也，
　　　　　　子善視之！是能讀三墳、五典、八索、九丘。」（卷四十五，頁
　　　　　　794～795）

杜注：「倚相，楚史名。」此靈王謂左史能讀古書，是讀古書爲史之基本職
責。《國語・楚語》亦有倚相之名，如〈左史倚相儆申公子亹〉與〈左史倚相儆
司馬子期唯道是從〉，其內容皆爲引古鑑今，以史事規勸對方。〔註 55〕如〈左史
倚相儆申公子亹〉篇中記載：「（倚相引）《周書》曰：『文王至於日中昃，不皇
暇食。惠於小民，雖政之恭。』文王猶不敢驕，今子老楚國而欲自安也，以禦
數者，王將何爲？若常如此，楚其難哉！」子亹懼。」由此可見倚相爲「史」
之性質，亦在博聞強記，知古今之興廢也。是以其能旁徵博引，歷舉史事以爲
規勸之藉也。此與靈王所謂「是能讀三墳、五典、八索、九丘」之特質正相同。

而在楚國臣民的心目中，倚相更是楚國之寶。〈楚語下〉載：「（王孫圉）
曰：『楚之所寶者，曰觀射父，……又有左史倚相，能道訓典，以敘百物，以
朝夕獻善敗於寡君，使寡君無忘先王之業，又能上下說於鬼神，順道其欲惡，
使神無有怨痛於楚國。』」〔註 56〕此處所呈現之左史倚相，更是結合了史與巫
的身份，既能道訓典，亦能說鬼神了！

2. 哀公十七年：楚子問帥於大師子穀與葉公諸梁。子穀曰：「右領差車與
　　　　　　左史老皆相令尹、司馬以伐陳，其可使也。」（卷六十，頁 1045）

此段注解詳見「右領」一職。然左史與右領並稱，靈王曾稱左史倚相是
良史也，且多能讀古書，則左史非賤官可知，然則兩則《傳》之左史一文一
武，則左史雖爲史官，亦可率兵也。

〔註 54〕《春秋左氏傳舊注疏證》頁 535。劉文淇撰，平平出版商發行，不著年月。
〔註 55〕分見《國語・楚語上》卷十七，頁 550、557。韋昭注，漢京文化事業有限公
　　　　司出版，民國 72 年。
〔註 56〕《國語・楚語下》卷十八，頁 579～580。

《韓非子‧說林下》載:「荊伐陳,吳救之。軍閒三十里,雨十日夜,星。左史倚相謂子期曰:『雨十日,甲輯而兵聚,吳人必至,不如備之。』乃爲陣,陣未成也而吳人至,見荊陣而反。左史曰:『吳反覆六十里,其君子必休,小人必食,我行三十里擊之,必可敗也。』乃從之,遂破吳軍。」〔註57〕此亦左史戰時可隨軍隊出發之一證也。

顧棟高《春秋大事表》曰:「《禮記‧玉藻》『動則左史書之;言則右史書之。』〈正義〉曰:『《周禮‧春官》有太史、小史、內史、外史、御史。凡五史而無左右之名。熊氏云:『太史記動作之事,則太史爲左也;內史記策命之事,則內史爲右也。其官有闕,得交相攝代,若春秋之時,則特置左右史官。』」〔註58〕

熊氏所云:「其官有闕,得交相攝代」,於齊國崔杼弒其君之事上,似乎也可得到印證。襄公二十五年:大史書曰:「崔杼弒其君」,崔子殺之。其弟嗣書,而死者二人。其弟又書,乃舍之。南史氏聞大史盡死,執簡以往,聞既書矣,乃還。」(卷三十六,頁 619)此大史陸續執簡以往,南史氏繼之,知同爲史官,在職責上有相互支援之機動性也。

四、《周禮》夏官之屬

(一)司 馬

楚國司馬之地位僅次於令尹,是以襄公三十年《傳》曰:「司馬,令尹之偏,而王之四體也。」(卷四十,頁 683)而哀公六年《傳》:「是歲也,有雲如眾赤鳥,夾日以飛三日。楚子使問諸周大史。周大史曰:『其當王身乎!若禜之,可移於令尹、司馬。』王曰:『除腹心之疾,而寘諸股肱,何益?』」(卷五十八,頁 1006)昭王以股肱形容令尹、司馬,正與申無宇所謂「王之四體」意義相同,足見司馬一職在楚國之地位。

而從其排名序位,如僖公二十六年:「楚令尹子玉、司馬子西帥師伐宋,圍緡。」及宣公四年:「及令尹子文卒,鬬般爲令尹,子越爲司馬。」等《傳》文來看,其地位確實在令尹之下。

依《周禮》,司馬一官屬〈夏官〉,亦掌武事;爲便於與其它各國互作比較,今仍依《周禮》之順序,將楚司馬之職,列於〈夏官〉之屬。

〔註57〕《韓非子‧說林下》第八卷,韓非著,上海古籍出版社印行,1989。
〔註58〕顧棟高《春秋大事表》,卷十,頁 596～597,景印文淵閣四庫全書,臺灣商務印書館印行。

　　司馬又或稱大司馬，如襄公二十五年，「蔿掩爲司馬」；襄公三十年，《傳》載：「楚公子圍殺大司馬蔿掩。」且申無宇評論此事曰：「司馬，令尹之偏，而王之之四體也。」同一人，而或稱司馬、或稱大司馬，足見爲同官之異稱。同樣稱「大司馬」者，尚有襄公十五年之蔿子馮。

　　以下所列之表，係以《左傳》所載爲主；不包含其餘典籍之資料。〔註59〕

任次	年　　代	人　名	《　左　傳　》　記事	卷次	頁碼	備註
1	約莊三十年——僖二十三年	子　良	初，楚司馬子良生子越椒。〔註60〕	二十一	370	宣四年追敘。
2	僖二十六年	鬥宜申／子西	冬，楚令尹子玉、司馬子西帥師伐宋，圍緡。	十　六	265	
3	宣四年	子　越	及令尹子文卒，鬥般爲令尹，子越爲司馬。	二十一	370	
4	宣四年	蔿　賈	蔿賈爲工正，譖子揚而殺之；子越爲令尹，己爲司馬。	二十一	370	
5	成九年	子　反	對曰：「其爲大子也，師、保奉之，以朝于嬰齊而夕于側也。不知其他。」	二十六	448	
6	成十六年	子　反	楚子救鄭，司馬將中軍，令尹將左，右尹子辛將右。（中軍爲王族）《史記》稱將軍子反。	二十八	473	
7	襄三年	公子何忌	楚司馬公子何忌侵陳，陳叛故也。	二十九	503	
8	襄十二年	子　庚	秦嬴歸于楚。楚司馬子庚聘于秦，爲夫人寧，禮也。	三十一	549	
9	襄十五年	蔿子馮	楚公子午爲令尹，公子罷戎爲右尹，蔿子馮爲大司馬，公子橐師爲右司馬，公子成爲左司馬，	三十二	565	大司馬
10	襄二十二年	公子齮	復使蔿子馮爲令尹，公子齮爲司馬，屈建爲莫敖。	三十五	600	

〔註59〕宋公文另有〈春秋時期楚司馬系列考述〉一文，係從補足《左傳》、《國語》之不足的角度入手，可以參看。文收於《江漢論壇》1986年第六期。

〔註60〕子良爲司馬之事係宣公四年時之追敘，故其確切年代並不可知。依宋公文之見：「子良是令尹子文之弟，子文任令尹長達二十八年，子良爲司馬亦當在此一時期。見〈春秋時期楚司馬系列考述〉，收於《江漢論壇》1986年第六期。

11	襄二十五年	蒍掩	楚蒍掩爲司馬，子木使庀賦，數甲兵。蒍掩書土田，度山林，鳩藪澤，辨京陵；表淳鹵，數疆潦，規偃豬，町原防，牧隰皋，井衍沃。量入脩賦。賦車、籍馬。賦車兵、徒卒、甲楯之數。	三十六	623～624	
12	襄三十年	蒍掩	楚公子圍殺大司馬蒍掩而取其室。	四十	683	稱大司馬
13	昭十三年	棄疾	公子棄疾爲司馬，先除王宮，使觀從從師于乾谿，而遂告之。	四十六	806	
14	昭十七年	子魚	吳伐楚，陽匄爲令尹，卜戰，不吉。司馬子魚曰：「我得上流，何故不吉？且楚故，司馬令龜，我請改卜。」	四十八	839	
13	昭二十三年	蘧越	吳大子諸樊入郢，取楚夫人與其寶器以歸。楚司馬蘧越追之，不及。……乃縊於蘧澨。	五十	879	
16	哀四年	未名	司馬致邑立宗焉，以誘其遺民，而盡俘以歸。	五十七	1000	
17	哀十六年	沈諸梁	沈諸梁兼二事，國寧，乃使寧爲令尹，使寬爲司馬，而老於葉。	六十	1043～1044	令尹兼司馬
18	哀十六年	寬		12～165		

司馬負責之事大體爲軍事，故司馬帥師侵伐之文屢見不鮮。然從《傳》文之載，可發現楚之司馬偶而也負責部份內政之事。

1. 與令尹同時供太子諮詢：成公九年：（楚鍾儀）對曰：『其爲大子也，師、保奉之，以朝于嬰齊而夕于側也。不知其他。』」（卷二十六，頁448）

側即司馬子反也，由太子早晚向令尹、司馬請教之舉動來看，顯然司馬與令尹一樣，也擔負有教誨太子、或者提供太子各種事務諮詢的義務。

2. 爲夫人寧：襄十二年：秦嬴歸于楚，楚司馬子庚聘于秦，爲夫人寧，禮也。（卷三十一，頁549）

杜注：「諸侯夫人父母既沒，歸寧使卿。」〈正義〉曰：「案：昭元年秦鍼奔晉。《傳》云：「其母曰：『弗去，懼選。』」鍼則景公之弟，昭元年其母猶在。此〈注〉云：『父母既沒，歸寧使卿。』者，父母並在，則身自歸寧；若父沒母存，身不自歸，亦使卿寧也。」

3. 令龜：昭十七年：司馬子魚曰：「我得上流，何故不吉？且楚故，司馬令龜，我請改卜。」（卷四十八，頁839）

楊伯峻引楊樹達〈讀左傳〉曰：「《周禮·春官·大卜》有命龜，令龜即

命龜也。令、命同義。」卜前告以所卜之事曰命龜。而按照楚國慣例，司馬在卜龜之前，必須先報告所欲占卜的事情，這當是楚司馬非常特殊的職務。值得一提的是，《左傳》中尚記載另外一件「令龜」之事，對象是魯國的叔仲惠伯。在魯國，叔孫氏世爲司馬，兩位司馬同時擔任「令龜」之職，實在是太巧合了！魯國或許也有此種慣例。

4. 政治改革：襄公二十五年：楚蒍掩爲司馬，子木使庀賦，數甲兵。蒍掩書土田，度山林，鳩藪澤，辨京陵；表淳鹵，數疆潦，規偃豬，町原防，牧隰皋，井衍沃。量入脩賦。賦車、籍馬。賦車兵、徒兵、甲楯之數。（卷三十六，頁 623～624）

對於此項改革，文崇一將它分爲五項：

(1) 調整土地的使用計劃，即將所有耕地、山林、川澤與高陵重新估計，各以其所宜而使用之，比如可耕地種糧食，川澤養魚等等。

(2) 將各類土地以其肥瘠而分等級，並因其收入之多寡而課稅。這是第一次將勞役租地改變爲實物地租。

(3) 在必要的地方修堤，築池或鑿井，以提高土地的使用價值，而增加收入。

(4) 開始徵收車馬稅。

(5) 將國家軍隊明顯地分成三種：車兵、步兵和甲兵，並規定他們的人數。

從此五項內容看，其改革內容可分兩部分，即治賦與治兵，也就是重訂財政、經濟政策與重編軍事指揮系統。〔註61〕

5. 司馬可由令尹兼任：哀公十六年「沈諸梁兼二事，國寧；乃使寧爲令尹，使寬爲司馬，而老於葉。」（卷六十，頁 1045）

白公勝之亂時，令尹、司馬皆死。是以後來平定亂事之時，葉公以令尹兼司馬，但這在楚國僅此一見，只是特例。

（二）左司馬

楚於司馬之下，有時亦設左右司馬，以茲輔佐。

年　　代	人　名	《　左　傳　》　記　事	卷　次	頁碼	備　註
襄十五年	公子成	蒍子馮爲大司馬，公子櫜師爲右司馬，公子成爲左司馬。	三十二	565	新官上任

〔註61〕文崇一《楚文化研究》頁 77。東大圖書公司出版，民國 79 年。

昭二十七年	沈尹戌	左司馬沈尹戌帥都君子與王馬之屬以濟師，與吳師遇于窮，令尹子常以舟師及沙汭而還。	五十二	907	
昭三十年	沈尹戌	楚子大封，而定其徙，使藍馬尹大心逆吳公子，使居養，莠尹然、左司馬沈尹戌城之。	五十三	928	
昭三十一年	戌	左司馬戌、右司馬稽帥師救弦，及豫章，吳師還。	五十三	930	
定四年	戌	左司馬戌謂子常曰：「子沿漢而與之上下，我悉方城外以毀其舟，還塞大隧、直轅、冥阨。子濟漢而伐之，我自後擊之，必大敗之。」	五十四	950	與子常謀禦吳
定四年	戌	史皇謂子常曰：「楚人惡子而好司馬。若司馬毀吳舟于淮，塞城口而入，是獨克吳也。子必速戰！不然，不免。」	五十四	950	單稱"司馬"
定四年	戌	左司馬戌及息而還，敗吳師于雍澨，傷。	五十四	950	
哀四年	販	左司馬販、申公壽餘、葉公諸梁致蔡於負函。	五十七	999	

左司馬在楚國之地位，依據襄公十五年《傳》：「蒍子馮爲大司馬，公子橐師爲右司馬，公子成爲左司馬。」來看，其職位於司馬之下；並與右司馬同屬於輔佐司馬之性質。因此，其地位在楚國亦屬不低。且沈尹戌爲左司馬，爲國人所好，史皇居然可以此爲藉口，挑撥沈尹戌與令尹之間的互信，足見左司馬一職，有可能威脅令尹之職位，是以子常欲除之而後快也。至於左司馬與右司馬誰高誰低？觀《傳》文之記載，或先書右司馬、或先書左司馬；故無法據此判斷其高低。或者是平行之官位，是以先後之順序並無區別。

關於左司馬之職位，可分成下列幾點論述：

1. 左司馬最常見之職仍爲參與軍事，如救弦、禦吳等。

2. 左司馬有時亦單稱「司馬」：如定公四年之沈尹戌，史皇稱其爲「司馬」，然其時沈尹戌之職明爲左司馬也。

3. 左司馬偶而也擔任修築城池的工作，如昭公三十一年，爲吳公子城養。

除此常設性之左司馬之外，另有臨時性之左司馬職務。如文公十年：「期思公復遂爲右司馬，子朱及文之無畏爲左司馬，命夙駕載燧。」（卷十九，頁323）此是左司馬一職出現之最早年代，且同時有二人擔任；不過其顯然屬於田獵性質，應屬臨時分派之工作，田獵完畢，即各復其職，是以不能當做一般官職討論。

（三）右司馬

年　　代	姓　名	《　左　傳　》　記　事	卷　次	頁碼	備　註
襄公二年	公子申	楚公子申爲右司馬，多受小國之賂，以偪子重、子辛。	二十九	499	
襄公十五年	公子櫜師	蒍子馮爲大司馬，公子櫜師爲右司馬，公子成爲左司馬。	三十二	565	
昭公三十一年	稽	左司馬戌、右司馬稽帥師救弦，及豫章，吳師還。	五十三	930	
哀公十八年	子國／寧	初，右司馬子國之卜也，觀瞻曰：「如志。」故命之。	六十	1047	追敍

右司馬之職大抵如左司馬，是以不再贅述。比較特別的是，哀公十八年時追敍子國當初擔任右司馬之職的占卜情形，當時他因占卜結果符合意願，是以順利就任。後來，他也因占卜成爲令尹，由右司馬而令尹，亦說明了左右司馬在楚國屬於高級官位。

（四）城父司馬（都司馬）

除了左右司馬之外，楚國尚有城父司馬一職，屬於地方官員之性質。

1. 昭二十年：王執伍奢，使城父司馬奮揚殺大子。（卷四十九，頁853）

城父司馬爲奮揚所擔任，當時楚王命奮揚殺太子建，奮揚卻在太子未至時派使者通知太子逃亡。以奮揚所受命之職務來看，則城父司馬掌管者爲當地之刑法也。

顧棟高曰：「《周禮·夏官》有都司馬，鄭云：『都，王子弟所封及三公采地也；司馬主其軍賦』，……此城父司馬即《周禮》都司馬之職也。」〔註62〕

（五）候　人

1. 宣公十二年：隨季對（楚）曰：「……今鄭不率，寡君使群臣問諸鄭，豈敢辱候人？」（卷二十三，頁394）

杜注：「候人，謂伺候望敵人者。」顧棟高：按：此候人與晉候正同。

據《周禮·夏官》有候人，云：「各掌其方之道治與其禁令，以設候人。若有方治，則帥而致于朝，及歸，送之于竟。」〔註63〕，《詩經·曹風·候人》毛傳亦云：「候人，道路送迎賓客者。」〔註64〕，則候人爲道路迎送賓客之吏。候

〔註62〕顧棟高《春秋大事表》卷十，頁631，景印文淵閣四庫全書，臺灣商務印書館印行。

〔註63〕《周禮·夏官》卷三十，頁460。

〔註64〕《毛詩正義》卷七，頁268。十三經注疏本，藝文印書館印行。

人亦曰候，襄二十一年《傳》「使候出諸轘轅」、〈周語〉中「候不在疆」〔註65〕是也。

「候」之官僅見於周、晉、楚；而於晉國，或稱候奄、或稱候正。

（六）正僕人（大僕）

1. 昭公十三年：蔡公使須務牟與史猈先入，因正僕人殺大子祿及公子罷敵。（卷四十六，頁806）

杜注：「正僕，太子之近官。」〈正義〉曰：「大僕也。《周禮》下大夫二人。」《周禮・夏官》有大僕一職，以下大夫二人擔任，下有小臣、祭僕、隸僕等屬。故大僕即僕人之長也。

《儀禮・大射儀》曰：「僕人正徒相大師、僕人師相少師、僕人士上工。」鄭注：「僕人正，僕人之長。」〔註66〕故此正僕人，亦即僕人正、也即大僕也。

類似太僕之職，於晉國有太僕、於楚國則有正僕人。

（七）御　士（御僕）

1. 襄公二十二年：子南之子棄疾爲王御士。（卷三十五，頁600）

杜注：「御王車者。」《會箋》則曰：「御車者，單稱御，未有稱御士者。御，侍也。御士蓋謂侍御之士，非官名也。〈緇衣〉引〈葉公之顧命〉云，『毋以嬖御士疾莊士大夫卿士』此出汲書祭公解，臨死誥王，故曰〈顧命〉，葉當作祭。」〔註67〕

王引之《經義述聞》亦曰：「御，侍也。御士，蓋侍從之臣。若《周官》御僕、御庶子之屬，非謂御車者也。僖二十四年《傳》：『頹叔、桃子遂奉大叔以狄師攻王。王御士將禦之。』杜彼注曰：『《周禮》，王之御士十二人。』是其證。」〔註68〕以此知《左傳》所謂御士者，即《周禮》之御僕也。

周之御士爲王禦敵，楚既僭王號，或亦仿周之御士以設之也。

御士之官，周朝兩見，魯、楚、宋各有一見。

（八）御戎、右（戎僕、戎右）

1. 宣公十二年：楚許伯御樂伯，攝叔爲右，以致晉師。……楚子爲乘廣

〔註65〕《國語・周語》卷二，頁67，韋昭注，漢京文化事業有限公司出版，民國72年。

〔註66〕《儀禮・大射儀》卷十七，頁199。十三經注疏本，藝文印書館印行。

〔註67〕《左傳會箋》卷十六，頁1151，竹添光鴻著，天工書局印行，民國77年。

〔註68〕王引之《經義述聞》卷十八，頁710。臺灣商務印書館印行，民國68年。

　　三十乘，分爲左右。右廣雞鳴而駕，日中而説；左則受之，日入
　　而説。許偃御右廣，養由基爲右，彭名御左廣，屈蕩爲右。（卷二
　　十三，頁395）

　　杜注：「單車挑戰，又示不欲崇和，以疑晉之群師。」〈正義〉曰：「《周
禮・環人》掌致師。鄭玄云：『致師，致其必戰之志』，則致師者，致己欲戰
之意於敵人，故單車揚威武以挑之。」

　　至於楚子爲乘廣之句，杜注曰：「楚王更迭載之，故各有御、右。」

　　2. 成公二年：王卒盡行，彭名御戎，蔡景公爲左，許靈公爲右。君弱，
　　　　皆強冠之。（卷二十五，頁429）

　　〈正義〉曰：「諸云御戎，皆御君之戎車，此言彭名御戎，知王戎車亦行
也。若君親在軍，則君當車中，御者在左，勇力之士在右。故御戎、戎右常
連言之。此王車雖行，王身不在，故不立戎右，使御者在中，令蔡許二君居
王車上，當左右之位，若夾衛王然。」

　　又，以「皆強冠之」一句來看，爲車左、車右，必在行冠禮之後，亦即
成年之男子才可擔任此職務。

　　3. 成公十六年：彭名御楚共王，潘黨爲右。（卷二十八，頁476）

　　戎右、戎僕之官，魯、鄭、衛、晉、楚、隨皆有。

五、《周禮》秋官之屬

（一）司　敗（司寇）

　　1. 文公十年：（子西）將入郢。王在渚宮，下，見之，懼，而辭曰：「臣
　　　　免於死，又有讒言，謂臣將逃，臣歸死於司敗也。」（卷十九，頁
　　　　322）

　　杜注：「陳楚官名，司寇爲司敗。」〈正義〉曰：「言歸死於司敗，主刑之
官司寇是也。《論語》有陳司敗，知陳楚同此名也。」又定公三年《傳》，唐
人自拘於司敗」，則唐亦有此官。

　　以上諸例，有關司敗之敘述，皆是臣子自言，主動「投案」，而非官吏主
動之辦案。

　　2. 宣公四年：箴尹克黃使於齊，還及宋，聞亂。其人曰：「不可以入矣。」
　　　　箴尹曰：「棄君之命，獨誰受之？君，天也，天可逃乎？」遂歸，
　　　　復命，而自拘於司敗。（卷二十一，頁371）

司敗之官，《左傳》中僅三見，其中二則為楚所有；另一則為唐國。

至於其它諸國，則稱為「司寇」，襄公三年：「晉侯之弟揚干亂行於曲梁，魏絳戮其僕。晉侯怒，……公讀（魏絳）書，曰：『臣之罪重，請歸死於司寇！』」（卷二十九，頁502）以此知司寇與司敗，官名雖然不同，實則同實異名也。

六、家臣類

（一）閽

1. 昭公七年：（楚子）即位，為章華之宮，納亡人以實之。無宇之閽入焉
（卷四十四，頁759）

此言無宇之閽，則大臣之家亦有受刑而守門者也。顧棟高曰：「宋亦有司馬之侍人，齊有崔子之寺人，此大夫之家亦有閽寺也。」〔註69〕

七、其　它

（一）莫　敖

「莫敖」之官名，最早見於桓公十一年；時莫敖之地位非常尊貴，其後過了十一年，亦即莊公四年時，「令尹」一名出現，莫敖之地位則已被之取代。綜觀《左傳》有關「莫敖」之記載，其位秩尊卑，可說是起起落落，不一而足，是以各家學者，對於「莫敖」一官的釋說，也就眾說紛紜，莫衷一是。茲將關於「莫敖」的紀錄臚列如下，以供討論之資。

1. 桓公十一年：楚屈瑕將盟貳、軫，鄖人軍於蒲騷，將與隨、絞、州、蓼伐楚師，莫敖患之。（卷七，頁122）

杜注：「莫敖，楚官名，即屈瑕。」

2. 桓公十二年：楚伐絞，軍其南門。莫敖屈瑕曰：「絞小而輕，輕則寡謀。請無扞采樵者以誘之。」從之。（卷七，頁124）

由其行文觀之，「無扞采樵者以誘之」，乃是向上位者建議的語氣；且其後《傳》文又曰：「從之」，則是上位者接受了他的建議。由此行文語氣揣測，莫敖此時的地位當是國君之下第一人，位居所有楚臣之首。

3. 桓公十三年：春，楚屈瑕伐羅，鬭伯比送之。還謂其御曰：「莫敖必敗。舉趾高，心不固矣。……」楚師之盡行也，楚子使賴人追之，不

〔註69〕顧棟高《春秋大事表》卷十，頁621景印文淵閣四庫全書，臺灣商務印書館印行。

及，莫敖使徇于師曰：「諫者有刑。」及鄢，亂次以濟，遂無次，
且不設備。及羅，羅與盧戎兩軍之，大敗之，莫敖縊于荒谷，群
師囚于冶父，以聽刑。（卷七，頁125）

4. 莊公四年：王遂行，卒於樠木之下。令尹鬥祁、莫敖屈重除道梁溠，
營軍臨隨。隨人懼，行成。莫敖以王命入盟隨侯，且請爲會於漢
汭而還。（卷八，頁140）

此時莫敖之排名已在令尹之下，仍負責軍事。

5. 襄公十五年：楚公子午爲令尹，公子罷戎爲右尹，蔿子馮爲大司馬、
公子橐爲右司馬，公子成爲左司馬，屈到爲莫敖，公子追舒爲箴
尹，屈蕩爲連尹，養由基爲宮廄尹，以靖國人。（卷三十二，頁
565）

此是令尹子囊卒後，楚國官職的重新分配，可以看見的是，此時的莫敖
排名再度下降，已經落後到第六名之遠；不過此時因令尹、司馬各設副手，
是以莫敖之排名雖後，但仍緊跟於令尹、司馬之後。

6. 襄公二十二年：復使蔿子馮爲令尹，公子齮爲司馬，屈建爲莫敖。（卷
三十五，頁600）

莫敖排名第三，仍是緊跟於令尹、司馬之後，此時令尹、司馬、未見置
有副手。且此時之屈建在襄公二十五年時，便已晉升爲令尹，足見莫敖之官
秩位不低，足與令尹、司馬相抗衡。

7. 襄公二十五年：楚蔿子馮卒，屈建爲令尹，屈蕩爲莫敖。（卷三十六，
頁622）

莫敖排名第二，僅次於令尹。

8. 昭公五年：以屈生爲莫敖，使與令尹子蕩如晉逆女。（卷四十三，頁
744）

依《傳》文行文語氣，則莫敖此時仍在令尹之後，隨之出使逆女。

就職責而言，桓公十一年至十三年間，出現之官名僅「莫敖」一職，知
此時莫敖之權位甚高，且其時莫敖專負責出兵征伐之事。春秋之時，所謂「國
之大事，在祀與戎」，足以率兵出征之官職，秩位當然不低。可惜桓公十三年，
莫敖兵敗自殺，其權位似乎就此滑落；蓋隨後出現之莫敖，已是與令尹並稱，
且排名在令尹之後了！莫敖位權的極度下降，大概非襄公十五年至二十二年
間莫屬了！此時之莫敖不僅排名落後亦令尹，即連司馬，也排名在莫敖之前，

可知其職位高低，起起落落，尊卑沒有一定。

就職權而言，莫敖之職責，除了領軍出征之外，同時也曾擔任「迎親」的工作。故顧棟高曰：「楚自桓公六年，武王侵隨，始見《左傳》。其時鬥伯比當國，主謀議，不著官稱。十一年莫敖屈瑕盟貳軫，敗鄖師于蒲騷，時則莫敖爲尊，宜亦未有令尹之號。至莊四年，武王伐隨，卒于樠木之下，令尹鬥祁、莫敖屈重除道梁溠。營軍臨隨，令尹與莫敖並稱，亦不知尊卑何別。嗣後莫敖之官，或設或不設，間與司馬並列令尹之下。」〔註70〕

《傳》文所見之莫敖，皆是屈氏擔任；可見「莫敖」已成一世襲官職。

對於「莫敖」的官稱及演變，蔡靖泉有非常精闢的看法：

> 桓公十一年至十四年間記述了莫敖屈瑕主持楚國的軍事、外交的權力及其位和作用，一般認爲此時的莫敖即官名。但嚴格說來，莫敖在此時還不是官名，莫敖演變爲官名，是有一個過程的，楚君公開稱王之後，『敖』的含義也就隨之改變，再也不是『王』之謂了！……于是，『敖』義便由國家元首變爲了宗族首領。
>
> 王族各支脈的宗族首領分別以族長身份在統治集團中承擔重要職責，其權力和地位又是爲其宗族與君王的親疏關係日共聲望和資歷所決定的，而且在相當長的時間內，並未設置官職，確定名份。如楚武王時統治集團中的著名人物有屈瑕、鬥伯比、蓬章，屈瑕爲莫敖已明，鬥伯比當爲若敖，而蓬章當爲蓬敖。……這種狀況直至楚武王末年始設尊官令尹之後才有所改變，莫敖也才在一定意義上演變爲官名。

楚國在官職設定，名分確立之後，仍保留莫敖名稱，並且唯獨使之成爲官名，也是因爲莫敖爲官之前就擔負著一種極爲重要的職責，這就是主管王族事務，教育王族子弟。〔註71〕

蔡靖泉在論述楚國「敖」名之演變，頗能闡述其事實，並且足以解釋楚國稱「敖」者，或爲國君之稱、或爲楚王未得王諡之號、或爲氏族之名等疑惑。然其所謂莫敖「主管王族事務、教育王族子弟」之說法，並未說明所據

〔註70〕顧棟高〈楚令尹表敘〉《春秋大事表》卷二十三，頁，196。景印文淵閣四庫全書。

〔註71〕蔡靖泉〈楚國的「莫敖」之官與「屈氏」之族〉頁73～74，收於《江漢論壇》1991年第二期。

為何，單以〈楚語〉載楚莊王問申叔時如何教育太子時，申叔時滔滔不絕道出教育的內容、方法和目的，顯示出對中國歷史文化的高度熟悉等等，〔註72〕則證據似乎稍嫌薄弱，且當時之申叔時並無證據顯示其為「莫敖」之官也。

（二）令　尹

令尹之職為楚國之掌國政者，相當於後世之宰相。自莊公四年「令尹」一職始見於《傳》以來，即取代了原先莫敖之地位，位居全國臣位之至尊。襄公三十年王子圍為令尹之時，欲殺大司馬薳掩而取其室，申無宇曰：「王子相楚國，將善是封殖。」（卷四十）以「相」字形容王子圍之總柄國政，足見令尹相當後世之宰相。

令尹的權力只在楚王之下，由各種諸子書中亦可得到證據。如《說苑‧至公》曰：「執一國之柄」；《呂氏春秋‧情欲》亦稱，楚莊王「盡傳其境內之勞與諸侯之憂於（令尹）孫叔敖。」〔註73〕另外，〈楚世家〉載陳軫對昭陽遊說之言曰：「今君已為令尹矣，此國冠之上」〔註74〕則「令尹」一職直至戰國之時，仍是楚臣中最尊貴之官。由此觀之，楚之令尹，真可稱得上「入使治之，出使長之。」故王夫之《讀通鑑論‧漢文帝》說：「古將相合一者，列國之事爾。楚之令尹，楚之帥也。」而從文公十四年之公子燮求令尹而不得，故作亂的情形來看，亦可知令尹一職，確實是楚臣們最想攀登的高峰。

令尹一名的由來，據《論語‧公冶長》「令尹子文」〈疏〉曰：「令尹，宰也。《周禮》六卿太宰為長，遂宣十二年《左傳》云：『薳敖為宰』是也以宰為上卿之號。楚臣令尹為長，從他國之言，或亦謂之宰。令，善也；尹，正也；言用善人正此官也。楚官多以尹為名，皆取其正直也。」〔註75〕

吳永章以為：「以『尹』名官，由來已久。《書‧皋陶謨》中有『庶尹允諧』之語，青銅器《矢方彝》中有『眾者（諸）尹』的銘文，均可為證。以『尹』名官，先秦各國，也頗常見。故楚之令尹雖與名諸侯國之稱有相有別，但究其源，仍與中原國家的制度有密切的關係。」〔註76〕

〔註72〕同上註，頁74。

〔註73〕《呂氏春秋‧情欲》《呂氏春秋校釋》呂不韋著、高誘注、陳奇猷校釋。華正書局出版，民國74年。

〔註74〕《史記‧楚世家》頁2919。《史記會注考證》，司馬遷撰，瀧川龜太郎考證。天工書局印行，民國78年。

〔註75〕《論語‧公冶長》第五，頁45。十三經注疏本，藝文印書館印行。

〔註76〕吳永章〈楚官考〉頁157，收於《中華文史論叢》1982年第二期。

　　楚國令尹之更換頻繁，據文崇一統計，從公元前六百九十年至四百七十年年之二百二十年間，凡經十四王而二十八令尹，平均每王兩令尹，每個王平均在位十五年又十個月，每位令尹平均只做了七年十一個月。〔註77〕

　　茲將楚令尹之次序及事略，以表格方式呈現。〔註78〕

任次	《左傳》紀年	人名	楚王年代	《左傳》記事	卷次	頁碼
1	莊四年	鬬祁	武王51	王遂行，卒於樠木之下。令尹鬬祁、莫敖屈重除道梁溠。營軍臨隨。	八	140
2	哀十七年追敘	彭仲爽（申俘）	文王1～13	縣申息、朝陳蔡。	六十	1045
3	莊二十八年	子元	成王6～8	楚令尹子元欲蠱文夫人，爲館於其宮側，而振萬焉。	十	177
4	莊三十年	鬬穀於菟（子文）	成王8～35	鬬穀於菟爲令尹，自毀其家，以紓楚國之難。	十	180
5	僖二十三年	成得臣（子玉）	成王35～40	楚成得臣帥師伐陳，討其貳於宋也。遂取焦、夷，城頓而還。子文以爲之功，使爲令尹。	十五	250
5	僖二十五年			楚令尹子玉追秦師，弗及。	十六	263
5	僖二十七年			楚子將圍宋，……子玉復治兵於蒍，終日而畢，鞭七人，貫三人耳。	十六	266
5	僖二十八年	蒍呂臣（叔伯）	成王40～41	晉侯聞之而後喜可知也，曰：「莫余毒也已。蒍呂臣實爲令尹，奉己而已，不在民矣。」	十六	275
6	僖三十三年	子上（鬬勃）	成王41～45	楚令尹子上侵陳、蔡。陳、蔡成，遂伐鄭，將納公子瑕。	十七	291
6	文元年			初，楚子將以商臣爲大子，訪諸令尹子上。	十八	299
7	文十二年	成大心（大孫伯）	成王46～穆王11	楚令尹大孫伯卒，成嘉爲令尹。	十九	330

〔註77〕文崇一《楚文化研究》，頁70。其對楚令尹之研究與分析已十分詳細，故本文僅以一覽表方式呈現楚國令尹之更替情形，至於分析部分，文崇一已有之資料，則不再贅述。東大圖書公司印行，民國79年4月。

〔註78〕本表以《左傳》所載爲主，並參考今人文崇一及宋公文說法，其它諸子之說，不在此列。文崇一之書，已見上揭書；至於宋公文之篇章，則係〈春秋時期楚令尹序列辨誤〉，收於《江漢論壇》1983年第八期。

8	文十二年	成　嘉（子孔）	穆王11〜莊王2			
9	宣四年	鬬　般（子揚）	莊王3（？）	及令尹子文卒，鬬般爲令尹，子越爲司馬。	二十一	370
10	宣四年	鬬　椒（子越）	莊王3〜9	子越爲令尹，己爲司馬。	二十一	370
11	宣十一年	蔿艾獵（孫叔敖）	莊王10〜23	令尹蔿艾獵城沂，使封人慮事，以授司徒。	二十二	383
11	宣十二年			子重將左，子反將右，聞晉師既濟，王欲還，嬖人伍參欲戰。令尹孫叔敖弗欲。	二十三	392
13	成二年	子　重（公子嬰齊）	共王1〜21	令尹子重爲陽橋之役以救齊。	二十五	429
13	成十六年			楚子救鄭，司馬將中軍，令尹將左，右尹子辛將右。	二十八	473
14	襄三年	子　辛（公子壬夫）	共王21〜23	楚子辛爲令尹，侵欲於小國，陳成公使袁僑如會求成。	二十九	502
14	襄五年			楚人討陳叛故，曰：「由令尹子辛實侵欲焉。」乃殺之，書曰：「楚殺其大夫公子壬夫」，貪也。	三十	515
15	襄五年	子　囊（公子貞）	共王23〜康王1	楚子囊爲令尹。	三十	515
16	襄十五年	子　庚（公子午）	康王1〜8	楚公子午爲令尹，公子罷戎爲右尹，蔿子馮爲大司馬。	三十二	565
16	襄十八年			鄭子孔欲去諸大夫，將叛晉而起楚師以去之。使告子庚，子庚弗許。	三十三	578
17	襄二十一年	子　南（公子追舒）	康王8〜9	夏楚子庚卒。……乃使子南爲令尹。	三十四	590〜591
17	襄二十二年			楚觀起有寵於令尹子南，未益祿而有馬數十乘。……王遂殺子南於朝。	三十五	600
18	襄二十二年	蔿子馮	康王9〜12	復使蔿子馮爲令尹，公子齮爲司馬，屈建爲莫敖。	三十五	600

18	襄二十四年			舒鳩人叛楚。……舒鳩子敬逆二子，而告無之，且請受盟。二子復命。王欲伐之。蒍子曰：「不可。」	三十五	611
19	襄二十五年	屈　建 （子木）	康王 12～15	楚蒍子馮卒，屈建爲令尹，屈蕩爲莫敖。	三十六	622
19	襄二十六年			及宋向戌將平晉、楚，聲子通使於晉，還如楚。令尹子木與之語，問晉故焉。	三十七	635
20	襄二十九年			楚郟敖即位，王子圍爲令尹。	三十九	665
20	襄三十一年	王子圍 （虔）	郟敖 1～4	衛侯在楚，北宮文子見令尹圍之威儀，言於衛侯曰：「令尹似君矣，將有他志。」	四十	689
20	昭元年			元年春，楚公子圍聘于鄭，且娶於公孫段氏。伍舉爲介。	四十一	697
20	昭元年			楚公子圍使公子黑肱、伯州犁城犨、櫟、郟。	四十一	710
21	昭元年			楚靈王即位，蒍罷爲令尹，蒍啓彊爲大宰。	四十一	710
21	昭五年	蒍　罷 （子蕩）	郟敖4 ～ 靈王12	（楚子）以屈生爲莫敖，使與令尹子蕩如晉逆女。	四十三	744
21	昭六年			令尹子蕩帥師伐吳，師于豫章，而次于乾谿。	四十三	752～753
22	昭十三年	子　晳 （公子黑肱）	子比	公子比爲王，公子黑肱爲令尹，次于魚陂。	四十六	806
23	昭十三年	鬥成然 （子旗）	靈王12 ～ 平王1	棄疾即位，……使子旗爲令尹。	四十六	807
23	昭十三年			吳滅州來，令尹子旗請伐吳。	四十六	814
24	昭十七年			吳伐楚，陽匄爲令尹，卜戰，不吉。	四十八	839
	昭十九年	陽　匄 （子瑕）	平王 2～10	令尹子瑕城郟。	四十八	844
	昭十九年			令尹子瑕聘于秦，拜夫人也。	四十八	844
	昭十九年			令尹子瑕言蹶由於楚子，曰：「彼何罪？諺所謂『室於怒市於色』者，楚之謂矣。」	四十八	846
25	昭二十三年	囊　瓦	平王10	楚囊瓦爲令尹，城郢。	五十	879

	昭二十六年			九月，楚平王卒。令尹子常欲立子西。子西怒，……令尹懼，乃立昭王。	五十二	902
	昭二十七年			楚萯尹然、王尹麇帥師救潛，……令尹子常以舟師及沙汭而還。	五十二	907
	昭二十七年			鄢將師爲右領，與費無極比而惡之。令尹子常賄而信讒，無極譖郤宛焉。	五十二	908
26	定六年	子西	昭王11~惠王10	令尹子西喜曰：「乃今可爲矣。」於是乎遷郢於鄀，而改紀其政，以定楚國。	五十五	961
27	哀十六年	沈諸梁	惠王10~11	沈諸梁兼二事，國寧，乃使寧爲令尹，使寬爲司馬。	六十	1043~1044
28	哀十七年	子國	惠王11~19	他日，改卜子國而使爲令尹。	六十	1045

楚令尹總管全國政權，相當於《周禮》之太宰，故令尹亦可稱宰。宣公十二年，隨武子曰：「蒍敖爲宰，擇楚國之令典；軍行，右轅、左追蓐，前茅慮無，中權後勁。百官象物而動，軍政不戒而備，能用典矣。」（卷二十三，頁390）杜注：「宰，令尹；蒍敖，孫叔敖。」〈正義〉曰：「《周禮》六卿太宰爲長，遂以宰爲上卿之號。楚臣令尹爲長，故從他國論之，謂令尹爲宰。楚國仍別有大宰之官，但位任卑耳。《傳》稱太宰伯州犂是也。楚國名上卿爲令尹者，《釋詁》云：『令，善也。』《釋言》云：『尹，正也。』言用善人正此官也。楚官多以尹爲名，皆取其正直也。」此段〈正義〉之言與《論語》邢昺〈疏〉大致相同，邢〈疏〉引用賈公彥之處，十分明顯。

對於楚令尹的任用資格與任期等，文崇一曾有如下的分析：

1. 只有王室或與王室有關的人才能爲令尹，彭仲爽以申俘爲令尹，是例外。

2. 令尹不因王權之轉移而轉移，但如不稱職時，楚王也有換令尹之權。

3. 令尹如無過錯，而自己又不請辭，則可能爲終身職。

4. 令尹所管理的事至多，權也的確很大。〔註79〕

關於楚令尹的資格，吳永章亦以爲由于令尹官位極寵，權力極重，故其

〔註79〕文崇一《楚文化研究》，頁70~73。東大圖書公司印行，民國79年4月。

人選只從王族中產生。他並引《湖北通志・職官》說：「楚令尹『以公族爲之，其見于《春秋傳》、《戰國策》者自王子而外，若鬥氏、成氏、皆若敖之裔也。蔿（字又作蓮）氏，屈、景、昭三氏並出公族。』但也有例外，如申俘彭仲爽、楚文王以爲令尹；衛人吳起，楚悼王以爲令尹。」〔註80〕

若就《左傳》所呈現的楚令尹，其職掌範圍廣闊，即如宣公十二年，隨武子所日：「蔿敖爲宰，擇楚國之令典；軍行，右轅、左追蓐，前茅慮無，中權後勁，百官象物而動，軍政不戒而備。」此以軍中佈局爲主，左軍、右軍、中軍、前軍、後軍各有職責，分工明細。其後還有一段描述楚君的話，雖言楚君，實際上也是令尹負責施行。其日：「其君之舉也，內姓選於親，外姓選於舊。舉不失德，賞不失勞。老有加惠，旅有施舍，君子小人，物有服章，貴有常尊，賤有等威，禮不逆矣。德立刑行，政成事時，典從禮順，若之何敵之。」（卷二十三，頁 390）這段話的政治措施包括：任官、量刑、維持社會秩序、創辦社會福利事業，以及尊重社會道德等等。文崇一並由此處推論，孫叔敖在政治、軍事、社會各方面都必然作過重大的改革，這種改革是溫和的，但甚得當時人民的支持。〔註81〕

再就國內政事而言，如成公二年，令尹子重爲陽橋之役以救齊，以爲「無德以及遠方，莫如惠恤其民，而善用之。」於是乃「大戶、已責、逮鰥、救乏、赦罪。」（卷二十五，頁 429）這些措施亦即清理戶口、免除稅收等積欠、施舍鰥夫、救濟困乏、赦免罪人。因此，就楚國令尹而言，的確是出將入相，總管全國軍政文武等事。

若再加以細分，則令尹之責可分爲下列各項。〔註82〕

1. 議立國君：昭公二十六年「九月，楚平王卒。令尹子常欲立子西。子西怒，……令尹懼，乃立昭王。」（卷五十二，頁 902）

2. 議立太子：文公元年「初，楚子將以商臣爲大子，訪諸令尹子上。」（卷十，頁 299）

3. 議立令尹：僖公二十三年「楚成得臣帥師伐陳，討其貳於宋也。遂取焦、夷，城頓而還。子文以爲之功，使爲令尹。」叔伯曰：

〔註80〕吳永章〈楚官考〉頁 158。收於《中華文史論叢》1982 年第二期。

〔註81〕文崇一《楚文化研究》頁 75，東大圖書公司出版，民國 79 年。

〔註82〕汪中文將楚令尹之職掌區分爲：1、軍事指揮權 2、與立君王 3、與立太子 4、逆妃 5、結盟 6、聘問 7、築城 8、議諡。見《兩周官制論稿》頁 107～111，復文圖書出版社出版，民國 82 年。

「子若國何？」對曰：「吾以靖國也。夫有大功而無貴仕，
其人能靖者與有幾？」（卷十五，頁 250）

子文此舉雖然招來叔伯之反對，然其以「有大功而無貴仕」爲由，仍然
堅持自己的意見，是以子玉順利成爲令尹。子文與叔伯的對話，說明楚臣對
於令尹的人選，可以發表自己的意見，不過最終的裁定權，則仍是在本屆令
尹的身上。

4. 供太子諮詢：成公九年「（晉）公曰：『君王何如？』對曰：『非小人之
　　所得知也。』固問之。對曰：『其爲大子也，師、保奉之，
　　以朝于嬰齊而夕于側也。不知其他。』」（卷二十六，頁
　　448）

嬰齊，令尹子重也；側，司馬子反也。杜預於此注曰：「言其尊卿敬老。」
固是以太子爲主的解釋，然就另一方面而言，令尹必定也負有教誨太子、或
者提供太子各種事務諮詢的義務。

5. 遷都：定公六年「令尹子西喜曰：『乃今可爲矣。』於是乎遷郢於鄀，
　　而改紀其政，以定楚國。」（卷五十五，頁 961）

此乃吳國大敗楚國之後，楚國謀議遷都，敗戰而喜，杜注：「言知懼而後
可治也。」這也正是吳、楚國勢盛衰的一個轉折。遷都之事由令尹主導，選
擇時間、選擇地點，並且重新整頓國政，此一系列之舉動，正足以說明令尹
一職對於楚國的重要性。

6. 營建城池：（1）宣公十一年，蔿艾獵城沂。（2）昭公元年，楚公子圍
　　使公子黑肱、伯州犁城犫、櫟、郏。（3）昭公十九年：令
　　尹子瑕城郟。（4）昭公二十三年：囊瓦城郢。

楚國二十八任令尹中，共有四位令尹下達營建城池的命令，顯見屬於工
程方面的事，亦是由令尹直接發佈命令。

7. 逆夫人：昭公五年「（楚子）以屈生爲莫敖，使與令尹子蕩如晉逆女。」
　　（卷四十三，頁 744）

以令尹與莫敖親自至晉迎接夫人，顯示楚國對此事的重視。

8. 兼任司馬：哀公十六年「沈諸梁兼二事，國寧；乃使寧爲令尹，使寬
　　爲司馬，而老於葉。」（卷六十，頁 1045）

楚白公勝之亂，殺子西、子期，於是令尹、司馬皆死。是以後來平定亂
事之時，葉公以一人身兼二職，同時擔任令尹與司馬的職務；不過，這在楚

國而言，仍是一個特例，蓋戰亂之時，而非常制也。

楚國令尹之制，異於中原諸國，且自莊公四年見於記載之後，官職常設，有始有終。顧棟高對於楚國此種制度，極表讚揚，他說：

> 楚以蠻夷之國，而自春秋迄戰國四、五百年，其勢常強於諸侯，卒無上陵下替之漸者，其得立國之制之最善者乎？楚以令尹當國執政，而自子文以後，若鬥氏、陳氏、蒍氏、蓬氏、陽氏、皆公族子孫世相授受，絕不聞以異姓為之，可以矯竭齊晉之弊。然一有罪戾，隨即誅死。子玉、子反以喪師誅；子上以避敵誅；子辛以貪慾誅；子南以多寵人誅，絕不赦宥，可以矯魯衛之弊。以肺腑而膺國重寄，則根本強盛；以重臣而驟行顯戮，則百僚震懼。且政權畫一，則無牽制爭競之病；責任重大，則無諉罪偷安之咎。楚之國法行而綱紀立，於是乎在。〔註83〕

楚國令尹之職的兩大特色：一是以公族為之；二是嚴行法治，二者雙管齊下，確實能收富國強兵之效，此即其他諸國遠不相及的主要原因。

令尹為楚國最高政務官，其下往往設有副手，如又有左尹、右尹，以協助處理各項事務。

（三）左　尹

左尹之官名，最早見於宣公十一年，與令尹相比較，其見諸記載之時間，足足晚了將近百年。

年　代	人　名	《　左　傳　》　記　事	卷　次	頁碼	備　註
宣十一年	子　重	楚左尹子重侵宋，王待諸郔。	二十二	383	
昭十八年	王子勝	楚左尹王子勝言於楚子曰：「許於鄭，仇敵也，而居楚地，以不禮於鄭。晉、鄭方睦，鄭若伐許，而晉助之，楚喪地矣。君盍遷許。」	四十八	843	
昭二十七年	郤　宛	左尹郤宛、工尹壽帥師至于潛，吳師不能退。	五十二	907	
昭二十七年	郤　宛	沈尹戌言於子常曰：「夫左尹與中廄尹莫知其罪，而子殺之。」	五十二	909	

左尹之官為楚國所獨有，然僅四則見諸《傳》文記載。此三任左尹分別是子重、王子勝及郤宛，所任之事分別為帥師出征及向楚王進言。

〔註83〕顧棟高〈春秋楚令尹論〉，《春秋大事表》卷二十三，頁210，景印文淵閣四庫全書。

　　子重在宣公十二年時與子反分別將左及將右，並在成公二年時升爲令尹，則此時左尹之官職應不低；且昭公十八年時，尚以王子勝擔任左尹一職，顯見此職在楚國的確擁有一定地位。可惜至郤宛爲此官時，其官名屢與工尹、中廐尹並列；又自謂曰：「我，賤人也，不足以辱令尹。」（卷五十二，頁 908）則其職位已漸降低矣。

　　左尹一職與令尹一樣，在秦末起義軍中曾經加以沿用。《史記·項羽本紀》：「楚左尹項伯者，項羽季父也。」〔註84〕

（四）右　尹

年　　代	人　名	《　左　傳　》　記　事	卷　次	頁　碼	備註
成十六年	子　辛	楚子救鄭，司馬將中軍，令尹將左，右尹子辛將右。	二十八	473	
襄十五年	公子罷戎	楚公子午爲令尹，公子罷戎爲右尹，蒍子馮爲大司馬。	三十二	565	
襄十九年	子　革	（鄭）子革、子良出奔楚，子革爲右尹。	三十四	587	
襄二十七年	申鮮虞	崔氏之亂，申鮮虞來奔，僕賃於野，以喪莊公。冬，楚人召之，遂如楚，爲右尹。	三十八	650	
昭十一年	子　干	右尹子干出奔晉，宮廐尹子晳出奔鄭。（昭公十三年，叔向曰：「子干之官，則右尹矣，數其貴寵，則庶子也。以神所命，則又遠之，其貴亡矣，其寵棄矣，國無與焉。」）	四十一	710	
昭十二年	子　革	右尹子革夕，王見之，去冠、被、舍鞭，與之語。	四十五	793～794	
昭十三年	子　革	右尹子革曰：「請待于郊，以聽國人。」	四十六	806	

　　右尹之職，亦爲楚國獨有，共有五人先後擔任此官。在襄公以前，其排名緊追令尹之後，並將重兵，則此時官位應該不低；然自襄公十九年後，兩度啓用他國出奔之臣爲之，則官位亦漸降低矣。

　　程啓生對此現象曾說：「子辛、子重俱以貴介者爲左右尹，出將重兵，其後並爲令尹，則左右尹蓋亦楚之尊官。襄公以後，漸用羈人，稍稍降矣。又子革自襄十九年奔楚爲右尹，至昭十二年仍爲此官，而中間爲右尹者，又有子干，或楚此官不止一人。或子革先爲右尹，去任他職，而子干代之，及

〔註84〕見《史記會注考證》卷七，頁 557，司馬遷撰，瀧川龜太郎考證。天工書局印　　　　　行，民國 78 年。

子干出奔，而子革仍爲右尹，未可知。」〔註85〕吳永章亦認爲左右尹之地位重要，並且以爲《湖北通志・職官》「疑令尹之貳」的說法可以成立。〔註86〕

　　一般都將左尹、右尹相提並論，在某些程度上，此二官職的確有相通之處，如任此官者，後來皆曾升任令尹；再者，此二官職在初見諸記載時，職位都不低；三者，此官職皆曾將兵。然而，考諸《傳》文，此二官職卻未同時出現過。左尹之官最早見於宣公十一年；而右尹之官則遲至成公十六年才見諸記載，其間相差二十餘年。且自成公十六年之後，只有右尹見諸《傳》文，右尹之最後一次出現爲昭公十三年；其後昭公十八年，則又出現與左尹相關之記載。二者出現之時間剛好互爲錯開，或是同官之異名？誠然，史書之記載不可能巨細靡遺，然因此現象十分特殊，且左右尹之性質相似，時間又恰好錯開，則似乎可以做出如此的推測。

　　楚國官名之特殊，在於以「尹」名官，不但「令尹」總理全國事務，地位尊貴，即其它官職，亦多以「尹」名官。

（五）箴　尹

　　依襄公十五年之順序，「楚公子午爲令尹，公子罷戎爲右尹，蒍子馮爲大司馬。……屈到爲莫敖，公子追舒爲箴尹，屈蕩爲連尹。」杜注：「追舒，莊王子子南。」且箴尹是令尹、司馬、莫敖以下之首，故知箴尹地位不低，故以尹名官者，首列箴尹。

年　　代	人　名	《　左　傳　》　記　事	卷　次	頁碼
宣公四年	克　黃	箴尹克黃使於齊，還及宋，聞亂。	二十一	371
襄公十五年	公子追舒	楚公子午爲令尹，公子罷戎爲右尹，蒍子馮爲大司馬。……屈到爲莫敖，公子追舒爲箴尹。屈蕩爲連尹。	三十二	565
昭公四年	宜　咎	楚沈尹射奔命於夏汭，箴尹宜咎城鍾離，薳啓彊城巢，然丹城州來。〔註87〕	四十二	733
定公四年	固	楚子取其妹季羋畀我以出，鍼尹固與王同舟，王使執燧象以奔吳師。	五十四	951
哀公十六年	固	（葉公）遇箴尹固帥其屬，將與白公。	六十	1043

〔註85〕轉引自顧棟高《春秋大事表》卷十，頁629，景印文淵閣四庫全書，臺灣商務印書館印行。

〔註86〕吳永章〈楚官考〉頁159，收於《中華文史論叢》1982年第二期。

〔註87〕昭公四年之「箴尹宜咎」各本文字不同，或作咸、或作箴，洪亮吉曰諸本皆誤，應從宋本改作「箴尹」。見洪亮吉《春秋左傳詁》頁663，中華書局印行。然顧棟高、吳永章等皆視同「箴尹」，茲從後者。

《傳》文所載之箴尹，除了出使之職外，其餘無法明確見出其職權。杜預於箴尹亦僅注：「箴尹，官名。」

按《左傳》襄公四年曰：「昔周辛甲之爲大史也，命百官，官箴王闕。」（卷二十九，頁507）杜注：「使百官各爲箴辭戒王過。」襄公十四年：「史爲書，瞽爲詩，工誦箴諫。」箴諫連文，則所謂「箴」者，諫勸王過也。又，《呂氏春秋・勿躬篇》：「管子復於桓公曰：『蚤蝕晏出，犯君顏色，進諫必忠，不辟死亡，不重富貴，臣不若東郭牙，請置以爲大諫臣。』高誘注云：「楚有箴尹之官，亦諫臣。」〔註88〕足見箴尹爲諫臣。

箴尹亦作鍼尹，見定公四年《傳》。

（六）連　尹

依襄公十五年之順序，連尹緊跟箴尹之後。

年　　代	人　名	《　左　傳　》　記　事	卷　次	頁碼
宣公十二年	連尹　襄老	射連尹襄老，獲之，遂載其尸，射公子穀臣，囚之。	二十三	397
襄公十五年	連尹　屈蕩	楚公子午爲令尹，……屈蕩爲連尹，以靖國人。	三十二	565
昭公二十七年	連尹　伍奢	沈尹戌言於子常曰：「……夫無極，楚之讒人也，民莫不知。去朝吳，出蔡候朱，喪太子建，殺連尹奢。」	五十二	910

〈晉語七〉韋昭注曰：「連尹，楚官名。」〔註89〕梁履繩《補釋》云：「《史記・淮陰侯傳》楚官名有連敖，蓋即連尹之遺制。」洪亮吉《詁》則曰：「連，楚地名，襄老當爲此地之尹，故以官稱之也。」然以襄十五年《傳》「屈到爲莫敖，公子追舒爲箴尹，屈蕩爲連尹，養由基爲宮廐尹，以靖國人。」證之，連尹非地方官，乃朝官，梁說近是。

襄十五年〈孔疏〉曰：「服虔云：『連尹，射官』。若是主射，當使養由基爲之，何以使養由基爲宮廐尹？」且昭公二十七年之連尹奢，即伍奢；伍奢被殺之時官爲太子大師，然沈尹戌卻稱他爲「連尹」，莫非是伍奢曾擔任此一官職？

（七）宮廐尹

〔註88〕見《呂氏春秋校釋》頁1087，呂不韋著、高誘注、陳奇猷校釋。華正書局出版，民國74年。

〔註89〕《國語・晉語七》頁432。韋昭注，漢京文化事業有限公司出版，民國72年。

《周禮‧夏官》校人之職下曰：「凡頒良馬而養乘之：乘馬一師四圉，三乘爲皁，皁一趣馬；三皁爲繫，繫一馭夫；六繫爲廐，廐一僕夫；六廐成校，校有左右。廐一僕夫。」（卷三十三，頁 494）可知「廐」者，養馬之所在也。則宮廐尹應與馬匹之養育與管理有關之官也。

年　代	人　名	《　左　傳　》　記　事	卷　次	頁　碼
襄十五年	養由基	楚公子午爲令尹，……養由基爲宮廐尹，以靖國人。	三十二	565
昭元年	子　皙	右尹子干出奔晉，宮廐尹子皙出奔鄭。	四十一	710
昭五年	棄　疾	吳人敗其師於房鍾，獲宮廐尹棄疾。	四十三	753

〈孔疏〉於襄十五年曰：「（連尹）若是主射，當使養由基爲之，何以使由基爲宮廐尹，棄能不用，豈得爲能官人也？官名臨時所作，莫敖之徒並不可解，故杜皆不解之。」

然就昭公元年「宮廐尹子皙出奔鄭」之前，《傳》載：「楚公子圍使公子黑肱、伯州犁城犨、櫟、郊。……公子圍至，入問王疾，縊而弒之。」杜注：「黑肱，王子圍之弟子皙也。」後又注曰：「因築城而去。」則宮廐尹亦負責築城之工作。

另，《漢書‧張良傳》：「沛公拜良爲廐將。」王先謙〈補注〉引沈欽韓曰：「猶楚宮廐尹之職。」劉邦受楚影響而名官，此說可信。〔註90〕

（八）中廐尹

1. 昭公二十七年：沈尹戍言於子常曰：「夫左尹與中廐尹，莫知其罪，而子殺之。」（卷五十二，頁 909～910）

《會箋》曰：「宮廐尹又稱中廐尹，掌宮閨之禁。」〔註91〕然吳永章據《睡虎地秦墓竹簡‧秦律十八種》中有「大廐、中廐、宮廐馬牛敺（也）」的記載，作爲「宮廐尹、中廐尹均爲楚朝廷管理馬牛之官的印證。」〔註92〕此確是鐵證，不容置疑。故知《會箋》所言爲非也。

（九）監馬尹

1. 昭公三十年：楚子大封，而定其徒，使監馬尹大心逆吳公子，使居養。
（卷五十三，頁 928）

〔註90〕吳永章〈楚官考〉頁 169，收於《中華文史論叢》1982 年第二期。
〔註91〕《左傳會箋》第二十六，頁 1721，竹添光鴻著，天工書局印行，民國 77 年。
〔註92〕同上。

　　監馬尹之材料《傳文》僅此一見，古代重視馬匹，故監馬尹之官應與宮廄尹、中廄尹相類也。

（十）環列之尹

　　1. 文公元年：穆王立，以其爲大子之室與潘崇，使爲大師，且掌環列之尹。（卷十八，頁 299）

　　杜注：「環列之尹，宮衛之官，列兵而環王宮。」沈欽韓《補注》曰：「環列之尹若漢之衛尉矣。《唐六典》，十二尉大將軍掌統領宮廷警衛之法令，後人謂之環衛官。」

（十一）寢　尹

　　1. 哀十八年：王曰：「寢尹、工尹勤先君者也。」三月，楚公孫寧、吳由于、薳固敗巴師于鄾。」（卷六十，頁 1047）

　　寢尹者，由于也。由于曾在定公四年時隨昭王出逃。其時「楚子涉雎，濟江，入于雲中。王寢，盜攻之，以戈擊王，王孫由于以背受之，中肩。」（卷五十四，頁 951）楚子在睡夢之中遭受攻擊，由于以己身代王受戈，足見當時之由于必在寢宮之中，是以得以隨機應變也。以此知寢尹者，蓋負責君王寢宮內之諸項事宜也。

　　另外，值得一提的是，定公五年之時，《傳》載：「王使由于城麇，復命。子西問高厚焉，弗知。子西曰：『不能，如辭。城不知高厚，小大何知？』對曰：『固辭不能，子使余也。人各有能有不能。王遇盜於雲中，余受其戈，其所猶在。』袒而示之背，曰：『此余所能也。脾洩之事，余亦弗能也。』」（卷五十五，頁 959）由于此處原本受命築城，卻不能如時完成。當子西責備時，他即反駁曰：「固辭不能」，則此築城任務，當屬臨時委派也，且哀公十八年時，其仍爲寢尹，知築城非寢尹原本之業務也。

　　以上諸以「尹」名官者，尚能由《傳文》之中，尋繹其可能職掌，以下所論之諸尹，則由於資料缺乏，無法確知其所掌爲何？究爲朝廷之官，或是縣邑之長，亦無法得知。

（十二）清　尹

　　1. 成公七年：及共王即位，子重、子反殺巫臣之族子閻、子蕩及清尹弗忌及襄老之子黑要，而分其室。（卷二十六，頁 443）

　　此〈清尹〉之名，與楚國對於縣公的稱號十分類似，因此不易區分是否

為縣公之官。章炳麟曰：

> 《鄭詩》有清人在彭，〈晉語〉蒐于清原，《傳》有國書、高無本帥
> 師代伐我及清。」楚惟昭四年有「清發」，然是水名，未聞有清邑。
> 則清尹非邑也。清當借為青。《白虎通》云：「清明者，青芒也。」
> 是清通青也。青尹何官？《管子・幼官》說五時易井云：「飲於黃
> 后之井，飲於青后之井，飲於赤后之井，飲於白后之井，飲於黑后
> 之井。」五后當有五臣，如句芒等，其名蓋曰尹矣。《周禮》無青
> 尹，何以知有青尹？案：《吳彝》云：「吳拜稽首，敢對揚王休，用
> 作青尹，寶尊彝。」是吳之祖有為青尹者，故知周有此官。或天官
> 主天玄，無不統，以地官、春官、夏官、秋官、冬官分配五行，青
> 尹即春官異名，亦不可知。楚僭王禮，故有青尹。《寓彝》又有幽
> 尹，幽即黝，即黑后之臣，亦此類也。〔註93〕

（十三）楊豚尹

1. 襄公十八年：楚子聞之，使楊豚尹宜告子庚曰：「國人謂不穀主社稷而
   不出師，死不從禮。」（卷三十三，頁578）

楊豚尹宜其人姓名，有數說。《會箋》曰：「《說苑・奉使篇》『楚莊王欲
伐晉，使豚尹觀焉。』蓋「豚尹」是楚官名，如《周官》豕人、羊人之屬。
楊其氏，宜其名也。」〔註94〕

（十四）芋　尹

1. 昭公七年：楚子之為令尹也，為王旌以田。芋尹無宇斷之，曰：「一國
   兩君，其誰堪之？」（卷四十四，頁759）

2. 昭公十三年：芋尹無宇之子申亥曰：吾父再奸王命，王弗誅，惠孰大
   焉？君不可忍，惠不可棄，吾其從王。」（卷四十六，頁806）

〈正義〉曰：「芋是草名，哀十七年陳有芋尹，蓋皆以草名官，不知其故。」
楊伯峻曰：「《新序・義勇篇》誤作芊尹，云：『芊尹文者，荊之殿鹿兒者也。』
《新序》所述人名雖不同，事實卻類似，則芋尹為殿獸之官。」〔註95〕

《傳》載芋尹斷楚子之旌，則芋尹出現之場合，為楚王田獵之時；依此
之環境而推論，則以芋尹為「殿獸之官」不為無理；且此官職似乎也為世襲，

〔註93〕章炳麟《春秋左傳讀》頁443，學海出版社印行，民國73年。
〔註94〕《左傳會箋》第十六，頁1116，竹添光鴻著，天工書局印行，民國77年。
〔註95〕楊伯峻《春秋左傳注》頁1283，源流出版社，民國71年。

由昭公十三年之申亥可知。

（十五）囂尹、陵尹

1. 昭公十二年：楚子狩于州來，次于潁尾，使蕩侯、潘子、司馬督、囂
尹午、陵尹喜帥師圍徐以懼吳。（卷四十五，頁 793）

杜預於此僅注：「五子，楚大夫。」則囂尹午與陵尹喜到底職司何事，並
不清楚。

（十六）郊　尹

1. 昭公十三年：王奪鬭韋龜中犨，又奪成然邑，而使爲郊尹。（卷四十六，
頁 805）

杜注：「郊尹，治郊竟大夫。」所謂郊，《爾雅・釋地》曰：「邑外之謂郊。」
〔註96〕郊尹所治理之地，當在此範圍也。

（十七）莠尹、王尹

1. 昭公二十七年：楚莠尹然、王尹麇帥師救潛。（卷五十二，頁 907）

杜注：「二尹，楚官名，然、麇其名。」〈正義〉曰：「楚官多以尹爲名，
知二尹是官名耳。其莠、王之義不可知也。服虔曰：『王尹主宮內之政，莠不
可解。』王未必然，定本王作工。」

阮元〈校勘記〉則曰：「下文別有『工尹壽』、此當作王尹。」昭公三十
年亦記載莠尹，《傳》曰：「楚子大封，而定其徙，使藍馬尹大心逆吳公子，
使居養；莠尹然、左司馬沈尹戌城之。」（卷五十三，頁 928）依此觀之，則
莠尹者，既可帥師；又負責築城之工作。

（十八）工尹、工正

工尹之官始見於文公十年，杜預於此注曰：「掌百工之官。」楊伯峻亦曰：
「似工尹即工正，……則工尹亦可臨時統兵。」〔註97〕吳永章之看法大致相
同：「工尹與工正或是一官二名」；其並引《湖北通志》曰：「工尹掌百工之官，
又有工正亦其類也。」〔註98〕至於李瑾、徐俊則直指：「工正又稱爲工尹。出
土文物又稱爲"大攻尹"。」其並引《鄂君啓金節》曰：「大司馬昭陽敗晉師于
襄陵之歲，……大攻尹脽以王命命集尹邵糈，裁尹逆、裁令阢爲鄂君啓之府

〔註96〕《爾雅》卷七，頁 112。十三經注疏本，藝文印書館印行。
〔註97〕楊伯峻《春秋左傳注》頁 576，源流出版社，民國 71 年。
〔註98〕吳永章〈楚官考〉頁 173，收於《中華文史論叢》1982 年第二期。

更鑄金節。」〔註99〕

今依眾說，將工尹視同工正。

工尹之職在楚國頗為常見，茲依先後排列如下。

年　　代	人　名	《　左　傳　》　記　事	卷　次	頁碼
文十年	子　西	王使（子西）為工尹，又與子家謀弒穆王。穆王聞之，五月殺鬬宜申及仲歸。	十　九	322
宣四年	蔿　賈	蔿賈為工正，譖子揚而殺之；子越為令尹，己為司馬。	二十一	370
宣十二年	齊	晉師右移，上軍未動。工尹齊將右拒卒以逐下軍。	二十三	396
成十六年	襄	楚子使工尹襄問之以弓，曰：「方事之殷也，有韎韋之跗注，君子也。」	二十八	476
昭十二年	路	工尹路請曰：「君王命剝圭以為鏚柲，敢請命。」	四十五	794
昭十九年	赤	十九年春，楚工尹赤遷陰于下陰。	四十八	844
昭二十七年	壽	左尹郤宛、工尹壽帥師至于潛，吳師不能退。	五十二	907
哀十八年	蔿　固	王曰：「寢尹、工尹勤先君者也。」三月，楚公孫寧、吳由于、蔿固敗巴師于鄾，故封子國於析。	六十	1047

以上見諸《傳》之工尹（工正）共有八位，其職權約可分成下列幾點言之。

　　1. 參與軍事：如宣公十二年，工尹齊將右拒卒以逐下軍；昭公二十七年，工尹壽帥師至于潛；哀公十八年：（工尹）蔿固敗巴師于鄾。而昭公十九年「遷陰于下陰」之事，也需有軍隊才有可能完成。

工尹參與軍事的例子共有四件，佔其所有出現數量的一半以上；是以楊伯峻所謂：「則工尹亦可臨時統兵」，恐有待商榷。楚國制度重視軍事，令尹、司馬，幾乎無役不與，故可說亦是軍政合一之國家。有軍事之時，各種官職的官員皆需上戰場；待戰事安定，則回國處理相關業務。工尹帥師即屬於此種性質。

　　2. 掌百工：昭公十二年：「工尹路請曰：『君王命剝圭以為鏚柲』」剝圭以為鏚柲者，破開圭玉以裝飾斧柄，即工藝之事也。又如成公十六年：「楚子使工尹襄問之以弓」，工尹殆總管製作弓箭之事，故楚子使之也。

劉先枚以為「工正疑為工尹之異稱，尹、正義同音亦近。其官階相當于司

〔註99〕　李瑾、徐俊〈論先秦楚國職官名稱及其有關問題〉頁　121，收於《華中師院學報》1982 年第六期。

馬，如蔿賈先爲工正，繼爲司馬是其證。當係卿職。各國的官階容有不同，但所典守之性質則一。《左傳・襄公二十五年》載鄭國敗陳之後，陳降鄭，于是使『司徒致民，司馬致節（按即兵符），司空致地。』致民蓋以服事勞役，致節蓋以聽從號令，致地蓋以盡地之財。可見陳與楚職官之所司是一致的。」〔註100〕

此諸事件中，最可代表工尹之職務者，無如昭公十二年：工尹路請曰：「君王命剝圭以爲鏚柲」之事；此是無戰事之時，工尹所需負責之事；至於一遇戰爭發生，則工尹也得一起上戰場。

工正之官，魯、齊、楚、宋各一見；至於工尹之名，則僅見於楚國。

（十九）右　領

1. 昭公二十七年：郤宛直而和，國人說之。鄢將師爲右領，與費無極比而惡之。（卷五十二，頁908）

杜注：「右領，官名。」

2. 哀公十七年：楚子問帥於大師子穀與葉公諸梁。子穀曰：「右領差車與左史老皆相令尹、司馬以伐陳，其可使也。」子高曰：「率賤，民慢之。懼不用命焉。」（卷六十，頁1045）

杜注：「右領、左史，皆楚賤官也。」由鄢將師爲右領，遂令攻郤氏，且燕之；以及差車被薦爲帥之事來看，右領當也是領兵之官。

除上列不見於《周禮》之職官名外，楚國雖爲蠻夷之邦，然對國中退休之大臣亦十分尊重，尊爲「國老」。此雖非正式職官之列，然其爲官員退休，並對國事持關心態度，是亦值得一提也。

1. 僖公二十七年：楚子將圍宋，使子文治兵於睽，終朝而畢，不戮一人。子玉復治兵於蔿，終日而畢，鞭七人，貫三人耳。國老皆賀子文，子文飲之酒。（卷十六，頁266）

〈正義〉曰：「〈王制〉云：『有虞氏養國老於上庠；養庶老於下庠』，然則國老者，國之卿大夫致仕者也。」

《說苑・至公》亦載楚令尹虞丘子引退，薦孫叔敖爲令尹，「莊王從之，賜虞丘子采地三百，號曰：『國老』。」足見在楚國之被稱爲國老者，身份相當尊貴，如虞丘子係以令尹退職；而賀子文者，賀子玉之繼任令尹也，此顯示令尹的繼任人選得到了國老們的認可，此皆說明，所謂「國老」，除了德高

望重之外，對於政事，仍有一定的影響力。

除了楚國之外，孔子在魯，亦被稱爲國老。哀公十一年《傳》：「季孫欲以田賦，使冉有訪諸仲尼。仲尼曰：『丘不識也。』三發，卒曰：『子爲國老，待子而行，若之何子之不言也？』」（卷五十八，頁 1019）孔子在此仍被當爲一位諮詢對象，若以今日名稱而言，則頗似於國策顧問之類了！

八、小　結

《周禮》六官歸屬	官　名	《　左　傳　》　記事	出　現次　數	備　註
天　官	大　宰	（1）（成 10）出使。（2）（成 16）戰時備諮詢。（3）（昭元）接待外賓。（4）（昭元）殺大宰伯州犁。（5）（昭元）薳啓彊爲大宰。（6）（昭 7）召魯侯。（7）（昭 21）勸諫	7	屬文職，爵位不高
	少　宰	（宣 12）楚少宰如晉師	1	
	醫	（襄 21）楚子使醫視大臣之疾	1	
	大　閽	（莊 19）楚人以（鬻拳）爲大閽	1	
	閽	（昭 5）靈王欲以韓起爲閽	1	
	司　宮	（昭 5）靈王欲以羊舌肸爲司宮	1	天官六類
地　官	司　徒	（宣 11）城沂，使封人慮事，以授司徒	1	
	封　人	（宣 11）城沂，使封人慮事，以授司徒	1	
	牧（牧人）	（昭 7）牛有牧	1	
	太　師（師氏）	（1）（文元）穆王使潘崇爲大師，且掌環列之尹。（2）（哀 17）楚子問帥。	2	
	太子大師（師氏）	（1）（成 9）其爲太子也，師保奉之。（2）（襄 13）未及習師保之教訓而應受多福。（3）（昭 19）伍奢爲太子建師。	3	
	太子少師（師氏）	（昭 19）費無極爲太子建少師	1	
	縣　公（縣正）	（1）權尹。（2）申公。（3）息公。（4）商公。（5）期思公。（6）沈尹。（7）郳公。（8）析公。（9）陳公（10）蔡公。（11）葉公。（12）藍尹。（13）白公。（14）武城尹。	14 縣	詳見本文 191～200 頁。地官七類
春　官	師、樂尹（樂師）	（1）（僖 22）師縉示鄭夫人俘馘。（2）（成 9）冷人鍾儀奏楚聲。（3）（定 5）鍾建爲樂尹。	3	冷人爲世襲

	卜　尹 （卜　師）	（1）（昭 13）觀從乃爲卜尹	1	卜亦爲世襲
	巫	（1）（文 10）預言成王等三人強死	1	
	左　史	（1）（昭 12）能讀三墳、五典、八索、九丘。（2）（哀 17）相令尹、司馬伐陳	2	春官四類
夏　官	司　馬	（1）與令尹同時供太子諮詢。（2）爲夫人寧。（3）令龜。（4）政治改革。（5）可由令尹兼任	16 任司馬	詳見本文 204～207 頁
	左司馬	（1）田獵時臨時性工作。（2）參與軍事。（3）築城	9	詳見本文 207～208 頁
	右司馬	（1）田獵時臨時性工作。（2）參與軍事	5	
	城父司馬	（昭 20）楚王使殺太子	1	
	候　人	（宣 12）隨季對楚曰：「豈敢辱候人？」	1	
	正僕人 （大　僕）	（昭 13）蔡公因正僕人殺太子	1	
	御　士 （御　僕）	（襄 22）棄疾爲王御士	1	
	御　戎 （戎　僕）	（宣 12）、（成 2）、（成 16）戰時爲王御車	3	
	右（戎右）	（宣 12）、（成 2）、（成 16）戰時爲王之右	3	夏官九類
秋　官	司　敗 （司　寇）	（1）（文 10）子西曰：「臣歸死於司敗」。（2）（宣 4）箴尹自拘於司敗。	2	秋官一類
其　它	莫　敖	初時爲執政地位，後官位逐漸低落	8	詳見本文 212～215 頁
	令　尹	楚之執政名稱	28 任	詳見本文 215～222 頁
	左　尹	（1）將左軍。（2）向楚王進言。	4	詳見本文 222～223 頁
	右　尹	（1）將右軍。（2）勸諫楚王。	7	詳見本文 223～224 頁
	箴　尹	諫臣	5	詳見本文 224～225 頁
	連　尹	（1）（宣 12）連尹襄老。（2）（襄 15）屈蕩爲連尹。（3）（昭 27）連尹奢。	3	
	宮廄尹	（1）（襄 15）養由基爲宮廄尹。（2）（昭元）宮廄尹子皙。（3）（昭 5）宮廄尹棄疾。	3	

中廄尹	（昭27）左尹與中廄尹莫知其罪	1	
監馬尹	（昭30）監馬尹大心逆吳公子	1	
環列之尹	（文元）潘崇爲大師，且掌環列之尹	1	
寢　尹	（哀18）寢尹、工尹勤先君者也	1	
清　尹	（成7）清尹弗忌	1	
楊豚尹	（襄18）楊豚尹宜告子庚	1	
芊　尹	（1）（昭7）芊尹無宇斷王旌。（2）（昭13）芊尹無宇之子申亥。	2	子襲父職
囂尹、陵尹	（昭12）囂尹午、陵尹喜帥師圍徐以懼吳	1	
郊　尹	（昭13）使（鬭韋龜）爲郊尹	1	
莠尹、王尹	（昭27）莠尹然、王尹麋帥師救潛	1	
工　尹	（1）將右拒卒。（2）軍中聘問。（3）剗圭以爲鍼秘。（4）帥師。	8	詳見本文190頁
右　領	（1）領兵之官。（2）被薦爲帥	2	其它十九類

職　官　別	總　數	比　例
天　官	6	13.04%
地　官	7	15.22%
春　官	4	8.7%
夏　官	9	19.57%
秋　官	1	2.17%
多　官	0	0%
其　它	19	41.3%
合　計	46	100%

　　由以上表格可以得知，楚官系統明顯異於中原其它諸國，其自有官名幾乎佔所有官名的二分之一，且大多皆「以尹名官」，此實爲楚國官制之特色所在。而觀察其與六官相類的幾項職官，以〈夏官〉類職官佔最多數，知楚國亦爲特別重視軍事系統之國家，尤其是〈夏官〉之首的司馬一職，區分詳細，除原有之司馬外，又增設左右司馬，足知楚司馬之事務日漸繁重，須得另設助手以輔佐之。此與同樣是注重軍制的晉國相比，晉國司馬之地位就遠不如楚國了！

　　至於晉、楚二國執政者雖然不同，然在執政的更替上，皆有一套明確的法則，不容逾越。晉以中軍將執政，掌握國家大權，中軍將之更換，必須是現任死亡或是請老，才可能更新執政。是以終春秋之世，晉執政之過渡只有一個例外情形。

　　相較於晉國，楚在執政大權的過渡上更爲嚴謹條理。楚令尹有兩大特色：一是公族子孫世相授受，不聞以異姓爲之；如自子文以後的鬥氏、蔿氏、蔿氏、蓬氏、陽氏等等；二爲一有罪戾，隨即誅死，絕不赦宥。子玉、子反以喪師誅；子上以避敵誅；子辛以貪慾誅；子南以多寵人誅。所以顧棟高說：「以肺腑而膺國重寄，則根本強盛；以重臣而驟行顯戮，則百僚震懼。且政權畫一，則無牽制爭競之病；責任重大，則無諉罪偷安之咎。楚之國法行而綱紀立，於是乎在。」〔註101〕

第三節　宋國職官

　　周武王崩後，管蔡與武庚作亂，是以周公誅武庚，殺管叔、放蔡叔，乃命微子開代殷後，奉其先祀，國于宋，〔註102〕此爲宋始立國之狀。

　　《左傳》中每敘宋國官名，常爲新舊政局交替之時，而新職之發布也常依序排列，故《傳》中之宋國官制每較他國較爲完備。宋之官制與他國特殊者，首先爲其執政之官爵不限特定職位。當時春秋各國之官制雖因國情不同而各自殊異；然而秉政之職大抵不變，如晉以中軍元帥一職執政；楚以令尹、司馬掌權；至於魯則是司徒、司馬與司空三職爲大，而宋國則迥異於這些固定官職之制度。

　　襄公九年《傳》：「宋災，樂喜爲司城，以爲政。」〈正義〉曰：「文七年及十五年二《傳》言宋六卿之次，皆云右師、左師、司馬、司徒、司城、司寇。其右師最貴，故華元曰：『我爲右師，君臣之訓，師所司也。』然則宋國之法，當右師爲政卿。今言司城爲政卿者，蓋宋以華閱是華元之子，以元有大功，使閱繼其父耳。子罕賢知，故特使爲政，齊任管夷吾、魯任叔孫婼，皆位卑而執國政，此亦當然也。」

〔註101〕顧棟高〈春秋楚令尹論〉，《春秋大事表》卷二十三，頁 210，景印文淵閣四
　　　　　庫全書。
〔註102〕《史記・宋微子世家》第八。《史記會注考證》卷三十八，頁 2745～2746，
　　　　　司馬遷撰，瀧川龜太郎考證。天工書局印行，民國 78 年。

　　楊伯峻以爲：「宋以右師、左師、司馬、司徒、司城、司寇爲六卿，文十六年《傳》及成十五年《傳》所敘次序與此同。唯成十五年司寇分大司寇、少司寇，又有大宰、少宰耳。昭二十二年《傳》則以大司馬、大司徒、司城、左師、右師、大司寇爲序，哀二十六年《傳》又以右師、大司馬、司徒、左師、司城、大司寇爲序，蓋因時世之不同，六卿之輕重遂因之而移易。殤公以前，皆以大司馬執政，華督則以太宰執政。僖九年《傳》云：『以公子目夷爲仁，使爲左師以聽政。』則宋襄之世，左師居右師上。」〔註103〕

　　襄公九年，宋災，《傳》：「樂喜爲司城，以爲政。」哀公二十六年《傳》：「司城爲上卿」，是宋亦有以司城執政者。

　　另，宋國官制尚有其特殊之處。如沒有史官見諸《左傳》記載；再者，則是同職分設大小，以利互相牽制。如宰職區分爲太宰、少宰；司馬區分爲大司馬、少司馬；司寇職分爲大司寇，少司寇。此類情形屢見不鮮，故知其爲互相牽制之用。執政諸官之中，唯有司城不曾區分大小。

　　再者，顧棟高曰：「入春秋時，宋有彭城。彭城俗勁悍又當南北之衝，故當春秋之世，宋最喜事。齊興，則首附齊；晉興，則首附晉。」〔註104〕是以晉、楚弭兵事由宋發起，也正由於此種喜事國情之特異。

一、《周禮》天官之屬

（一）大　宰

1. 桓公二年：孔父嘉爲司馬，督爲大宰，故因民之不堪命，先宣言曰：「司馬則然。」已殺孔父而弑殤公。召莊公于鄭而立之，以親鄭。……故遂相鄭公。（卷五，頁90）

　　《史記・宋微子世家》載此事曰：「莊公元年，華督爲相。」《左傳》未言官職，而《史記》言「爲相」者，執政之謂也。蓋莊公十二年《傳》稱華督，仍謂太宰督，知華督此時蓋以太宰之職而執政也。顧棟高〈宋執政表〉曰：「（宋）執政不拘一官，孔父以大司馬，華督以太宰，華元以右師，向戌以左師，樂喜以司城，與晉、楚又異。」〔註105〕

〔註103〕《春秋左傳注》頁556，楊伯峻著，源流出版社，民國71年。
〔註104〕顧棟高《春秋大事表》卷四，頁291，景印文淵閣四庫全書第一百八十冊，臺灣商務印書館印行。
〔註105〕顧棟高《春秋大事表》卷四，頁213，景印文淵閣四庫全書第一百八十冊，，臺灣商務印書館印行。

2. 莊公十二年：宋萬弒閔公于蒙澤，……遇大宰督于東宮之西，又殺之。
（卷九，頁 154）

大宰督自桓公二年執政，至此年被殺，其掌宋國政權二十九年矣，時間不可謂不久。

3. 成公十五年：秋八月，葬宋共公。於是華元爲右師，魚石爲左師，蕩澤爲司馬，華喜爲司徒，公孫師爲司城，向爲人爲大司寇，鱗朱爲少司寇，向帶爲大宰，魚府爲少宰。（卷二十七，頁 466）

進入春秋中葉後，宋國之政權分配，已經過重新洗牌的階段；華氏仍然執掌大權，只不過其官職已非最初的太宰。至於在春秋初期執掌宋國政權的太宰之職，至此時已落在司寇之後，排名第八。

4. 襄公十七年：宋皇國父爲大宰，爲平公築臺，妨於農收。（卷三十三，頁 575）

此是唯一記錄大宰職責的記載，而其性質則是爲君「築臺」。這種接近勞力的工作，說明了太宰之職，已與權力核心漸行漸遠。

除以上四則關於太宰的記錄外，襄公九年《傳》載：「使西鉏吾庀府守，令司宮、巷伯儆宮。」（卷三十，頁 522）此職因頗似太宰，是以引起後人諸多討論。

杜注曰：「鉏吾，太宰也。府，六官之典。」〈正義〉則曰：「鉏吾太宰，《傳》無文。賈逵云：『然相傳說耳，不知其本何所出也。』《周禮》太宰之職，掌建邦之六典，一曰治典、二曰教典、三曰禮典、四曰政典、五曰刑典、六曰事典。六官之典，謂此也。杜以府爲六官之典，當謂六官之典其事載於書，故守其守。劉炫以爲府守謂府庫守藏，今知其不然者，以百司府藏已屬左右二師，上華閱討右官，官庀其司，向戌討左，亦如之。則是府庫二物，二師摠令群官所主。案哀三年，魯遭火災，出禮書、御書，藏象魏，皆以典籍爲重，明此府守是六官之典。若以爲府庫財物，便是不重六典，唯貴財物，劉以府庫而規杜，非也。」

顧棟高以爲：「杜以府守爲六官之典，遂謂是太宰之職，亦未有確據。《周禮‧太史》掌建邦之六典；小史掌邦國之志。則六官之典，亦太史所掌。晉有董史，世掌典籍。韓宣子適魯，觀書于太史氏，是他國典籍，皆史官掌之，此安知其非史職也？」

（二）少　宰（小宰）

少宰一職，僅見於楚與宋，其即《周禮》中之小宰也。《周禮》中之「小」宰、「小」司馬、「小」司寇，《左傳》、《國語》皆稱「少」。

　　1. 成公十五年：秋八月，葬宋共公。於是華元爲右師，魚石爲左師，蕩澤爲司馬，華喜爲司徒，公孫師爲司城，向爲人爲大司寇，鱗朱爲少司寇，向帶爲大宰，魚府爲少宰。……左師、二司寇、二宰遂奔楚（卷二十七，頁 466）

此是共公死後，政權之重新佈局，僅言其官職，而未敘職掌。從文後「二司寇、二宰」來看，知所謂「大司寇、少司寇」「大宰、少宰」同爲一官也，不過是爲了分權起見，特設大、少，以免權力過於集中。依此排名來看，大宰位在第八、少宰位在第九；大宰之權力日漸消退，則少宰亦非擁有太多權力。

〈正義〉於「左師、二司寇、二宰遂奔楚」下疏曰：「六卿之外，或少司寇二宰等亦是卿官。猶如魯三卿外，別有公孫嬰齊、臧孫許，但非如六卿等世掌國政也。」

（三）府　人

　　1. 文公八年：司城蕩意諸來奔，效節於府人而出。（卷十九，頁 320）

楊伯峻曰：「《周禮》有大府、內府、外府、玉府、天府、泉府諸官。胡匡衷《儀禮・釋官》云：『春秋諸國有府人而無大府、玉府、內府、外府之官，則諸侯府人兼彼數職可知也。』」〔註106〕

府人之職於《左傳》中四見，分別是魯、鄭、晉、宋，性質皆爲管理收藏財物之處。

（四）帥　甸（甸師）

　　1. 文公十六年：冬十一月，甲寅，宋昭公將田孟諸，未至，夫人王姬使帥甸而攻之。（卷二十，頁 348）

杜注：「帥甸，郊甸之帥。」〈正義〉曰：「《周禮・載師》云：『以宅田、土田、賈田任近郊之地；以官田、牛田、賞田、牧田任遠郊之地；以公邑之田任甸地，以家邑之田任稍地、以小都之田任縣地、以大都之田任彊地。凡任地，近郊十一，遠郊二十而三，甸、稍、縣、都皆無過十一。』彼從國都而出，計遠近，節級而別爲之名。鄭玄引司馬法『王國百里爲郊，二百里爲州甸，三百里爲野稍，四百里爲縣，五百里爲都。』諸侯之與天子竟雖不同，

亦當近國爲郊，郊外爲甸。天子之甸爲公邑之田，則諸侯之甸亦公邑也。帥甸者，甸地之帥，當是公邑之大夫也。獨言帥甸無以相明，故舉類言之云：『郊甸之帥』，其實正是甸地之帥，非郊地之帥也。」

　　《傳文》之中，郊、甸屢屢連言。如襄公二十一年：「欒盈過於周。……辭於行人曰：『……罪重於郊甸，無所逃竄。』」又昭公九年：「王使詹桓伯辭於晉曰：『……伯父惠公歸自秦，而誘以來，使偪我諸姬，入我郊甸。』」則郊甸連用，係一習慣用詞，用以作一範圍副詞；若再細分，則郊、甸有明顯之不同也。

　　《傳》言「夫人王姬使帥甸而攻之」明「帥甸」爲一官職，《周禮・天官》中有〈甸師〉一職，由下士二人擔任；掌帥其屬而耕耨王藉，以時入之，以共齍盛。〔註107〕此帥甸當即甸師也。

　　除宋之外，晉亦有甸人一職；一見。

（五）寺人、侍人

　　1. 襄公二十六年：寺人惠牆伊戾爲太子內師而無寵。秋，楚客聘於晉。過宋。太子知之，請野享之，公使往。伊戾請從之。……至則欲用牲，加書徵之，而騁告公曰：「太子將爲亂，既與楚客盟矣。」……（太子）乃縊而死。……公徐聞其無罪也，乃亨伊戾。（卷三十七，頁634）

　　〈正義〉曰：「內師者，身爲寺人之官，公使之監知太子內事，爲在內人之長也。」伊戾因爲無寵于太子，故設下毒計陷害太子，此乃是爲了自身利益，希望獲得更進一步的政治權力。緊接其後的寺人柳，心計之惡毒與伊戾如出一轍。

　　2. 昭公六年：宋寺人柳有寵，大子佐惡之。華合比曰：「我殺之。」柳聞之，乃坎、用牲、埋書，而告公曰：「合比將納亡人之族」遂逐華合比。（卷四十三，頁752）

　　杜注「寺人柳」曰：「有寵於平公。」上文伊戾顯然是平時以侍候（或偵察）太子之官，故因無寵於太子而爲亂；至於寺人柳則顯然是侍候宋平公之人，故杜注：「有寵於平公」。寺人柳採用與伊戾相同的手法，陷害欲殺他的華合比，並且也相同地達成了目的。

　　馬良懷以爲「春秋時候的宦官雖然比西周有一定程度的發展，並且已開

〔註107〕《周禮・天官》卷四，頁63。十三經注疏本，藝文印書館印行。

始介入國家的政治生活，但就勢力來說，仍然十分弱小。……伊戾、柳二人的個人目的需要通過宋平公之手得到實現，這是由於當時宦官勢力還不強大。」〔註108〕

3. 昭公二十一年：公懼，使侍人召司馬之侍人宜僚，飲之酒，而使告司馬。（卷五十，頁868）

侍人者，寺人也；大臣之家亦有寺人一職。

寺人之職，魯、齊、晉、宋四國皆有。

（六）司宮、巷伯

1. 襄公九年：使西鉏吾庀府守，令司宮、巷伯儆宮。（卷三十，頁523～524）

杜注：「司宮，奄臣；巷伯，寺人；皆掌宮內之事。」〈正義〉曰：「《周禮》無司宮、巷伯之官，唯有〈內小臣〉奄上士四人，掌王后之命，正其服位。鄭玄云：『奄稱士者，異其賢也。奄人之官，此最爲長。』則司宮，掌天子之內小臣也。《周禮》又云：『寺人，主之正內，五人。』鄭玄云：『正內，路寢也。』〈釋宮〉云：『宮中巷謂之壼。』孫炎曰：『巷含間道也。』王肅云：『今後宮稱永巷，是巷者，宮內道名；伯，長也，是宮內門巷之長也。』《周禮》內小臣，其次即有寺人，故知巷伯是寺人也。又以《詩》篇名〈巷伯〉，《經》云：『寺人孟子，作爲此詩。』故知巷伯、寺人，一也。」

今《詩經·小雅》有〈巷伯〉一詩，詩中自言：「寺人孟子，作爲此詩。凡百君子，敬而聽之。」〈詩序〉曰：「寺人傷於讒，故作是詩也。」鄭注：「巷伯，奄官；寺人，內小臣也。奄官，上士四人，掌王后之命，於宮中爲近，故謂之巷伯，與寺人之官相近。讒人譖寺人，寺人又傷其將及巷伯，故以名篇。」〔註109〕

寺人、司宮及巷伯大抵爲同一性質之職類。然馬良懷卻將他們做了更細微的分類。他說：「生殖器官完備的人又不能委派到宮廷內部去任職，于是宮廷內的奴隸就產生了分化，出現了『寺人』這個階層，這就是宦官的起源。……在寺人隊伍裡，固然有從奴隸裡面分化出來的人員，但其中的很大一部分是來源于社會上具有一定身份的人。他們由於各種原因而遭到宮刑後，就被投入到寺人的行列。如周幽王時的孟子，其先爲朝廷官員，受宮刑

〔註108〕同上，頁207。
〔註109〕《詩經》卷十二，十三經注疏本，藝文印書館印行。

後擔任巷伯（由寺人擔任的看守宮巷的官）。……因爲這批人都具有一定的知識水平，所以，用他們管理宮廷內部的事務，比從奴隸中選拔就更爲合適。」〔註110〕

巷伯此一官名，僅於宋國一見；司宮之名，則魯、楚、鄭亦有之。

二、《周禮》地官之屬

（一）司　徒

宋武公之世，即有司徒之官名。故文公十一年《傳》載：「初，宋武公之世，鄋瞞伐宋，司徒皇父帥師禦之。」（卷十九，頁 329）宋之司徒，除了以司徒爲名之外，尚有大司徒之名。然大多爲新官上任，僅敘官名，未說明實際負責之職務。

1. 大司徒

（1）昭公二十二年：宋公使公孫忌爲大司馬，邊卬爲大司徒。（卷五十，頁 872）

大司徒之職在《左傳》中僅於此一見，其它各國未見有此官名。此年係宋元公爲華、向之亂後重新安排的人事。除司城及左師、右師外，其餘如司馬、司徒、司寇等官，皆加上一「大」字，以爲「大司馬」、「大司寇」、「大司徒」等。或者當有副手以輔佐此三官員處理政事，只是《傳》未明言。

2. 司　徒

（1）文公七年：夏四月，宋成公卒。於是公子成爲右師，……鱗矔爲司徒。（卷十九，頁 316）

成公卒後，宋官以右師爲首，司徒此時排名第四。

（2）文公十六年：於是華元爲右師，……鱗矔爲司徒。（卷二十，頁 348）

此年因宋昭公無道，故國人奉公子鮑以因夫人。其官位排序與文公七年相同，仍以右師爲首，司徒排名第四。

（3）成公十五年：秋八月，葬宋共公。於是華元爲右師，……華喜爲司徒。（卷二十七，頁 467）

此係共公死後，朝廷新官上任，整個政局的重新分配，司徒爲華喜，在此排名亦是第四。

〔註110〕馬良懷〈先秦宦官考略〉頁 206，收於《中國歷史文獻研究集刊》第五集。

（4）襄公九年：宋災，樂喜爲司城以爲政，……使華臣具正徒。（卷三十，
頁522～523）

杜注：「華臣，華元子，爲司徒。正徒，役徒也。司徒之所主也。」〈正義〉曰：「《周禮》大司徒掌徒庶之政令；小司徒凡用眾庶，則掌其政教。凡國之大事致民，是司徒掌役徒也。言具正徒，司里所使，隧正所納，皆是臨時調民而役之，若今之夫役也。司徒所具正徒者，常共官役，若今之正丁也。」

宋之司徒見之於《傳文》者，非常之多，然鮮少論其職掌。此一《傳文》論及職掌，卻未明言係司徒之職；尙賴杜預注明之。沈長雲引此《傳》及其它史料，證曰：「司徒之職管理的對象，正是這些普通的民眾。」〔註111〕

（5）襄公二十九年：齊高子容與宋司徒見知伯，女齊相禮。（卷三十九，
頁667）

杜注：「司徒，華定也。」

（6）哀公二十六年：宋景公無子，取公孫周之子得與啓畜諸公宮，未有立焉。於是皇緩爲右師，皇非我爲大司馬，皇懷爲司徒。（卷六十，頁1052）

此亦是新任官職，司徒於此排名第三。

《左傳》中，周、魯、鄭、衛、楚、宋、陳等國均有司徒之職。而諸侯國中，僅有宋稱大司徒，其它諸國則不見有大小之別，概皆以「司徒」名之。然宋國亦無小司徒之稱，則或亦只是司徒一職而已。以諸侯之例來看，則在諸侯國中，司徒所掌之責未有細分大小，統由司徒一人負責也。

（二）鄉　正（鄉大夫）

1. 襄公九年：宋災，……二師令四鄉正敬享。（卷三十，頁522～524）

阮元〈校勘記〉曰：「『二師令四鄉正敬享』，『令』當作『命』」。

杜注：「鄉正，鄉大夫也。享，祀也。」〈正義〉曰：「《周禮》大司徒云：『五比爲閭、四閭爲族、五族爲黨、五黨爲州、五州爲鄉。鄉大夫，每鄉卿一人。天子六卿，即以卿爲之長。』此《傳》云：『二師令四鄉正』，則別立鄉正，非卿典之。但其所職掌，當天子之鄉大夫耳。《周禮》鄉大夫，各掌其鄉之政教，正月之吉，受教法于司徒，退而頒之于其鄉，則鄉正當屬司徒。此《傳》云：『二師命之』者，上文「右師討右，左師討左」則宋國之法，二

〔註111〕沈長雲〈周代司徒之職辨非〉頁18，收於《中國史研究》1985年第三期。

師分掌其方，左右各掌其二鄉，并言其事，故云：『二師命四鄉正』也。〈費誓〉云：『魯人三郊三遂』，則魯立三鄉。此云：『命四鄉正』，則宋立四鄉也。《周禮》鄉爲一軍，大國三軍，宋是大國，不過三軍，而有四鄉者，當時所立，非正法也。於是宋置六卿，況四鄉乎？」

依《周禮》之編制，鄉大夫由卿一人擔任；然此《傳》既言二師命四鄉正，鄉正之爵顯在二師之下，故宋之鄉正非卿也。不過其所職掌，仍相當於天子之鄉大夫。此鄉正負責敬享之事，或疑爲禮官之屬；〔註112〕然火災本是意外，其職掌以救急爲主，本與常職不必盡合；且鄉正祭祀其本鄉之神靈，亦爲鄉內之政教也。

鄉正之官，僅宋國一見。

（三）封　人

1. 文公十四年：宋高哀爲蕭封人，以爲卿，不義宋公而出，遂來奔。（卷十九，頁 336）

杜注：「蕭，宋附庸，仕附庸，還升爲卿。」《會箋》曰：「此蕭是宋邑，非蕭國。」〔註113〕蕭在今江蘇省蕭縣，顧棟高將高哀附錄於蕭國之下，蓋誤也。

2. 昭公二十一年：干犨御呂封人華豹，張匄爲右。（卷五十，頁 870）

杜注：「呂封人華豹，華氏黨。」〈正義〉曰：「呂，邑；封人，官名。」呂在今江蘇省銅山縣。

封人之官，宋、鄭、楚、蔡四國設立。

（四）門　尹（司門）

以尹名官，本爲楚官之特色，而宋亦有者，宋近楚，或爲楚制影響也。

1. 僖公二十八年：宋人使門尹般如晉師告急。公曰：「宋人告急，舍之則絕，告楚不許。我欲戰矣，齊、秦未可，若之何？」（卷十六，頁 270）

杜注：「門尹般，宋大夫。」

顧棟高《春秋大事表》卷十謂：「按《國語》，『敵國賓至，關尹以告，門尹除門』，《周禮》地官之屬司門下大夫二人，司關上士二人，中士四人。鄭司農以司關爲關尹，則門尹即《周禮》之司門也。」〔註114〕以司門之職比之

〔註112〕何大安〈春秋列國官名不見於周禮考〉頁 44，收於中國東亞學術研究計畫委員會年報第十一期，民國 61 年 8 月。

〔註113〕《左傳會箋》第九，頁 647，竹添光鴻著，天工書局印行，民國 77 年。

〔註114〕顧棟高《春秋大事表》卷十，頁 611，景印文淵閣四庫全書第 179 冊，臺灣

門尹，所言甚爲有據。

然楊伯峻以爲〈司門〉官職卑微，不合此時情事。其曰：「馬宗璉《補注》謂『班，蓋宋卿掌門尹之任，如桐門右師之類，楚圍急，故使重臣如晉乞師。』云云，以門尹比桐門，所比不相類。蓋桐門爲城門名，門尹則否。然以門尹爲重臣，則頗合情理。哀二十六年《傳》宋有門尹得，似亦重臣。」〔註115〕則在宋國，所謂門尹之職權不低也。

2. 哀公二十六年：皇非我因子潞、門尹得、左師謀曰：「民與我，逐之乎！」皆歸授甲，使徇于國曰：「大尹惑蠱其君，以陵虐公室；與我者，救君者也。」眾曰：「與之！」（卷六十，頁1053）

杜注「門尹得」曰：「樂得。」此門尹之職得與司城、左師等宋國重臣共謀國事，顯非泛泛之輩；與上文如晉告急之任務重要性類似。則宋之門尹亦當爲大夫以上。

門尹之職，僅宋國二見。

（五）隧　正（遂人）

1. 襄公九年：宋災，樂喜爲司城以爲政，……使華臣具正徒，令燧正納郊保，奔火所。（卷三十，頁522～523）

杜注：「隧正，官名也。五縣爲隧，納聚郊野保守之民，使隨火所起往救之。」〈正義〉曰：「此隧正當天子之遂大夫。故遂大夫職云：『各掌其遂之正令。』遂人職云：『五家爲鄰、五鄰爲里、四里爲酇、五酇爲鄙、五鄙爲縣、五縣爲遂。』

鄭司農云：『王國百里內爲六鄉，外爲六遂。』鄭玄云：『郊內比族黨州鄉；郊外鄰里酇鄙縣遂。異其名者，示相變也。』《尚書·費誓》云：『魯人三郊三遂』，然則諸侯之有鄉遂，亦以郊內郊外別之也。郊內屬鄉者，近於國都，司徒自率之以入城矣。郊外屬遂者，是郊野保守之民，不可全離所守，司徒令隧正量其多少，納之於國，隨火所起而奔往救之。」

顧棟高曰：「《周禮》每遂中大夫一人，各掌其遂之政令。又〈遂人〉職曰：『掌邦之野，若起野役，則令各帥其所治之民而至。』七年〈疏〉云：「當《周禮》之遂人，而此云當〈遂大夫〉者，各因其所主言之。諸侯兼官，或僅設隧正也。」〔註116〕

商務印書館印行。

〔註115〕楊伯峻《春秋左傳注》頁455，源流出版社，民國71年。

〔註116〕顧棟高《春秋大事表》卷十，頁612～613，景印文淵閣四庫全書第179冊，

魯國亦有隧正之官，同樣掌管徒役之事。

（六）縣　人（縣正）

1. 昭公二十一年：華登以吳師救華氏。齊烏枝鳴戍宋。廚人濮曰：「軍志
　　有之：『先人有奪人之心，後人有待其衰。』……從之。……公欲
　　出，廚人濮曰：「吾小人，可藉死，而不能送亡，君請待之。」（卷
　　五十，頁 869）

杜注：「濮，宋廚邑大夫。」而《會箋》以爲：「廚人蓋庖人也。下文曰
吾小人數句可徵。」〔註 117〕然先秦「小人」並非全爲鄙薄之詞；或有自謙之
謂也。如隱公元年，潁考叔爲潁谷封人，其回答國君之問時亦曰：「小人有母，
皆嘗小人之食矣；未嘗君之羹，請以遺之。」甚至連齊國晏嬰貴爲一國之相，
亦有自稱「小人近市，朝夕得所求，小人之利也。」之句，知小人並非皆爲
低賤之人。今從程發軔《春秋要領》：「廚在宋國，在今河南省商邱縣」之說，
以濮爲廚邑大夫也。

（七）迹　人

1. 哀公十四年：（皇野）以乘車往。曰：「迹人來告曰：『逢澤有介麋焉。』」
　　（卷五十九，頁 1033）

杜注「迹人」曰：「主迹禽獸者。」〈正義〉曰：「《周禮・夏官・迹人》
掌邦田之政，凡田獵者，受令焉。鄭玄云：『迹之言跡，知禽獸之處也。』」
按，迹人當係地官之屬，而非夏官，〈正義〉誤也。

《周禮・地官・迹人》：「掌邦田之地政，爲之厲禁而守之。凡田獵者受
令焉。禁麛卵者與其毒矢射者。」〔註 118〕此《傳文》所載與《周禮》之職掌
相合也。

迹人之職，《左傳》僅此一見。

三、《周禮》春官之屬

（一）典　瑞

1. 哀公十四年：公告之故，拜，不能起。司馬曰：「君與之言。」公曰：
　　「所難子者，上有天，下有先君。」對曰：「魋之不共，宋之禍也。

臺灣商務印書館印行。
〔註 117〕《左傳會箋》第二十四，頁 1638，竹添光鴻著，天工書局印行，民國 77 年。
〔註 118〕《周禮・地官》卷十六，頁 249。

敢不唯命是聽。」司馬請瑞焉，以命其徒攻桓氏。（卷五十九，頁
1033）

杜注：「瑞，符節。」〈正義〉曰：「《周禮・典瑞》云：『牙璋以起軍旅，
以治兵守。』鄭眾云：『牙璋，瑑以為牙。牙齒兵象，故以牙璋發兵。若今時
以銅虎符發兵。』彼用牙璋，天子之法。諸侯於其封內，亦自以瑞發兵，其
物無文以言之。」刻正於故宮博物院所展出的「三星堆傳奇」中，即展示多
種玉石牙璋，其中並有長達九○・八公分及六八・八公分的大牙璋，顯見牙
璋乃是三千三百年前的商代習用的器具之一。

《周禮・春官・典瑞》之職為：「掌玉瑞、玉器之藏。辨其名物與其用事，
設其服飾。」〔註119〕故知「司馬請瑞」為向典瑞之官請求發兵之牙璋也。

似此典瑞之官，僅宋國一見。

（二）師（樂師）

1. 襄公十年：宋公享晉侯于楚丘，請以桑林。……舞，師題以旌夏，晉
   侯懼而退入于房。（卷三十一，頁 539）

杜注：「師，樂師也。」〈正義〉曰：「舞師，樂人之師，主陳設樂事者也。
謂舞初入之時，舞師建旌夏以引舞人而入，以題識其舞人之首。」

顧棟高曰：「《周禮・春官・大司樂》樂師大胥、小胥，凡舞事皆屬焉。
其下有籥師，掌教國子舞羽吹籥，祭祀則鼓羽籥之舞賓客，饗食則亦如之。
司干掌舞器。此舞師當即籥師司干之類，非〈地官〉之舞師也。」〔註120〕

《周禮・春官》有〈樂師〉之職，其責掌「國學之政，以教國子小舞。凡
舞，有帗舞，有羽舞，有皇舞，有旄舞，有干舞，有人舞。」然亦有〈舞師〉
一職，「掌教兵舞，帥而舞山川之祭祀；教帗舞，帥而舞社稷之祭祀；教羽舞，
帥而舞四方之祭祀；教皇舞，帥而舞旱暵之事。凡野舞，則皆教之。凡小祭祀，
則不興舞。」依此觀之，舞師之舞，大多在祭祀之時；而樂師之職，則有「饗
食諸侯，序其樂事。」似乎此之「師」當以「樂師」之職較合乎當時情況。

（三）祝 宗

1. 襄公九年：宋災，樂喜為司城以為政，……二師令四鄉正敬享，祝宗
   用馬于四墉，祀盤庚于西門之外。（卷三十，頁 522～524）

〔註119〕《周禮・春官》卷二十，頁 311。
〔註120〕顧棟高《春秋大事表》卷十，頁 600。景印文淵閣四庫全書第 179 冊，臺灣
商務印書館印行。

杜注：「祝，大祝；宗，宗人。」〈正義〉曰：「《周禮・大祝》掌六祝之辭，以事鬼神祇、祈福祥。小宗伯掌建國之神位，特牲少牢，士大夫之祭祀也，皆宗人掌其事。然則諸是祭神，言辭大祝掌之；禮儀宗人掌之，故所有祭祀，皆祝宗同行。此事別命祝宗，使奉此祭，非鄉正所爲也。文承二師命下，亦是二師命之。不復言命者，亦從上省文也。

……此備火災，所使群官，急者在前，緩者在後，故先伯氏司里，次華臣具正徒，次到隧正納郊保，然後二師摠庀群官，先右後左，尊卑之次也。以刑器、車馬、甲兵、典法，國之所重，故特命三官庀具其物。先外官，備具救火，然後及內，故次司宮巷伯。人事既畢，乃祭享鬼神，故次敬享祀盤庚之事也。」

顧棟高曰：「宋雖立六卿，而無宗伯。《周禮・小宗伯》『掌建國之神位，大災，及執事禱祠于上下神示。』鄭注曰：『執事，大祝及男巫、女巫也。小宗伯與執事共禱祠。春秋時多祝宗並稱，則諸侯之宗人當《周禮》小宗伯之職也。』」

祝宗連詞，於《左傳》中頗多其例。如晉范文子使其祝宗祈死，衛獻公使祝宗告亡等等，皆以二者連文而言。

（四）祝（詛祝）

《周禮》詛祝之職編制下士二人，掌「盟、詛、類、造、攻、說、檜、禜之祝號。作盟詛之載辭，以敘國之信用，以質邦國之劑信。」〔註121〕似此詛祝之官，僅一見於衛國。

1. 哀公二十六年：大尹謀曰：「我不在盟，無乃逐我？復盟之乎！」使祝爲載書。六子在唐盂，將盟之。祝襄以載書告皇非我。（卷六十，頁1052）

杜注：「襄，祝名。」此祝掌記載盟誓之事，與詛祝掌「盟詛，作盟詛之載辭」相合，故鄭司農引此《傳》爲證。

四、《周禮》夏官之屬

宋之司馬，可分爲大司馬、司馬以及少司馬。

（一）大司馬

1. 隱公三年：宋穆公疾，召大司馬孔父而屬殤公焉。（卷三，頁52）

〔註121〕《周禮・春官》卷二十六，頁398～399。

大司馬者，宋國官名也。穆公既託孤於孔父，知孔父乃極受穆公器重之人。故顧棟高於〈宋執政表〉中，自隱公元年至桓公二年，其執政之人，皆列孔父。宋國執政之官爵時常更換，除了孔父以大司馬及僖公十九年之子魚皆以司馬之職執掌政權外，其餘之司馬，則未有執政之權。

2. 桓公二年：宋殤公立，十年十一戰，民不堪命。孔父嘉爲司馬，督爲大宰，故因民之不堪命，先宣言曰：「司馬則然。」已殺孔父而弒殤公。（卷五，頁 90〜91）

司馬者，掌軍事之長官，故督以此誘騙國人。

3. 僖公十九年：夏，宋公使邾文公用鄶子于次睢之社，欲以屬東夷。司馬子魚曰：「古者六畜不相爲用，小事不用大牲，而況敢用人乎？」（卷十四，頁 239）

杜注：「司馬子魚，公子目夷也。」

4. 僖公二十二年：楚人伐宋以救鄭。宋公將戰，大司馬固諫曰：「天之棄商久矣，君將興之，弗可赦也已。」（卷十五，頁 248）

杜注：「大司馬固，莊公之孫公孫固也。」楊伯峻曰：「〈宋世家正義〉引《世本》曰：『宋莊公孫名固，爲大司馬。』又據〈晉語四〉，公孫固之爲大司馬，正在此時。」〔註122〕

然《會箋》以爲：「大司馬即司馬子魚也。隱三年言召大司馬孔父而屬殤公焉；桓二年言孔父嘉爲司馬；文八年上言大司馬公子印，下言司馬握節以死。知大司馬即司馬也。〈宋世家〉亦以此爲子魚之言。〈晉語〉雖云：『文公過宋，與司馬公孫固和善』考〈世家〉，猶在戰泓之後也。十九年至此下，宋人諫其君者，唯一子魚，而其意皆同，則大司馬爲子魚無疑矣。固諫猶固辭、固讓、固請、固謝之固，言堅固也，與強諫同。」〔註123〕

顧棟高亦以爲：「下文『戰于泓，司馬曰彼眾我寡』杜以爲子魚，《史記·宋世家》前後皆作子魚之言。又文七年《傳》：『殺公孫固、公孫鄭』于時樂毅爲司馬，列于六卿，則固非卿，明矣。顏寧人謂：『大司馬即子魚，則固諫當爲固請之義。』」〔註124〕

〔註122〕楊伯峻《春秋左傳注》頁 396，源流出版社，民國 71 年。

〔註123〕《左傳會箋》第六，頁 437，竹添光鴻著，天工書局印行，民國 77 年。顧炎武《日知錄》之意亦同此，參見《日知錄集釋》卷二十七，頁 1173。顧炎武著、黃汝成集釋、欒保群、呂宗力校點。花山文藝出版社出版，1990 年。

〔註124〕顧棟高《春秋大事表》卷十，頁 588〜589。景印文淵閣四庫全書第 179 冊，

其後《傳文》載：「司馬曰彼眾我寡」杜注曰：「子魚。」此年未見有大、少司馬之分，故當同爲一人，是以前後所謂之司馬，同爲子魚。

5. 僖公二十二年：宋公及楚人戰于泓。宋人既成列，楚人未既濟。司馬曰：「彼眾我寡，及其未既濟也，請擊之。」（卷十五，頁248）

此司馬杜注：「子魚也。」依此觀之，則前文所謂之「大司馬固諫」，亦當爲子魚，而「固」則爲修飾動作之副詞，而非人名也。蓋宋有大司馬，又簡稱司馬也。例如隱公三年：「召大司馬孔父而屬殤公焉。」而桓公二年載：「孔父嘉爲司馬」；又文八年《傳》先云：「以殺大司馬公子印」，後曰：「司馬握節以死」，是大司馬可簡稱「司馬」也。

6. 文公七年：夏四月，宋成公卒。於是公子成爲右師，公孫友爲左師，樂豫爲司馬。……穆、襄之族率國人以攻公，殺公孫固、公孫鄭于公宮。六卿和公室，樂豫舍司馬以讓公子卬。

（卷十九，頁316～7）

此是新職，司馬排名第四；同時下文樂豫則又讓出司馬之職位。

可堪注意者是，僖公二十二年有所謂之「大司馬固諫」之句，杜預以爲公孫固是也。然此年先有「樂豫爲司馬」，又接著說：「殺公孫固」則公孫固非司馬可知也。

7. 文公八年：（宋襄夫人）因戴氏之族，以殺襄公之孫孔叔、公孫鍾離及大司馬公子印，皆昭公之黨也。司馬握節以死，故書以官。（卷十九，頁319）

此《傳》文前稱「大司馬公子印」，後云：「司馬握節以死」，則大司馬、司馬者，二者名異而實同，實可通用也。

8. 文公十五年：三月，宋華耦來盟，其官皆從之。書曰：「宋司馬華孫」，貴之也。公與之宴。辭曰：「君之先臣督得罪於宋殤公，名在諸侯之策。臣承其祀，其敢辱君？請承命於亞旅。」（卷十九，頁337）

華耦以司馬之職與魯結盟，並能率其屬以從禮儀，故《春秋》貴之也。此爲司馬參與會盟之例。

9. 文公十六年：昭公無道，國人奉公子鮑以因夫人。於是華元爲右師，公孫友爲左師，華耦爲司馬。……文公即位，使母弟須爲司城，華耦卒，而使蕩虺爲司馬。（卷二十，頁348）

臺灣商務印書館印行。

華耦此之排名爲第三，其在任內死亡，故使蕩虺繼任。

10. 成公十五年：秋八月，葬宋共公。於是華元爲右師，魚石爲左師，蕩澤爲司馬。（卷二十七，頁 467）

11. 成公十五年：華元使向戌爲左師，老佐爲司馬。（卷二十七，頁 467）

12. 襄公六年：宋華弱與樂轡少相狎，長相優，又相謗也。子蕩怒，以弓梏華弱于朝。平公見之，曰：「司武而梏於朝，難以勝矣。」（卷三十，頁 516）

杜注：「司武，司馬。」武、馬古同音，且司馬執掌武事，故又稱司武也。

13. 襄公九年：宋災，樂喜爲司城以爲政，……使皇郢命校正出馬，工正出車，備甲兵，庀武守。（卷三十，頁 522～524）

〈正義〉曰：「車馬甲兵，司馬之職，使皇郢掌此事，皇郢必是司馬也。校正主馬，於《周禮》爲校人，是司馬之屬官也。《周禮》司馬之屬無主車之官，巾車、車僕，職皆掌車，乃爲宗伯之屬。昭四年《傳》云：『夫子爲司馬，與工正書服。』是諸侯之官，司馬之屬有工正主車也。國有火災，恐致姦寇，故使司馬命此二官出車馬、備甲兵，以防非常也。」

14. 襄公二十七年：宋人享趙文子，叔向爲介，司馬置折俎，禮也。（卷三十八，頁 644）

杜注：「折俎，體解節折，升之於俎，合卿享宴之禮，故曰禮也。《周禮》司馬掌會同之事。〈正義〉曰：「《周禮》大司馬云：『大會同，則帥士庶子掌政令。大祭祀饗食羞牲魚』，是司馬掌會同薦羞之事。」司馬掌會同薦羞之事的例子，還可以從《儀禮》中得到印證。《儀禮·鄉射》：「司馬洗爵，升，實之以降，獻獲者於侯。薦脯醢，設折俎，俎與薦者皆三祭。」〔註125〕

15. 昭公二十一年：宋華費遂生華貙、華多僚、華登。貙爲少司馬，多僚爲御士，與貙相惡，乃譖諸公曰：「貙將納亡人。」亟言之。……公懼，使侍人召司馬之侍人宜僚，飲之酒，而使告司馬。」（卷五十，頁 868）

杜注：「司馬謂華費遂爲大司馬。」此文既有「大司馬」，又有「少司馬」，明宋國司馬之區分大、少也。

16. 昭公二十二年：宋公使公孫忌爲大司馬，邊卬爲大司徒……以靖國人。（卷五十，頁 872）

〔註125〕《儀禮·鄉射》頁 132。十三經注疏本，藝文印書館印行。

杜注：「代華費遂。」此是新發佈之官職，大司馬排名第一。

17. 昭公二十二年：宋公使公孫忌爲大司馬，邊卬爲大司徒，樂祁爲司城。（卷五十，頁 872）〔註126〕

此年大司馬復得執政。

18. 哀公十四年：公告之故，拜，不能起。司馬曰：「君與之言。」公曰：「所難子者，上有天，下有先君。」對曰：「魋之不共，宋之禍也。敢不唯命是聽。」司馬請瑞焉，以命其徒攻桓氏。……子頎騁而告桓司馬。司馬欲入，子車止之，曰：「不能事君，而又伐國，民不與也，祇取死焉。」向魋遂入于曹以叛。（卷五十九，頁 1033）

杜注：「瑞，符節以發兵。」此亦司馬主軍事之證；另，向魋亦爲司馬，爲茲區分，故冠氏稱之稱桓司馬也。此亦可證宋司馬之官在二人以上。

另外，《傳》於向魋之後，書「司馬牛致其邑與珪焉，而適齊。」（卷五十九，頁 1034）杜注：「牛，魋之弟也。珪，守邑符信。」則桓氏又以「司馬」爲氏矣。然司馬牛既守邑矣，當爲縣大夫之類職官，已非司馬之官，徒因先人曾任司馬而以爲氏也。

19. 哀公二十六年：宋景公無子，取公孫周之子得與啓畜諸公宮，未有立焉。於是皇緩爲右師，皇非我爲大司馬，皇懷爲司徒。（卷六十，頁 1052）

此亦是新任官職，大司馬排名第二，緊追於右師之後。

《傳文》所載之宋國司馬資料繁多，雖多新職之發佈，未涉及職掌，然亦有部分《傳》文記錄其行誼，頗合乎《周禮》之記載者。今除去單敘職掌者，略述宋司馬之職掌。

（1）參與軍事：如僖公二十二年宋公及楚人戰于泓，司馬子魚曾對戰局提出建議。

（2）與他國結盟：如文公十五年，華耦與魯盟，且其官皆從之。故書曰：「宋司馬華孫」。

〔註126〕此年之《傳文》，各家不同。十三經注疏本作「樂祁爲司馬」，然楊伯峻及顧棟高此年皆曰「樂祁爲司城」，輔校本亦同。且考《傳》之用語，大、少司馬通常排列前後，未有如此隔開之用法；且昭公二十七年有「司城子梁」，杜注：「子梁，宋樂祁也。」則此年之司城應爲樂祁也。

（3）火災之時督促所屬：如襄公九年，宋災，皇鄖命校正出馬，工正出車。

（4）掌會同薦羞之事：如襄公二十七年，宋人享趙文子，叔向爲介，司馬置折俎。

（5）幫助平定國內亂事：如哀公十四年，桓魋之亂時，司馬請瑞，以命其徒攻桓氏。

司馬掌軍事，固各國皆同；然掌會同薦羞之事，則爲首見。類似此種資料，對於釐清各官職掌，及辨別春秋官制與《周禮》之對應，非常有助益。

（二）少司馬（小司馬）

《周禮》小司馬由中大夫二人擔任；其職爲凡小祭祀、會同、饗射、師田、喪紀、掌其事，如大司馬之法。是以小司馬乃大司馬之輔佐也。小司馬之職在《左傳》稱「少司馬」，僅宋國一見。

　　1. 昭公二十一年：宋華費遂生華貙、華多僚、華登。貙爲少司馬，多僚爲御士，與貙相惡，乃譖諸公曰：「貙將納亡人。」亟言之。（卷五十，頁868）

此僅敘其官，未言職掌。

（三）御　士（御僕）

　　1. 昭公二十一年：宋華費遂生華貙、華多僚、華登。貙爲少司馬，多僚爲御士，與貙相惡，乃譖諸公曰：「貙將納亡人。」亟言之。（卷五十，頁868）

杜注：「公御士。」此御士即《周禮》之御僕也。參見本文〈周朝職官‧御僕〉。

（四）校　正（校人）

　　1. 襄公九年：宋災，樂喜爲司城以爲政，……使皇鄖命校正出馬，工正出車，備甲兵，庀武守。（卷三十，頁522～523）

〈正義〉曰：「校正主馬，於《周禮》爲校人，是司馬之屬官也。《周禮》司馬之屬無主車之官，巾車、車僕，職皆掌車，乃爲宗伯之屬。昭四年《傳》云：『夫子爲司馬，與工正書服。』是諸侯之官，司馬之屬有工正主車也。國有火災，恐致姦寇，故使司馬命此二官出車馬、備甲兵，以防非常也。」

《左傳》中魯、晉、宋皆有此官，唯魯稱校人，晉、宋稱校正，然皆主馬之官也。

（五）圉　人

1. 襄公二十六年：左師見夫人之步馬者，問之。對曰：「君夫人氏也。」
   左師曰：「誰爲君夫人？余胡弗知？」圉人歸，以告夫人。（卷三
   十七，頁 634）

此圉人者，即爲夫人溜馬者也。魯、齊、宋皆有此官。《周禮》圉人之編
制，係「良馬匹一人；駑馬麗一人。」並且掌養馬芻牧之事，此圉人爲夫人
步馬，亦屬芻牧之事也。

五、《周禮》秋官之屬

宋武公之世時，鄭瞞伐宋。宋國諸卿曾合力退敵。《傳》載：「司徒皇父帥
師禦之。耏班御皇父充石，公子穀甥爲右，司寇牛父駟乘，以敗狄于長丘，獲
長狄緣斯。」（卷十九，頁 329）此是宋國司寇見諸《傳文》的最早記載。自此
之後，宋之司寇屢見於《傳文》，有時區分大、少司寇；有時又以單一司寇稱之。

今依各國之例，除將少司寇分別討論外，其餘諸司寇，不論是否冠以「大」
字，皆以大司寇論之。

（一）大司寇

1. 文公七年：夏四月，宋成公卒。於是公子成爲右師，公孫友爲左師，
   樂豫爲司馬，鱗矔爲司徒，公子蕩爲司城，華御事爲司寇。（卷十
   九，頁 316）

此司寇無分大少，仍排名第六。同時文公十年時，華御事主張服從於楚，
《傳》載：「宋華御事曰：『楚欲弱我也，先爲之弱乎？何必使誘我？我實不
能，民何罪？』乃逆楚子，勞且聽命。遂道以田孟諸。」（卷十九，頁 323）
此華御事以司寇之職勞楚君，並引導田獵也。

2. 文公十六年：於是華元爲右師，公孫友爲左師，華耦爲司馬，鱗鱹爲
   司徒，蕩意諸爲司城，公子朝爲司寇。（卷二十，頁 348）

司寇於此時仍排名第六。

3. 文公十八年：十二月，宋公殺母弟須及昭公子……公子朝卒，使樂呂
   爲司寇，以靖國人。（卷二十，頁 356）

4. 成公十五年：秋八月，葬宋共公。於是華元爲右師，魚石爲左師，
   蕩澤爲司馬，華喜爲司徒，公孫師爲司城，向爲人爲大司寇，
   鱗朱爲少司寇，左師、二宰、二司寇遂出奔楚。華元使向戌爲

左師，老佐爲司馬，樂裔爲司寇，以靖國人。（卷二十七，頁 467）

此亦是新官上任，整個政局的重新分配，向爲人爲大司寇，排名第六，並有副官爲少司寇，排名緊追其後。

此年因爲二司寇出奔楚，是以華元重新調整官職。然則二司寇皆出奔，而《傳》僅載樂裔爲司寇，是司寇不設副官也。

5. 襄公九年：宋災，樂喜爲司城以爲政，……使華閱討右官，官庀其司。

　　向戍討左，亦如之。使樂遄庀刑器，亦如之。（卷三十，頁 522～

　　523）

杜注：「樂遄，司寇；刑器，刑書。」〈正義〉曰：「此人掌具刑器，知其爲司寇也。恐其爲火所焚，當是國之所重，必非刑人之器，故以爲刑書也。哀三年，魯人救火，云出禮書、御書。書不名器，此言刑器，必載於器物。鄭鑄刑書，而叔向責之，晉鑄刑鼎，而仲尼譏之。彼鑄之於鼎，以示下民，故譏其使民知之。此言刑器，必不在鼎，當書於器物，官府自掌之，不知書於何器也。或書之於版，號此版爲刑器耳。」

6. 昭公二十二年：宋公使公孫忌爲大司馬，邊卬爲大司徒，樂祁爲司城，

　　仲幾爲左師，樂大心爲右師，樂輓爲大司寇，以靖國人。（卷五十，

　　頁 872）

樂輓爲大司寇，在此排名亦是第六，此時並無記載少司寇一職；然昭公二十年時，《傳》載「向寧欲殺大子。華亥曰：『干君而出，又殺其子，其誰納我？

且歸之有庸。』使少司寇牼以歸。」（卷四十九，頁 856）此時尚有「少司寇牼」，則昭公二十二年時未必無此職。

7. 哀公二十六年：宋景公無子，取公孫周之子得與啓畜諸公宮，未有立

　　焉。於是皇緩爲右師，皇非我爲大司馬，皇懷爲司徒。靈不緩爲

　　左師，樂茷爲司城，樂朱鉏爲大司寇。（卷六十，頁 1052）

樂朱鉏爲大司寇，排名仍然維持第六；此時近春秋尾聲，已無少司寇之職的區分。

（二）少司寇（小司寇）

宋國是春秋諸侯當中，唯一設有小（少）司寇之職的國家，在《傳》中有二見。其在宋國執政集團中，排名最末，說明少司寇一職僅是輔佐性質而已。

1. 成公十五年：向爲人爲大司寇，鱗朱爲少司寇。

宋國少司寇亦即小司寇一職，《傳》中僅二見。大司寇在此排名第六，並有副官爲少司寇，排名緊追其後。

2. 昭公二十年：向寧欲殺大子。華亥曰：「干君而出，又殺其子，其誰納我？且歸之有庸。」使少司寇牼以歸。（卷四十九，頁856）

少司寇之職，多爲敘官，未言其職。

《左傳》所敘之宋司寇，亦以新職分布爲主；鮮少敘其職掌。唯一可論其職掌者，僅爲襄公九年宋災之時，各官的謹其職守。當時以樂遄庀刑器，故知其爲刑官之司寇也。至於其司寇之設副官有無，及其起迄年代，附見於下表。

年　　　代	官　名	人　名	《　左　傳　》　記　事
文　公　七　年	司　寇	華御事	宋成公卒，公布新職
文　公　十　年	司　寇	華御事	主服楚
文　公　十　一　年	司　寇	牛　父	駟乘（追敘）
文　公　十　六　年	司　寇	公子朝	六卿
文　公　十　八　年	司　寇	樂　召	公子朝卒，代之。
成　公　十　五　年	大司寇	向爲人	新官
成　公　十　五　年	少司寇	鱗　朱	新官
成　公　十　五　年	司　寇	樂　裔	二司寇出奔，華元使爲之。
襄　公　九　年	司　寇	樂　遄	庀刑器
昭　公　二　十　年	少司寇	華　牼	歸太子
昭　公　二　十　二　年	大司寇	樂　輓	新職
哀　公　二　十　六　年	大司寇	樂朱鉏	敘官職

宋國於〈秋官〉職官內，除有大、小司寇外，另亦有行人見載於《經》《傳》。然此行人並非常設之職官，而係司城樂祁以使節的身份出使，屬於臨時性之工作，是以不將其列入正式職官之內。

1. 定公六年經：晉人執宋行人樂祁犁。傳：宋樂祁言於景公曰：『諸侯唯我事晉，今使不往，晉其憾矣。』……他日，公謂樂祁曰：『唯寡人說子之言，子必往。』……范獻子言於晉侯曰：「以君命越疆而使，未致使而私飲酒，不敬二君，不可不討也。」乃執樂祁。（卷五十五，頁961）

杜預於《經》文注曰：「稱行人，言非其罪。」昭二十七年，樂祁之職爲司城，則此時之樂祁當是以「司城」之職出使也，行人蓋泛稱之辭。

六、《周禮》冬官之屬

司城一官於春秋之時，僅宋、曹設立，其與諸國通行之司空一職，同實而異名。桓公六年《傳》載魯申繻曰：「宋以武公廢司空。」杜注：「武公名司空，廢爲司城。」《會箋》於此解釋司空與司城之相近性時曰：「司空所掌在土，而城郭爲重，故取相近之義，名爲司城也。」〔註127〕沈長雲引《禮記·王制》「司空執度度地，居民山川沮澤，時四時，量地遠近，興事任力。」〔註128〕及其它文獻資料，說明古代司空一職主土，而不管理百工。此與宋國廢司空而名司城之意，可收互相印證之功。

（一）司　城（司空）

1. 文公七年：夏四月，宋成公卒。於是公子成爲右師，公孫友爲左師，樂豫爲司馬，鱗矔爲司徒，公子蕩爲司城，華御事爲司寇。（卷十九，頁316）

杜注「司城」曰：「桓公子也，以武公名廢司空爲司城。」故宋之司城相當於他國之司空也。

2. 文公八年：（宋襄夫人）因戴氏之族，以殺襄公之孫孔叔、公孫鍾離及大司馬公子卬，皆昭公之黨也。……司城蕩意諸來奔，效節於府人而出。（卷十九，頁320）

蕩意諸於此年出奔，並於文公十一年因襄仲而復之。（卷十九，頁328）

3. 文公十六年：於是華元爲右師，公孫友爲左師，華耦爲司馬，鱗矔爲司徒，蕩意諸爲司城，公子朝爲司寇。……冬十一月，甲寅，宋昭公將田孟諸，未至，夫人王姬使帥甸而攻之。蕩意諸死之，……文公即位，使母弟須爲司城。（卷二十，頁348）

司城之位在宋排名第五。

4. 文公十八年：宋武氏之族道昭公子，將奉司城須以作亂。十二月，宋公殺母弟須及昭公子，……使公孫師爲司城。（卷二十，頁355

〔註127〕《左傳會箋》第二，頁153，竹添光鴻著，天工書局印行，民國77年。
〔註128〕沈長雲〈談古司空之職——兼說《考工記》的內容作成時代〉頁210，收於《中華文史論叢》1983年第三期。

～356）

5. 成公十五年：秋八月，葬宋共公。於是華元爲右師，魚石爲左師，蕩
　　澤爲司馬，華喜爲司徒，公孫師爲司城。（卷二十七，頁467）

6. 襄公六年：司城子罕曰：「同罪異罰，非刑也。專戮於朝，罪孰大焉？」
　　亦逐子蕩。（卷三十，頁516）

　　子罕此時爲司城，但卻能主張驅逐子蕩，是以司城當國也。下文襄公九
年之時，樂喜即以司城之職爲政。

7. 襄公九年：春宋災，樂喜爲司城以爲政，使伯氏司里。（卷三十，頁
　　522）

　　杜注：「樂喜，子罕也。爲政卿。」〈正義〉曰：「文七年及十五年二《傳》
言宋六卿之次，皆云右師、左師、司馬、司徒、司城、司寇。其右師最貴，
故華元曰：『我爲右師，君臣之訓，師所司也。』然則宋國之法，當右師爲政
卿。今言司城爲政卿者，蓋宋以華閱是華元之子，以元有大功，使閱繼其父
耳。子罕賢知，故特使爲政，齊任管夷吾、魯任叔孫婼，皆位卑而執國政，
此亦當然也。」

8. 襄公十五年：鄭尉氏、司氏之亂，其餘盜在宋。……三月，公孫黑爲
　　質焉。司城子罕以堵女父、尉翩、司齊與之，良司臣而逸之。（卷
　　三十二，頁566）

　　子罕自襄公九年爲政，其後屢見諸《傳》文記載。如襄公二十七年，向
氏欲攻司城；襄公二十九年，宋饑時，貸而不書，並爲大夫之無者貸。是以
晉叔向曰：「鄭之罕，宋之樂，其後亡者也。二者其皆得國乎？民之歸也。
施而不德，樂氏加焉，其以宋升降乎？」故子罕執政長達二十年之久，其來
有自。

9. 昭公二十七年：宋衛皆利納公，固請之。范獻子取貨于季孫，謂司城
　　子梁與北宮貞子曰：「季孫未知其罪，而君伐之。請囚、請亡，於
　　是乎不獲，君又弗克，而自出也。夫豈無備而能出君乎？」（卷五
　　十二，頁909）

　　杜注：「子梁，宋樂祁也。」

10. 哀公二十六年：宋景公無子，取公孫周之子得與啓畜諸公宮，未有
　　　立焉。於是皇緩爲右師，皇非我爲大司馬，皇懷爲司徒。靈不緩
　　　爲左師，樂茷爲司城。……司城茷使宣言于國曰：「大尹惑蠱其

君，而專其利，今君無疾而死，死又匿之，是無他矣，大尹之罪
也。」……使國人施于大尹，大尹奉啓以奔楚，乃立得。司城爲
上卿，盟曰：「三族共政，無相害也！」（卷六十，頁1052）

此司城爲上卿之爵，並仍舊與三族共政，則司城之權力，至此時略衰。
綜觀宋國司城之權責，約可自下列三點言之。

（1）平定國內亂事：如襄公六年司城子罕逐子蕩；哀公二十六年大尹之
亂時，司城參與逼使大尹奔楚之事。

（2）非常事故之時，主持應變之措施。如襄公九年：宋災時，樂喜爲
司城，分派所有的人從事救災之工作。襄公二十九年，宋饑時，
貸粟於民。

（3）引渡他國亂臣：如襄公十五年：鄭尉氏、司氏之亂，其餘盜在宋。
司城子罕以堵女父、尉翩、司齊與之，良司臣而逸之。

七、家臣類

（一）家　宰

1. 襄公十七年：宋華閱卒，華臣弱皋比之室，使賊殺其宰華吳。（卷三十
三，頁575）

華吳者，皋比之宰，亦即總管也。

2. 定公六年：宋樂祁言於景公曰：「諸侯唯我事晉，今使不往，晉其憾
矣。」樂祁告其宰陳寅。陳寅曰：「必使子往。」（卷五十五，頁
961）

陳寅爲樂祁之宰，由此段《傳文》觀之，家宰不僅總管大臣之家內事務，
同時也提供對策，以供主人參考也。

（二）侍　人

1. 昭公二十一年：公懼，使侍人召司馬之侍人宜僚，飲之酒，而使告司
馬。（卷五十，頁868）

侍人者，寺人也，卿大夫之家亦有寺人一類之官職，負責家室之內的事
務。此類人員因與主人朝夕相處，因此也容易獲得其信賴，是以連國君有事
傳達於大臣之時，也透過侍人之口以藉之轉達。

齊國大臣之家亦有寺人見諸記載。

八、其　它

（一）右　師

右師是宋國特有之官職，且其爵位在宋國亦是最爲尊貴，每次新君即位，或是政權重新分配之時，右師之職皆是列爲第一。其職大約類似晉國之「公族大夫」，專門掌管卿大夫子弟之教育工作。成公十五年，華元爲右師，曾說：「我爲右師，君臣之訓，師所司也，今公室卑，而不能正，吾罪大矣。不能治官，敢賴寵乎？」他並因此而出奔晉。（卷二十七，頁 467）由此可見，右師一職在宋國之重要性。

顧棟高曰：「宋六卿自殤公以前，則大司馬執政，督殺司馬孔父，遂以太宰相襄公即位。子魚以左師聽政，而《傳》文始終稱司馬子魚，疑是時始立左右二師。而子魚以司馬兼左師，後遂爲專官也。然春秋官皆尚右，《傳》敘宋六卿，皆先右師，是宋卿以右師爲長。」〔註129〕

1. 文公七年：宋成公卒。於是公子成爲右師，鱗曨爲司徒。（卷十九，頁 316）

2. 文公十六年：於是華元爲右師，公孫友爲左師。（卷二十六，頁 348）

3. 成公十五年：秋八月，葬宋共公。於是華元爲右師，魚石爲左師，蕩澤爲司馬，華喜爲司徒，公孫師爲司城，向爲人爲大司寇，鱗朱爲少司寇，向帶爲大宰，魚父爲少宰。（卷二十七，頁 467）

華元之爲政，自文公十六年起見於《傳》；至襄公二年，仍見載於《經》。故顧棟高〈宋執政表〉自文公十七年起至襄公五年，將執政之權皆歸於華元。依此計算，則華元執政之年代共四十三年，時間之長，令人驚嘆。

華元爲政之期間，曾帥師與鄭、楚作戰，並曾被俘；同時促成晉、楚之和，也出奔過晉，再自晉歸宋；同時多次代表宋國參與會盟，屢見諸《經文》記載，是宋國相當重要的一位官員。

4. 昭公六年：宋寺人柳有寵，大子佐惡之。華合比曰：「我殺之。」柳聞之，乃坎、用牲、埋書，而告公曰：「合比將納亡人之族」遂逐華合比。合比奔衛。於是華亥欲代右師，乃與寺人柳比，從爲之徵，曰：「聞之久矣。」公使代之。（卷四十三，頁 752）

杜注：「亥，合比弟。」華亥欲代右師，可知原本是合比爲右師，後由華

〔註129〕顧棟高《春秋大事表》卷十，頁 623。景印文淵閣四庫全書第 179 冊，臺灣商務印書館印行。

亥代之。

5. 昭公二十二年：宋公使公孫忌爲大司馬，邊卬爲大司徒，樂祁爲司城，仲幾爲左師，樂大心爲右師，樂輓爲大司寇，以靖國人。（卷五十，頁 872）

右師原本官職之排名，皆在第一順位，但至此年，則一路下滑，落至第五。樂大心爲右師之官，又稱桐門右師；擔任這個職務期間，曾接見來聘的魯國叔孫婼（昭公二十五年）；並且不欲輸王粟（昭公二十五年），是以晉士伯論其必亡，果然在定公九年被逐。

6. 哀公十八年：公聞其情，復皇氏之族，使皇緩爲右師。（卷六十，頁 1047）

7. 哀公二十六年：宋景公無子，取公孫周之子得與啓畜諸公宮，未有立焉。於是皇緩爲右師，皇非我爲大司馬，皇懷爲司徒，靈不緩爲左師，樂筏爲司城，樂朱鉏爲大司寇，六卿三族降聽政，因大尹以達。（卷六十，頁 1052）

此時右師之順位，又排回第一。

（二）左　師

1. 僖公九年：宋襄公即位，以公子目夷爲仁，使爲左師以聽政，於是宋治。故魚氏世爲左師。（卷十三，頁 220）

此敍子魚「左師以聽政，於是宋治。」可見此時左師掌握了政治之大權，國政之良窳才能操之於其手上。

2. 文公七年：夏四月，宋成公卒。於是公子成爲右師，公孫友爲左師，樂豫爲司馬，鱗矔爲司徒，公子蕩爲司城，華御事爲司寇。（卷十九，頁 316）

公孫友者，杜注：「目夷子。」此年右師、左師同時出現，右師之地位高於左師。

3. 文公十六年：於是華元爲右師，公孫友爲左師，華耦爲司馬，鱗鱹爲司徒，蕩意諸爲司城，公子朝爲司寇。（卷二十，頁 348）

此時仍然由公孫友擔任左師，且其地位仍舊低於右師。

4. 成公十五年：秋八月，葬宋共公。於是華元爲右師，魚石爲左師，蕩澤爲司馬，華喜爲司徒，公孫師爲司城，向爲人爲大司寇，鱗朱爲少司寇，向帶爲大宰，魚父爲少宰。（卷二十七，頁 467）

華元爲右師之後，右師之地位比左師還高。

5. 成公十五年：華元使向戌爲左師，老佐爲司馬，樂裔爲司寇，以靖國
　　人。（卷二十七，頁 467）

此《傳》言「華元使向戌爲左師」，明右師之職位乃在左師之上。

6. 襄公九年：宋災，樂喜爲司城以爲政。……使華閱討右官，官庇其司。
　　向戌討左，亦如之。（卷三十，頁 522～523）

向戌擔任左師之官，又稱「合左師」，一直到昭公六年仍見諸記載。其間，
有弭兵發起奔走之功（襄公二十七年），亦曾相鄭伯如楚，獻公合諸侯之禮六
（昭公四年）。

7. 昭公二十二年：宋公使公孫忌爲大司馬，邊卬爲大司徒，樂祁爲司城，
　　仲幾爲左師，樂大心爲右師，樂輓爲大司寇，以靖國人。（卷五十，
　　頁 872）

仲幾爲左師，樂大心爲右師，左師之地位又高於右師。

8. 哀公十四年：（公）告皇野曰：「余長魋也，今將禍余，請即救。」司
　　馬子仲曰：「……不得左師不可，請以君命召之。」……以乘車往，
　　曰：「……『雖魋未來，得左師，吾與之田，若何？』」……與之
　　乘，至，公告之故，拜，不能起。（卷五十九，頁 1033）

此左師助君討向魋。

9. 哀公二十六年：宋景公無子，取公孫周之子得與啓畜諸公宮，未有立
　　焉。於是皇緩爲右師，皇非我爲大司馬，皇懷爲司徒，靈不緩爲
　　左師，樂筏爲司城，樂朱鉏爲大司寇，六卿三族降聽政，因大尹
　　以達。（卷六十，頁 1052）

此年右師與左師之地位相差懸殊，右師得執政權，而左師則落至第四。

（三）大　尹

1. 哀公二十六年：宋景公無子，取公孫周之子得與啓畜諸公宮，未有立
　　焉。……六卿三族降聽政，因大尹以達。大尹常不告，而以其欲
　　稱君命以令。國人惡之，司城欲去大尹。……冬十月，公游于空
　　澤，辛巳，卒于連中。大尹興空澤之士千甲，奉公自空桐入如沃
　　宮，使召六子。……六子至，以甲劫之曰：「君有疾病，請二三子
　　盟。」……使國人施于大尹，大尹奉啓以奔楚。（卷六十，頁 1052）

杜注：「大尹，近官有寵者，六卿因之以自通達於君。」此官名眾說紛紜，

梁履繩《補釋》引〈周氏附論〉云：「或曰，太宰之官自襄十七年後不復見《傳》，疑省太宰而設之。」于鬯《校書》則謂：「大尹疑是宋外戚之官名。」

《會箋》曰：「六卿而不能自達，乃須因大尹以達，壅蔽之奸宜矣。大尹惟此一見。《戰國・宋策》云：『謂大尹曰：「君日長矣，自知政則公無事。」』高誘注：『大尹，宋卿也。』蓋自景公大尹專政以後，居然列於卿官，非舊制也。」〔註130〕陳茂同則以爲宋國之大尹，相當於「僕大夫」之職，其曰：「這個大尹就是掌管通達君臣意見的僕大夫，他竟敢不將臣下的意見通達給宋景公，還以自己私意作爲景公意見下達給臣僚，致使宋國六卿三族都受其擺布。」〔註131〕

此大尹權力之大，連六卿都得聽命；但在此之前，宋國未曾見過大尹之官名。以「尹」名官，係楚國官制之特色，宋國此官，當即受楚之影響也。

《左傳》中大尹之官名僅此一見。

（四）司　里

1. 襄公九年：春，宋災，樂喜爲司城以爲政，使伯氏司里。火所未至，徹小屋，塗大屋，陳畚、挶；具綆、缶，備水器；量輕重，蓄水潦，積土塗；巡丈城，繕守備，表火道。（卷三十，頁 522～523）

杜注：「伯氏，宋大夫；司里，里宰。」〈正義〉曰：「〈釋言〉云：『里，邑也。』李巡曰：云：『里居之邑是也。』是里爲邑居之名也。《周禮》五鄰爲里，以五鄰必同居，故以里爲名，里長謂之宰。《周禮・里宰》：『每里下士一人』，謂六遂之內，二十五家之長也。此言司里，謂司城內之居民，若今城內之坊里也。里必有長，不知其官之名。《周禮》有里宰，故以宰言之。非是郊外之民，二十五家之長也。使伯氏司此城內諸里之長，各率里內之民，表火道以來，皆使此伯氏率里民爲之。」

（五）門　官

1. 僖公二十二年：宋師敗績，公傷股，門官殲焉。（卷十五，頁 248）

杜注：「門官，守門者，師行則在君左右。」〈正義〉曰：「《周禮・虎賁氏》『掌先後王而趨以卒伍。軍旅、會同亦如之。舍則守王閑；王在國，則守王宮；國有大故，則守王門。』諸侯之禮亡，其官屬不可得而知，此門官蓋亦天子虎賁氏之類。故在國則守門，師行，則在君左右，近公，故盡死也。」《會箋》亦

〔註130〕《左傳會箋》第三十，頁 2019，竹添光鴻著，天工書局印行，民國 77 年。
〔註131〕陳茂同著《歷代職官沿革史》頁 37，華東師範大學出版社印行，1997 年。

曰：「襄王賜文公虎賁三百人，宋先代之後，當有虎賁之士。」〔註132〕

　　沈欽韓《補注》云：「門官即門子也。卿大夫之子弟衛公，若唐之三衛矣。襄九年《傳》，大夫門子皆從鄭伯。」

　　門官一職，僅於宋國一見。

（六）褚　師

　　1. 襄公二十年：冬季武子如宋，報向戌之聘也。褚師段逆之以受享。（卷三十四，頁588）

　　褚師，官名也，此以官名為氏。

　　2. 哀公八年：宋公伐曹將還，褚師子肥殿。（卷五十八，頁1011）

　　褚師之官名，雖不見於《周禮》，然鄭、衛皆有褚師之官。詳見鄭國職官部分。

（七）工　正

　　1. 襄公九年：宋災，樂喜為司城以為政，……使皇鄖命校正出馬，工正出車，備甲兵，庀武守。（卷三十，頁522～523）

　　〈正義〉曰：「《周禮》司馬之屬無主車之官，巾車、車僕，職皆掌車，乃為宗伯之屬。昭四年《傳》云：『夫子為司馬，與工正書服。』是諸侯之官，司馬之屬有工正主車也。國有火災，恐致姦寇，故使司馬命此二官出車馬、備甲兵，以防非常也。」

九、小　結

　　《左傳》對於宋國之職官，常依其職位尊卑做順序排列，為了便於檢索及比較，茲依年代先後將其排名順序附見如下表，然若是某些官名單獨出現，而無其它資料可定其當時排名者，則不與列入此表。

年　代	排					名			
	第　一	第　二	第　三	第　四	第　五	第　六	第　七	第　八	
隱　三	大司馬孔父								
桓　二	大宰督	司馬孔父嘉							
僖　九	左師子魚以聽政								

〔註132〕《左傳會箋》第六，頁438。竹添光鴻著，天工書局印行，民國77年。

文 七	右師公子成	左師公孫友	司馬樂豫	司徒鱗矔	司城公子蕩	司寇華御事			
文十六	右師華元	左師公孫友	司馬華耦	司徒鱗矔	司城蕩意諸	司寇公子朝			
成十五	右師華元	左師魚石	司馬蕩澤	司徒華喜	司城公孫師	大司寇向爲人	少司寇鱗朱	大宰向帶	少宰魚父
成十五	右師華元	左師向戌	司馬老佐	司寇樂裔					
襄 九	司城樂喜以爲政								
昭二十二	大司馬公孫忌	大司徒邊卬	司城樂祁	左師仲幾	右師樂大心	大司寇樂輓			
哀二十六	右師皇緩	大司馬皇非我	司徒皇懷	左師靈不緩	司城樂筏	大司寇樂朱鉏	（六卿三族降聽政，因大尹以達）		

　　從上表可知，宋國之執政官爵（或排名第一）見載於《傳》文共有十次；其中以右師五次佔最大比例；其次大司馬爲兩次；再者則爲大宰、左師、司城各一次。

　　何浩以爲：「西周中期以後，才在某些制度上形成以右爲尊的格局。即使至春秋後期，在某些觀念、習俗上，也還不是全都傾向于『右』。而且，因地因國而異，並非絕對一律。就一國說，也不是長期固定不變的。這方面，位處中原偏東的子姓宋國尤爲突出，其六卿中的右師、左師，在春秋時期就曾數易其位。……可見，春秋以至戰國之初，宋國蓋因時世之不同，六卿之輕重遂因之而移易，右師與左師的地位也隨之幾度變動，並非從始至終一直『尙右』」。〔註133〕

　　固然，右師、左師之地位屢有升降，尊卑不一；但若以執掌政權之最高地位來看，右師顯然比左師更佔優勢；這何嘗不是一種「尙右」的表現？

　　以下將宋國所見各類職官以表格方式呈現，以便於檢索。

《周禮》六官歸屬	官　名	《　左　傳　》記事	出現次數	備　註
天　官	大　宰	（1）（桓2）執政。（2）（莊12）大宰督爲宋萬所殺。（3）（成15）向帶爲大宰。（4）（襄17）爲平公築臺。	4	權位日漸低落

〔註133〕何浩〈尙左、尙右與楚、秦、宋官的尊卑〉頁 7，收於《中國史研究》1989年第二期。

	少宰 （小宰）	（成15）魚府爲少宰	1	
	府人	（文8）司城效節於府人而出	1	
	帥甸	（文16）夫人使使帥甸攻宋昭公	1	
	寺人、侍人	（1）（襄26）設計陷害太子。（2）（昭6）設計逐華合比。（3）（昭21）爲公傳達訊息	3	
	司宮	（襄9）令司宮、巷伯儆宮	1	
	巷伯	（襄9）令司宮、巷伯儆宮	1	天官七類
地官	司徒	（1）（昭22）邊卬爲大司徒。（2）（文7）、（成15）鱗矔爲司徒。（3）（成15）華喜爲司徒。（4）（襄9）使華臣具正徒。（5）（襄29）宋司徒見知伯。（6）（哀26）皇懷爲司徒	7	亦有大司徒之稱
	鄉正 （鄉大夫）	（1）（襄9）二師令四鄉正敬享	1	
	封人	（1）（文14）不義宋公而出。（2）（昭21）參與軍事	2	
	門尹 （司門）	（1）（僖28）門尹般如晉師告急。（2）（哀26）與司城、左師共謀國事	2	
	隧正 （隧人）	（襄9）令隧正納郊保	1	
	縣人 （縣正）	（昭21）廚人濮向君進言	1	
	迹人	（哀14）迹人來告「逢澤有介麇」	1	地官七類
春官	典瑞	（哀14）司馬請瑞	1	
	師（樂師）	（襄10）師題以旌夏	1	
	祝宗	（襄9）用馬于四墉	1	
	祝（詛祝）	（哀26）使祝爲載書	1	春官四類
夏官	大司馬	（1）穆公屬殤公。（2）勸諫國君。（3）參與軍事。（4）與他國結盟。（5）命校正出馬，工正出車。（6）於享禮中置折俎。（7）請瑞攻桓氏。	19	詳見本文247～252頁
	少司馬	（昭21）華貙爲少司馬	1	
	御士 （御僕）	（昭21）多僚爲御士，與貙相惡	1	
	校正 （校人）	（襄9）使皇鄖命校正出馬	1	
	圉人	（襄26）爲夫人步馬	1	夏官五類

秋　官	大司寇	（1）庀刑器。（2）僅爲新職之發佈。	7	詳見本文 253～254 頁
	少司寇（小司寇）	（1）（成15）鱗朱爲少司寇。（2）（昭20）使少司寇以歸。	2	秋官二類
冬　官	司　城（司空）	（1）僅敘官職。（2）當國。	10	詳見本文 256～258 頁 冬官一類
其　它	右　師	（1）執政。（2）掌君臣之訓。	7	詳見本文 259～260 頁
	左　師	（1）聽政。（2）助君平定國內亂事。	9	詳見本文 260～261 頁
	大　尹	（哀26）六卿三族因大尹以達於君	1	
	司　里	（襄9）分派所有里宰以救火災	1	
	門　官	（僖22）宋師敗績，公傷股，門官殲焉	1	
	褚　師	（1）（襄20）褚師段逆之以受享。（2）褚師子肥殿。	2	
	工　正	（襄9）工正出車	1	其它七類

職　官　別	總　數	比　例
天　官	7	21.21%
地　官	7	21.21%
春　官	4	12.12%
夏　官	5	15.15%
秋　官	2	6.06%
冬　官	1	3.03%
其　它	7	21.21%
合　計	33	99.99%

　　由以上之統計數字來看，宋國雖因近楚，而不免受楚國官制之影響；然就總體而言，其職官制度仍然是比較接近《周禮》系統的。各部門之首長區分大、少；各官輪流執政；以及每次政局動盪之後，即發佈完整的人事佈局，凡此，皆爲宋國官制之特色。

　　至於常掌執政地位之左師與右師，則當爲宋國官制之另一特色。顧棟高以爲：「子魚以左師聽政，而《傳》文始終稱司馬子魚，疑是時始立左右二師。」〔註134〕子魚立爲左師之年在僖公九年，則宋國並非一開始便將官職分爲左右。

　　春秋列國官制中，以左、右區分官職之情況並不常見；周朝曾區分左右卿士以佐國政、魯國有左宰、衛國有右宰、晉國有左史、齊國則有左相一職。然其官職除周朝以左右對稱之外，魯、衛、晉、齊等，則未見有左右對稱之職。值得注意的卻是，楚國之官職中，令尹之下有左尹、右尹以佐其事；司馬之下亦區分左右司馬、其餘以左右畫分的官職，更有所謂的左史、右領等等，顯然宋國以左右區分官職的源起，亦來自於楚國之影響。

第四節　陳國職官

　　陳始立國者胡公，虞帝舜之後也。《史記‧陳杞世家》曰：「昔舜爲庶人時，堯妻之二女，居于嬀汭。其後因爲氏姓，姓嬀氏。舜已崩，傳禹天下，而舜子均爲封國。夏后之時，或失或續，至于周武王克殷紂，乃復求舜後，得嬀滿，以奉帝祀，是爲胡公。」〔註135〕

　　陳於昭公八年一度爲楚所滅，楚並使穿封戌爲陳公；後不知於何時復國，至哀公十七年正式爲楚所滅。

　　陳之職官於《左傳》所見亦不多；可知者，陳亦設公卿。宣公九年《傳》載：「陳靈公與孔寧、儀行父通於夏姬，皆衷其衵服，以戲于朝。洩冶諫曰：『公卿宣淫，民無效焉，且聞不令。君其納之！』」（卷二十二，頁380）杜注：「二子，陳卿。」且以洩冶之語曰：「公卿宣淫」，則孔寧、儀行父爲陳國公卿，然不知居何官位；勇於進諫的洩冶，亦僅存其名，未知其職。

一、《周禮》地官之屬

（一）司　徒

　　1. 襄公十七年：春，宋莊朝伐陳，獲司徒卬，卑宋也。（卷三十三，頁574）

〔註134〕顧棟高《春秋大事表》卷十，頁623。景印文淵閣四庫全書第179冊，臺灣商務印書館印行。

〔註135〕《史記‧陳杞世家》，《史記會注考證》卷三十六，頁2670，司馬遷撰，瀧川龜太郎考證。天工書局印行，民國78年。

　　杜注：「司徒印，陳大夫。」

　2. 襄公二十五年：陳侯免，擁社，使其眾男女別而纍，以待於朝。子展
　　　　執縶而見，再拜稽首，承飲而進獻。子美入，數俘而出。祝祓社，
　　　　司徒致民，司馬致節，司空致地，乃還。（卷三十六，頁 621）

　　杜注：「陳亂，故正其眾官，脩其所職。」〈正義〉曰：「陳國既亂，致使官
司廢闕，民人分散、符節失亡，故令陳之司徒招致民人，司馬集致符節，司空
檢致土地，使各依其舊，師乃迴還也。劉炫云：『陳國既亂，民節與地，非復陳
有。子展、子美，心不滅陳，各使己之官屬，依其職事致之於陳。使民依職領
受，具其眾官，備其所職，以安定之，乃還也。諸官皆鄭人在軍有此官者，蓋
權使攝爲之，未必是正官。服虔以爲祝與司徒筭皆是陳人，各致其所主於子產。』
案，《傳》陳侯擁社自抱以逆，又何須祝祓之？子美數俘獲，尚不取；何當取其
民地，使陳致之？既致乃還，則是滅矣，何以云入陳也？」

　　依〈正義〉之說法，所謂司徒、司馬、司空者，皆陳原有職官也。《會箋》
於此亦曰：「陳群臣奔散，鄭人收其土地人民符節，故今致民司徒、致節司馬、
致地司空，以示不侵掠。夫陳虐鄭，鄭人思得一報。一旦入其國，而子展命
師無入公宮，恪脩外臣之禮，安定其民而去，秋毫無犯，有古者征不服之風
焉，此春秋所僅見。」〔註136〕

　3. 昭公八年：陳哀公元妃鄭姬生悼大子偃師，二妃生公子留，下妃生公
　　　　子勝。二妃嬖，留有寵，屬諸司徒招與公子過（卷四十四，頁
　　　　769）

　　杜注：「招及過皆哀公弟也。」則此司徒招者，司徒爲官名也。以公弟擔
任司徒一官，且特別將寵妃之子託屬之，則司徒之職在陳國亦爲有權之官。

　　《傳》文於「徒招」之上原漏「司」字，今據阮元〈校勘記〉更正。

　4. 哀公十一年：夏，陳轅頗出奔鄭。初，轅頗爲司徒，賦封田以嫁公女；
　　　　有餘，以爲己大器。國人逐之，故出。（卷五十八，頁 1017）

　　轅頗爲司徒之時，徵收封田之內的稅收以嫁國君之女，則以司徒承辦此
事也。此當屬額外之事務，《左傳》中司徒承辦此種業務，僅此一見。

　　陳國所見之六官首長，除司徒外，尚有司馬與司空。然就《傳文》之記
載與其所從事職務而言，司徒當是陳國國內之執政者，故哀公之寵妃屬託己
子；轅頗又可承擔嫁公女之大事也。

〔註136〕《左傳會箋》卷十七，頁 1195，竹添光鴻著，天工書局印行，民國 77 年。

二、《周禮》夏官之屬

（一）司 馬

1. 襄公二十五年：鄭子展、子產帥車七百乘伐陳，宵突陳城，遂入之。
   陳侯扶其太子偃師奔墓，遇司馬桓子，曰：「載余！」曰：「將巡
   城。」（卷三十六，頁 621）

此司馬負責巡城也。下文又曰：「使司馬致節」，則司馬掌管軍事，亦持
有軍事相關之符節。

三、《周禮》秋官之屬

（一）行 人

1. 昭公八年經：楚人執陳行人干徵師而殺之。

   昭公八年傳：夏四月辛亥，哀公縊。干徵師赴于楚，且告有立君。公
   子勝憩之于楚。楚人執而殺之。公子留奔鄭。書曰：……「楚人
   執陳行人干徵師殺之」，罪不在行人也。（卷四十四，頁 769）

此行人爲出使他國，並告知舊君之亡及新君之立也，此當爲春秋之時，
行人之共通職責。

四、《周禮》冬官之屬

（一）司 空

有關司空之《傳文》，同〈司徒〉一節所引。其所謂「司空致地」，則司
空所掌管者，爲與土地相關之事宜也。其與沈長雲所謂「其（司空）所興之
事，所任之力，當然都關乎土地事宜。」〔註137〕是相合的。

五、其 它

（一）芋 尹

1. 哀公十五年：夏，楚子西、子期伐吳，及桐汭，陳侯使公孫貞子弔焉，
   及良而卒，將以尸入。吳子使大宰嚭勞，且辭曰……上介芋尹蓋
   對曰：「寡君聞楚爲不道，荐伐吳國，滅厥民人，寡君使蓋備使，

〔註137〕沈長雲〈談古官司空一職──兼說《考工記》的内容及作成時代〉頁 210。
收於《中華文史論叢》1983 年第三期。

弔君之下吏。」（卷五十九，頁 1034～1035）

杜注：「蓋，陳大夫，貞子上介。」楊伯峻於昭公七年曰：「《新序‧義勇篇》誤作芋尹，云：『芋尹文者，荊之毆鹿麑者也。』《新序》所述人名雖不同，事實卻類似，則芋尹爲毆獸之官。」〔註 138〕

《傳》載芋尹斷楚子之旌，則芋尹出現之場合，爲楚王田獵之時；依此之環境而推論，則以芋尹爲「毆獸之官」不爲無理。

芋尹之官，僅見於楚及陳國；而陳國僅此一見。

六、小　結

《周禮》六官歸屬	官　名	《　左　傳　》　記　事	出現次數
地　官	司　徒	（1）（襄 17）宋莊朝伐陳，獲司徒卬。（2）（襄 25）司徒致民。（3）（昭 8）二妃屬其子於司徒招。（4）（哀 11）轅頗爲司徒，賦封田以嫁公女。	4
夏　官	司　馬	（襄 25）司馬致節	1
秋　官	行　人	（昭 8）楚人執陳行人干徵師而殺之。	1
冬　官	司　空	（襄 25）司空致地	1
其　它	芋　尹	（哀 15）爲使者上介	1

職　官　別	總　數	比　例
地　官	1	20%
夏　官	1	20%
秋　官	1	20%
冬　官	1	20%
其　它	1	20%
合　計	5	100%

陳國之職官資料與吳國相似，皆因爲國小勢微，見諸於《傳》之記載寥寥無幾。然由陳國可見之司徒、司馬、司空等官職來看，其與《周禮》系統之官制當是十分接近的；至於受楚國影響，則唯有芋尹一職而已；且此芋尹擔任出使使節之上介，與楚國之負責田獵場上之事務的官職性質又有不同。

〔註 138〕楊伯峻《春秋左傳注》頁 1283，源流出版社，民國 71 年。

第五節　秦職官

秦國地處西陲，與西北少數民族「戎」人爲鄰，文物制度與中原頗不相同，春秋時代官制變化也大。先是周宣王封秦仲爲「西垂大夫」，進入西周上層官僚集團。平王東遷，秦襄公以兵護送，被封爲諸侯，並賜以歧西之地，成爲列國之一。時隔不久，秦國又征伐許多戎族，於周莊王九年滅邽、冀戎，初行縣制。秦穆公時用五張羊皮贖出了囚徒百里奚，授以國政，號「五羖大夫。」從此國力強大，參預中原政事，再次幫助建立晉君及打敗晉國。秦國還召用來自戎人的由余，乘中原各國「罷極」之勢，伐戎王，「益國十二，開地千里」，遂霸西戎。這與其官制上不拘一格、用人才大有關係。〔註139〕

秦國之職官，在文獻上之記錄較少，總管全國事務者，亦稱爲「執政」，執政之下，則有其餘稱爲大夫之官吏。

> 如文公元年：殽之役，晉人既歸秦師。秦大夫及左右皆言於秦伯曰：
> 「是敗也，孟明之罪也，必殺之。秦伯曰：「是孤之罪也。……」復
> 使爲政。（卷十八，頁300）

此秦亦用「爲政」一詞，稱呼總管全國大事者；值得注意的是，孟明既是率軍伐晉，則其職當類似於晉國中軍將之類；若果如此，則秦國以軍將兼領國事之制度，與晉國相同。

文公二年《傳》：「秦伯猶用孟明。孟明增修國政，重施於民。趙成子言於諸大夫曰：『秦師又至，將必辟之。懼而增德，不可當也。《詩》曰：「毋念爾祖，聿修厥德。」孟明念之矣。念德不怠，其可敵乎？』」（卷十八，頁302）由此文可知，孟明既可率兵，同時又主持國政，故可「重施於民」。又，文公三年《傳》曰：「秦伯伐晉，濟河焚舟，取王官及郊，晉人不出。遂自茅津濟，封殽尸而還。遂霸西戎，用孟明也。」（卷十八，頁305）由此三年之《傳》文而觀，秦國之制度亦是仿晉國之制，採取出將入相的做法，統領軍隊之軍將，在戰事平靜之時，則負責起國內各項政事的籌畫與底定。故程公說曰：「復使孟明爲政，猶列國之政卿也。」〔註140〕

另外，其國之職官名稱特殊，如不更、庶長之類，非僅《周禮》所無，即連其它諸國，亦未嘗聽聞。

〔註139〕孫文良《中國官制史》頁22，文津出版社印行，民國82年。
〔註140〕程公說《春秋分紀》卷四十四，頁483。景印文淵閣四庫全書經部第一百五十四冊，臺灣商務印書館印行。

　　至於在爵祿方面，文公八年，《傳》載：「趙孟曰：『杜祁以君故，讓偪姞而上之，以狄故，讓季隗而己次之，故班在四。先君是以愛其子，而仕諸秦，爲亞卿焉。』」則秦制亦有卿號；且既有亞卿，則必有正卿與下卿也。只是《傳》未及備載。

　　至於大夫之爵號，則較爲常見；即連孟明等出將入相之總理國家大事者，也未有「卿」稱號。

　　《左傳》所見秦國之大夫，有下列幾人。

　　1. 僖公九年：公謂公孫枝曰：「夷吾其定乎？」對曰：「臣聞之，唯則定國。……今其言多忌克，難哉！」（卷十三，頁220）

　　杜注：「公孫枝，秦大夫也。」

　　2. 僖公十一年：冬，秦伯使泠至報、問，且召三子。（卷十三，頁222）

　　杜注：「泠至，秦大夫。」

　　3. 僖公十三年：冬，晉薦饑，使乞糴于秦。秦伯謂子桑：「與諸乎？」對曰：「重施而報，君將何求？……」謂百里：「與諸乎？」對曰：「天災流行，國家代有。救災、恤鄰，道也；行道，有福。」（卷十三，頁223～224）

　　子桑，即公孫枝也；杜注：「百里，秦大夫。」

　　以上諸大夫，皆可以直接與國君對談時事，可見在秦國之內，亦是頗有份量之臣子，然則，非但《傳》文未明載其官職，即杜預亦以「大夫」二字帶過，足見秦國之職官制度尚未有較大之規模，今依本文各章型式，以《周禮》六官爲順序，展開討論內容。

一、《周禮》天官之屬

（一）醫

　　1. 成公十年：（晉）公疾病，求醫于秦。秦伯使醫緩爲之。……醫至，曰：「疾不可爲也，在盲之上，膏之下，攻之不可，達之不及，不可爲也。」公曰：「良醫也。」（卷二十六，頁450）

　　杜注：「緩，醫名。」

　　2. 昭公元年：晉侯求醫於秦，秦伯使醫和視之，曰：「疾不可爲，是謂近女室，疾如蠱。非鬼非食，惑以喪志。」（卷四十一，頁708）

此有關秦國醫師之記載，均是晉侯有疾，求醫于秦，足見秦國醫師之醫

術精湛，威名遠播。

　　《周禮・天官》有醫師、食醫、疾醫、瘍醫、獸醫等各種醫師，其中以醫師爲首，編制爲上士二人，下士四人。且其所掌管爲「凡邦之有疾病者、有疕傷者造焉」此晉侯疾病，求醫于秦，則當派職級最高之醫師出診也。

　　人食五穀，疾病難免，是以各國皆有醫師之設置，如晉國本身亦有醫官；此外，齊、楚亦有見諸記載。

二、《周禮》春官之屬

（一）卜　人

　　1. 僖公十五年：卜徒父筮之，吉：「涉河，侯車敗。」對曰：「乃大吉也。
　　　　三敗，必獲晉君。」（卷十四，頁 230）

　　杜注：「徒父，秦之掌龜卜者，卜人而用筮，不能通三易之占，故據其所見雜占而言之。」〈正義〉曰：「徒父以卜冠名，知是掌龜卜者。卜人當卜，而今用筮，知其本非所掌。」

　　此卜人不以龜卜，反而以筮之，足見當時卜與筮逐漸有合流趨向，彼此之間的界限並不嚴格。

三、《周禮》秋官之屬

（一）行　人

　　1. 文公十二年：秦行人夜戒晉師曰：「兩君之士皆未憖也，明日請相見也。」
　　　　臾駢曰：「使者目動而言肆，懼我也。將遁矣。」（卷十九，頁 331）

　　此秦國行人未著姓名，知兩軍對陣當中，亦派遣行人以互通消息也。在此行人亦稱使者，足見其代表傳遞一國之信息。

四、其　它

（一）右大夫

　　1. 成公二年：十一月，公及楚公子嬰齊、蔡侯、許男、秦右大夫說、宋
　　　　華元、陳公孫寧、衛孫良夫、鄭公子去疾及齊國之大夫盟于蜀。（卷
　　　　二十五，頁 430）

　　「右大夫」者，秦國之官名也。

2. 襄公十一年：楚子囊乞旅于秦。秦右大夫詹帥師從楚子，將以伐鄭。
（卷三十一，頁 546）

右大夫之官名，於秦國兩見；其它各國則未有相同之官名。程公說曰：「秦制有公大夫、官大夫、五大夫；右大夫其此類也。」〔註 141〕

（二）庶　長

1. 襄公十一年：秦庶長鮑、庶長武帥師伐晉以救鄭。（卷三十一，頁 548）

庶長，秦官名也。秦爵有左右庶長，鮑與武或者正是左庶長與右庶長也。由於「庶長」之制於春秋時並不多見，故前人對此多有懷疑。宋·程公說曰：「襄十一年有庶長鮑、庶長武，是春秋世已有此名，後世以漸增之，至商君定爲二十，非商君盡新作也。名之義難得而知，秦近夷，官制與中國殊。」〔註 142〕

《會箋》曰：「商君爲秦政，備其爵制爲十八級，合關內侯列侯凡二十等。其率人皆在更卒也，有功賜爵則在軍吏之列。……十爵爲左庶長、十一爵爲右庶長；言爲眾列之長也。……十七爵爲駟車庶長，言乘駟馬之車而爲眾長也。十八爵大庶長，又更尊也。……自左庶長以上至大庶長，皆卿大夫，皆軍將也。所將皆庶人更卒也，故以庶更爲名。大庶長即大將軍也，左右庶長即偏裨將軍也。此庶長之名有四，鮑與武不知是何等級，疑商君因秦舊制增爵二十也。說者據此疑左氏秦人，在戰國之後，故有此官。夫左氏果秦人，豈不知爵級二十爲商君所定，而反以其名強入之魯成襄、秦桓景之間，以自取綻也。且諸官實不自商君始也。《史記》秦懷公四年，庶長鼂與大臣圍懷公，懷公自殺，又出子二年，庶長改迎靈公之子獻公于河西，此皆在春秋之末、秦孝公用商君前者。即商君初說孝公，孝公拜爲左庶長，是商君未立法前，且身爲其官矣。即商君誅後，毀其所立法，而庶長疾戰脩魚、庶長章擊楚，諸名仍存。未嘗以毀法而去之也。」〔註 143〕

楊伯峻曰：「商鞅作秦爵，分庶長爲四等，第十爵左庶長，十一爵右庶長；十七爵駟車庶長；十八爵大庶長。《續漢志·百官志五》〈注〉引《爵志》云：「自左庶長以上至大庶長皆卿大夫，皆軍將也。」《史記·秦紀》于孝公用商鞅以前即屢見庶長之名，秦寧公當春秋初期，即有大庶長。秦孝公三年初見

〔註 141〕同上。
〔註 142〕同上。
〔註 143〕《左傳會箋》第十五，頁 1057，竹添光鴻著，天工書局印行，民國 77 年。

商鞅，拜之爲左庶長。則庶長及左庶長之名由來甚久，商鞅沿用，或有變更。」
〔註144〕

諸家對於庶長官名之看法大致相同，皆以爲商鞅之前，秦國已有此制，
商鞅不過加以增定而已。

　　2. 襄公十二年：冬，楚子囊、秦庶長無地伐宋，師于楊梁，以報晉之取
　　　　鄭也。（卷三十一，頁548）

相差僅一年，秦國又出現「庶長」之官名。只是此時之庶長僅一人，亦
無可辨別其官職也。

（三）不　更

　　1. 成公十三年：晉師以諸侯之師及秦師戰于麻隧。秦師敗績，獲秦成差
　　　　及不更女父。（卷二十七，頁463）

　　杜注：「不更，秦爵。」〈正義〉曰：「秦之官爵有此『不更』之名，知女
父是人之名字，『不更』是官爵之號。《漢書》稱商君爲法於秦，戰斬一首者，
賜爵一級。其爵名一爲公士、二上造、三簪褭、四不更、五大夫、六官大夫、
七公大夫、八公乘、九五大夫、十庶長、十一右庶長、十二左更、十三中更、
十四右更、十五少上造、十六大少造、十七駟車庶長、十八大車庶長、十九
關內侯、二十徹侯。商君者，商鞅也，秦孝公之相，封於商，號爲商君。案
《傳》此有不更女父，襄十一年有庶長鮑、庶長武，春秋之世已有此名，蓋
後世以漸增之。商君定爲二十，非是商君盡新作也，其名之義難得而知也。」

五、小　結

《周禮》六官歸屬	官　名	《　左　傳　》　記　事	出現次數	備　註
天　官	醫	（成10）、（昭元）晉求醫于秦	2	
春　官	卜	（僖15）卜徒父筮秦晉之戰	1	卜人而用筮
秋　官	行　人	（文12）秦行人夜戒晉師	1	
其　它	右大夫	（1）（成2）參與會盟。（2）（襄11）秦右大夫詹帥師從楚子以伐鄭。	2	
	庶　長	（1）（襄11）伐晉以救鄭。（2）（襄12）伐宋。	2	
	不　更	（成13）秦師敗績，爲晉所獲	1	

〔註144〕楊伯峻《春秋左傳注》頁994，源流出版社，民國71年。

職　官　別	總　　數	比　　例
天　官	1	16.67
春　官	1	16.67
秋　官	1	16.67
其　它	3	50
合　計	6	≒100.01

　　秦國由於文獻缺乏，由《左傳》之中，僅檢索出六種官名；其中醫、卜人、行人係《周禮》中所有；至於右大夫、庶長以及不更三類，則爲秦國獨有之官名。此或者是因爲秦國地處西陲，與戎雜居，且爲了振興國勢，乃不以中原官制爲依循，反而自行創設出一套符合國家需求的職官制度。且當時《傳文》所載之秦國其它類職官之名，皆隸屬於軍事方面，亦可見出秦國當時致力發展本身的軍事系統，並有獨特的一套職官制度。爾後商鞅重新釐定秦國官爵，即以此爲基礎，將軍功系統再加以推深推廣，並因此締造了中國第一個大一統的國家。惜《左傳》中對於秦國之史事記載甚少，是以雖檢索之官名與《周禮》符合者仍有一半之多，仍因數據太少，並不足以下結論。

　　唯一可信的是，所謂庶長、不更等官名，秦國在春秋之時即已使用，後世經過商君變法，方更爲精益求精，並非以戰國時官名篡入《左傳》。

第六節　邾職官

　　邾國，曹姓，隱公元年首有邾儀父，終春秋之世猶存。

一、《周禮》天官之屬

（一）閽

1. 定公二年：邾莊公與夷射姑飲酒，私出。閽乞肉焉，奪之杖以敲之。……
　　三年春二月辛卯，邾子在門臺，臨廷。閽以缾水沃廷，邾子望見之，怒。（卷五十四，頁943～944）

　　閽者，守門人也。杜此《傳》曰：「奪閽杖以敲閽頭也。」則閽者，攜杖者也。此《傳文》另有夷射姑，不知何職。然既可以與公飲酒，則亦邾之大臣也。

二、《周禮》春官之屬

（一）史

1. 文公十三年：邾文公卜遷于繹。史曰：「利於民而不利於君。」邾子曰：「苟利於民，孤之利也。（卷十九，頁 333）

《會箋》曰：「邾太史，掌龜卜者也。」〔註 145〕邾文公既是卜遷都，故知此史官能明爲掌龜卜也。

邾爲蕞爾小國，故其事少見載於《傳》。闇者得見於《傳》者，蓋因其一己之私怨，遂使邾子因此而亡；太史所得見者，卜國家之遷都，爲國家大事也。小國之事，非其關於國家民生，不易見諸經傳，邾是一例也。

第七節　越職官

越與吳同樣於宣公八年始見於《左傳》。《傳》載：「楚爲眾舒叛，故伐舒蓼，滅之。楚子疆之，及吳汭，盟吳、越而還。」（卷二十二，頁 379）此爲吳、越首見於《傳》。〈正義〉引〈譜〉曰：「越，姒姓，其先夏后少康之庶子也。封於會稽，自號於越。於者，夷言發聲也。濱在南海，不與中國通，後二十餘世，至於允常。魯定公五年，始伐吳。允常卒，子勾踐立，是爲越王。越王元年，魯定公之十四年也。魯哀公二十二年，勾踐滅吳，霸中國。卒春秋後七世，大爲楚所破，遂微弱矣。《外傳》曰：『羋姓，歸越。』是越本楚之別封，或非夏后之後也。」

越因後起，故見於《左傳》中之記載較少；其職官亦僅有太宰一職。

一、《周禮》天官之屬

（一）太　宰

1. 哀公二十四年：閏月，公如越，得太子適郢，將妻公而多與之地。公孫有山使告于季孫。季孫懼，使因大宰嚭而納賂焉，乃止。（卷六十，頁 1050）

杜注：「嚭，故吳臣也。季孫恐公因越討己，故懼。」楊伯峻曰：「《吳、越世家》、〈伍子胥傳〉以及《越絕書》、《吳越春秋》俱言吳亡，越誅嚭。《呂氏春秋・順民篇》言『戮吳相』，吳相即嚭。沈欽韓《補注》謂『獨此《傳》

〔註 145〕《左傳會箋》第九，頁 640。竹添光鴻著，天工書局印行，民國 77 年。

－277－

稱吳亡而猶用事于越，未詳。』孫志祖《讀書脞錄五》則謂『越之誅嚭，當在季孫納賂之後』，斯蓋調停之論。戰國以後人述春秋事不同于《左傳》者，多不足信也。」〔註146〕

大宰之官，春秋諸國多有設立，如魯、宋、楚、鄭、吳等國；楚、吳、鄭、越皆有此官，可見是地域接近使然，故在官制上也互相影響也。

第八節　唐職官

以唐爲地名或國名，在春秋之時凡五見。程發軔將之分爲三處地名及一處國名。唐國分別見於宣公十二年及定公三年，其地在今湖北省隨縣西北。〔註147〕

唐之職官，僅有司敗見諸於《傳》。

一、《周禮》秋官之屬

（一）司　敗（司寇）

1. 定公三年：唐成公如楚，有兩肅爽馬，子常欲之，弗與，亦三年止之。唐人或相與謀，請代先從者，許之。飲先從者酒，醉之，竊馬而獻之子常。子常歸唐侯。自拘於司敗，曰：「君以弄馬之故，隱君身，棄國家。群臣請相夫人以償馬，必如之。」（卷五十四，頁944）

杜注：「成公，惠侯之後。」〈正義〉曰：「宣十二年《傳》有唐惠侯，故云：『唐惠侯之後也。』」

司敗，主刑之官也，僅見於楚與唐，他國則稱爲司寇。文公十年有楚子西自言「臣歸死於司敗也」；宣公四年，《傳》載楚箴尹自拘於司敗。此語法與襄公三年晉魏絳曰「歸死於司寇」意思及用法相同，知司敗亦即司寇也。

《傳》所載司寇或司敗之官，絕不見主動刑罰大臣者，其見諸於《傳》者，皆是臣子願意自拘、或是歸死。此與所謂「禮不下庶人，刑不上大夫」頗能相合。

〔註146〕楊伯峻《春秋左傳注》頁1724，源流出版社，民國71年。
〔註147〕程發軔《春秋要領》頁305，東大圖書公司印行，民國78年。

第九節　梁職官

　　梁國，嬴姓也。楊伯峻曰：「今陝西省韓城縣南二十二里有少梁城，當即古梁國。僖十九年，即秦穆公十九年，秦滅之。」〔註148〕梁於桓公九年始見於《傳》，旋於僖公十九年被滅，立國僅六十餘年。

一、《周禮》春官之屬

（一）卜

　　1. 僖公十七年：惠公之在梁也，梁伯妻之，梁嬴孕，過期，卜招父與其
　　　　子卜之。（卷十四，頁237）

　　杜注：「卜招父，梁大卜。」《傳》言卜招父與其子卜之，足見卜官爲世襲之職。

第十節　薛職官

　　薛國，任姓也，隱公十一年始見於《經》；終春秋之世猶存。隱公十一年《傳》載：「春，滕侯、薛侯來朝，爭長。薛侯曰：『我先封。』滕侯曰：『我，周之卜正也；薛，庶姓也，我不可以後之。』公使羽父請於薛侯曰：『君爲滕君辱在寡人，周諺有之曰：「山有木，工則度之；賓有禮，主則擇之。」周之宗盟，異姓爲後。寡人若朝于薛，不敢與諸任齒。君若辱貺寡人，則願以滕君爲請。』薛侯許之，乃長滕侯。」（卷四，頁79）此爲薛國任姓之例也。
　　薛國職官，僅有「宰」職見載於《傳》。

一、《周禮》天官之屬

（一）宰

　　1. 定公元年：孟懿子會城成周，庚寅，栽。宋仲幾不受功，曰：「滕、薛、
　　　　郳，吾役也。」薛宰曰：「宋爲無道，絕我小國於周，以我適楚，
　　　　故我常從宋。晉文公爲踐土之盟，曰：『凡我同盟，各復舊職。』
　　　　若從踐土，若從宋，亦唯命。」仲幾曰：「踐土固然。」薛宰曰：
　　　　「薛之皇祖奚仲居薛，以爲夏車正，奚仲遷于邳，仲虺居薛，以

〔註148〕楊伯峻《春秋左傳注》頁126，源流出版社，民國71年。

為湯左相。若復舊職，將承王官，何故以役諸侯？」（卷五十四，頁 941）

此薛宰對於本國歷史如數家珍，且敢於與宋爭論，知亦是國內舉足輕重之人物也。

第十一節　蠻職官

一、其　它

（一）五大夫

1. 哀公四年：士蔑乃致九州之戎，以與蠻子而城之。蠻子聽卜，遂執之與其五大夫。（卷五十七，頁 1000）

杜預及《會箋》於此無注，或以此爲五位大夫之意也。然楊伯峻曰：「秦爵有五大夫，蓋本此。」〔註149〕亦可聊備一說。

〔註149〕同上，頁 1627。

第六章　各國職官比較

　　春秋時各國國情方殊，體制不一，是以在統御百事的職官制度之上，也各不相同，極具地方特色。然而，仔細研究這些官制，總會發現其間有不少共通的相似點。以此可以推論，春秋之前當有一套類似於《周禮》的理想官制，以供列國參考斟酌。這樣的理想官制或存在於史官所掌的典冊資料；或爲各國使節往返列國的經驗心得；至於其損益增刪之處，則完全視各個國家的狀況而因時因地制宜了！

　　時移事遷，人事與物境皆隨著時間移轉而改變；許多制度若是一成不變地套用，難免窒礙難行；且國情地理各自不同，的確不可能有一套制度是可以放之四海而皆準的。故本文在處理列國職官與《周禮》職官的相似與相異部分，採取較寬鬆的標準。也就是說，本文並不要求所有職官的稱號都得完全一致才列入討論；相反地，只要名稱中有一個字相同，而且其其所掌之職也類似，本文即將之列入相同職官之類；是以凡隸屬於〈其它〉一類的職官，意即職官名稱與《周禮》所載完全不同，才有可能編入此類。此蓋因應時事變化，便於各國官制比較之用也。

　　雖然，爲了防堵尾大不掉等強臣欺君的情況，各國皆有其因應的方法；於是，有以本國公族執政，不使異姓貴族居要職，以此發揮同姓諸侯藩衛公室的效能者；亦有採行異姓貴族論功行賞，以使權力不致腐化。然則，不管是本國公族或異姓貴族，一旦大權在握，則無不虎視眈眈地覬覦國家的最高權力。三桓的專政、三家的分晉，正是此種權力慾望的化身。由此看來，任何再好的制度，恐怕都得衝破人性貪念的藩籬，才能落實其設計的精髓，造福天下百姓。理想官制的設計，同樣地也得經過人性貪婪的試煉。

　　爲了方便對照起見，在綜理比較各國職官方面，本文仍採用六官的分法，以見出六官在各國偏重的情形；另外，亦可見出於國情形勢影響之下，各國對於官制的調配安排。各節在比較職官制度之時，皆先以表格具體量化該類職官在各國的分佈情形。爲免佔據篇幅，無此類屬職官的國家，則不予列出。

　　在設官分職的考量上，列國皆有其自成一格的方式。與《周禮》所載的官制相較下而言，他們或比《周禮》官制更爲細化，以收互相制衡及分工之效；或以簡御繁，統納相近性質的職官，收編爲同一官職之下。或分化、或合併，實列國在官制運用上各具巧思的實行方法。

第一節　《周禮》天官之屬

　　天官系列共有六十三個官職，根據各官的職能，可分爲：宰官、宮廷事務官、醫官、財務、稅務官等。

　　有關天官之所屬職官，在各國出現之情形，詳見附表一。今依《周禮》之序，一一討論在各國中同名各職官之職掌。

一、大　宰（周、魯、鄭、楚、宋、吳、越、薛）

　　《周禮》以天官爲首，天官之首長即爲大宰，以卿擔任，其掌建邦之六典，以佐王治邦國。故大宰在《周禮》中，是百官之長，負責統御所有臣僚，以對國君負責。

　　春秋時諸侯多設有大宰，而大宰又或作太。《說文》云：「天大地大人亦大，故大象人形。」契文、金文亦作人形，引申爲大小之大。金文大史、大保、大祝皆作大。作「太」者蓋誤傳，《說文》泰之古字作𠀤，从大聲。段注云：「後世凡言大，而以爲形容未盡，則作太。如大宰俗作太宰、大子俗作太子、周大王俗作太王是也；謂太字即𠀤字，𠀤即泰，又用泰爲太，展轉貤繆，莫能諟正。」〔註1〕依此，則所謂「太宰」者，當以「大宰」爲正也。〈天官〉大宰之職，下設「大宰，卿一人；小宰，中大夫二人；宰夫，下大夫四人。」〔註2〕並無單獨稱「宰」者。

〔註1〕　《說文解字注》卷十一，頁570。許慎著、段玉裁注，黎明文化事業公司印行，民國77年。

〔註2〕　《周禮・天官》卷一，頁12。十三經注疏本，藝文印書館印行。

何大安以爲：「彝銘中亦有宰，唯可知皆指官宰。如〈吳彝〉：『宰朏右作冊吳』，〈頌鼎〉：『宰佣父右望。』皆是。又案：彝銘中別無宰官，凡大宰、少宰、宰夫皆不見，而率稱宰，因疑大宰、少宰、宰夫本皆稱宰，東周以後始有分別。」〔註3〕

與《周禮》相較之下，春秋列國之官名或更爲精簡；或更爲繁複。其中尤以「宰」職最爲繁複。《周禮》之設計只有大宰、小宰、宰夫三職；而春秋列國之相關職務，則區分爲宰、大宰、少宰、左宰、右宰、宰旅、宰人、宰夫等。其皆運用了宰字，可見其較《周禮》之官制更爲細密。

今審《周禮》所謂「大司徒、小司徒」者，列國概稱「司徒」；「大司馬、小司馬」者，列國則稱「司馬」；依此之例，將周朝單稱爲「宰」之職官，亦併入「大宰」一項討論。餘各從宰名官之各職，則依序列於後。

列國之間設有大宰或宰之職者，共有周、魯、鄭、宋、楚、吳、越等國。其詳細職文已在各分節中討論，今將列國不同職掌分述如下。

周朝之「宰」於經傳中凡五見，列表如下：

年　代	人　名	權　責
隱公元年	宰　咺	來歸惠公、仲子之賵
桓公四年	渠伯糾	來　聘
僖公九年	宰　孔	與諸侯會于葵丘，王使賜齊侯胙
僖公三十年	宰周公（周公閱）	來　聘

依上表所見，其職務分別是

（一）歸魯惠公、仲子之賵

（二）聘于魯

（三）會諸侯于葵丘，並賜齊侯胙

（四）聘于魯。

就其職務之重要性而言，賜齊侯胙有高於諸侯之權責，儼然是周王的代言人；至於歸魯惠公、仲子之賵、聘于魯之事，則顯然爲一般使臣可爲之事。因此，就此四項職務而言，宰之等級實有輕重之差別。

魯國大宰之職，則僅一見。隱公十一年：「羽父請殺桓公，將以求太宰。」

〔註3〕何大安〈春秋列國官名不見於周禮考〉頁20，收於中國東亞學術研究計畫委員會年報第十一期，民國61年8月。其並將大宰與宰，分列於不同的標目之下。

不管魯國最後到底有無設立大宰一職，單從羽父甘願冒天下之大不韙，以殺國君之代價而求得大宰之位，即可見其官位之尊崇，是以大宰之職在魯國而言，是相當於《周禮》中所謂家宰之職的。

鄭之大宰亦僅一見。襄公十一年：「九月，諸侯悉師以復伐鄭，鄭人使良霄、大宰石㝵如楚，告將服于晉。」鄭以穆公之後，所謂七穆者，常爲六卿。而大宰並不在此執政集團之列，且此石㝵雖爲大宰，但僅爲良霄之介，則太宰之官在鄭國非尊官也。

相較於中原各國大宰出現頻率之不高，楚之太宰則爲一頻頻出場的人物。然在尚武的楚國，大宰之職權，卻是偏重文治方面，與軍事無涉，楚大宰之職可歸納爲下列幾項。

（一）擔任使節：如子商、伯州犁、蓮啓疆。

（二）提供意見：如伯州犁曾於戰時侍於王後，提供意見；大宰犯則向國君進諫。

（三）築城：靈王曾使伯州犁與公子黑肱城犫、櫟、郏。此蓋誘兵之計，爲殺伯州犁也，故非太宰常職。

綜上而觀，楚太宰屬於文職人員，負責出使及提供君王意見，並不直接統兵作戰。且其地位不高，以其用羈人爲之可知也。

宋國之大宰屢見於《傳》之記載，其曾有過一段輝煌的歲月。如華督即曾以大宰之職而執政，且自桓公二年至莊公十二年皆居於執政之位，時間長達二十餘年。其後成公十五年，大宰一職再見於《傳》時，大宰之地位已落在司寇之後，排名第八，不復當初之風光矣。而到了襄公十七年時，宋皇國父爲大宰，更只是爲平公築臺而已，這種接近勞力的工作，說明了太宰之職，已與權力核心漸行漸遠。

與楚國同樣屬於南方國家的吳國，大宰出現之頻率也相當高，雖仍以羈人擔任，但其所掌控的政治實權，則顯然是其它諸國所望塵莫及的。

吳國大宰之職首見於定公四年，其時已接近春秋末期，《左傳》中有關吳大宰之記載，始終爲伯嚭。其任期自定公四年首見，至哀公二十四年止，共有三十六年之久的執政時期。

大宰嚭於吳國之所作所爲，約可概括爲下列幾點言之。

作爲國君與他國的媒介：如越藉伯嚭以行成。

（一）召他國之大臣：此是吳爲當時之霸主，故大宰挾此作威。

（二）執小國之君臣：如囚邾子、止衛君、囚子服景伯等。霸主者，所謂「凡侯伯，救患、分災、討罪，禮也。」者也（僖公元年），吳國此時之作爲，無一不是強橫之做法，以其自以爲霸主之故也。

（三）勞他國使臣：如慰勞陳國使者。

由以上伯嚭之行事而觀，謂其爲國君之代言人，實不爲過。由此亦可知其在吳國權勢之大，此唯有一國之家宰方能有此氣勢。故筆者以爲，吳國大宰之職，是最符合《周禮》中以大宰爲天官之長、總理國政之意義的。且伯嚭執政時間極長，當是吳國有意利用此「中原人士之後裔」以力圖振興吳國國勢吧！

至於與吳國幾乎同時興起的越國，其大宰之職僅一見。哀公二十四年：「閏月，公如越，得太子適郢，將妻公而多與之地。公孫有山使告于季孫。季孫懼，使因大宰嚭而納賂焉，乃止。」〔註4〕

越之大宰雖僅一見，然其可以影響國君的裁決，則亦具有一定之職位。薛之宰亦一見，其能代表薛國與宋交涉，知亦是頗有權責之官職。

綜觀以上諸國之大宰，論其地位之尊卑，當以魯、吳及宋國前期之大宰在國內之職位最尊；至於周朝之大宰，因其時尚有卿士爲佐王的最高級人員，且其大宰除了賜齊侯命尚屬尊崇外，大多屬於使節之性質。至於鄭、楚及宋國後期之大宰，則不在國內執政集團之內，地位顯然不高。

張亞初、劉雨從金文中所見，對宰的職掌如下看法：

宰的職掌情況據銘文可歸納爲以下兩點。1. 管理王家內外，傳達宮中之命。2. 在錫命禮中作儐右或代王賞賜臣下。西周之宰雖然參與一些禮儀活動，但他們的最基本職能是管理王家的事務，這一點，蔡殷銘文的記載最爲翔實。後世之宰，也還往往是家臣，例如《論語》謂仲弓爲季氏宰，《國語・晉語》：「官宰食加」，注云：「官宰，家臣也。」這些記載保存和反映了宰的基本職能。……《周禮》中的冢宰是百官之長，這與銘文中所反映的情況是不符的。西周之宰，主要是管理王家宮內的事務，與《周禮》的小宰、內宰地位職司相當。例如〈蔡殷〉云：「死司王家內外，毋敢不聞，司百工，出入姜氏令。」《周禮・小宰》：「掌建邦之宮刑，以治王宮之政令」；內宰：「以治王內之政令，以陰禮教六宮。」所以，盡管《周禮》給冢宰戴了個大帽子，云其可總攬百官之治，但細考其所屬六十三官，皆

────────────

〔註4〕關於大宰嚭之問題，前人說法紛紜，參見本文〈越職官〉一節。

為王之衣食住行等宮中事務官，而這些，與西周金文宰所職掌的內
容是十分接近的。所以，《周禮》一書，在客觀上為我們保存許多珍
貴的古代職官制度的史料。這一點，是不可忽視和抹煞的。〔註5〕

二、少　宰（楚、宋）

少宰一職，僅見於楚與宋，其即《周禮》中之小宰也。《周禮》中之「小」
宰、「小」司馬、「小」司寇，《左傳》、《國語》皆稱「少」。《說文》「小，物
之微也。」「少，不多也。从小丿聲。」段注：「不多則少，故古少、小通用。」
〔註6〕

楚少宰一職僅一見。宣公十二年：「楚少宰如晉師。曰：『寡君少遭閔凶，
不能文。……』」此少宰為大宰之輔佐，負責於戰事之時出使也。

宋之少宰亦僅一見。成公十五年：「秋八月，葬宋共公。於是華元為右師，
向帶為大宰，魚府為少宰。……二司寇、二宰遂奔楚。」

本則《傳》文曰「二司寇、二宰遂奔楚」，知所謂「大司寇、少司寇」「大
宰、少宰」同為一官之正副首長也，故楚少宰之情形當亦如此。宋官此年之
排名，大宰位第八、少宰位第九，為所有排名官職中之最低職位。大宰權力
日漸消退，少宰更不遑多論。依二國少宰之事微與職卑來看，顯然是不能與
《周禮》中位居十二小卿之首的少宰相提並論的。

至於其它以「宰」為名之官，除宰夫、宰人之外，於魯國有「左宰」一
職；衛國則有「右宰」之名。然二者之職掌皆不明確，顧棟高曰：「魯有左宰，
即當復有右宰；衛有右宰，即當復有左宰，然不知其所掌何職也。」〔註7〕

三、宰　夫（晉、齊、鄭）

宰夫之官名《左傳》中凡三見，分別見於晉、齊與鄭。其所掌之事皆與
烹割相關，知此職在諸侯各國之間所掌無異。

鄭之宰夫見於宣公四年，負責解黿的工作；晉之宰夫見於宣公二年，負
責脤熊蹯；皆是割煮之事也。故昭公十二年，晏子以和羹為例，指出宰夫以

〔註5〕張亞初、劉雨《西周金文官制研究》頁41，北京中華書局印行。
〔註6〕《說文解字注》第二篇，頁49。許慎著、段玉裁注，黎明文化事業公司印行，
　　　　民國77年。
〔註7〕顧棟高《春秋大事表》卷十，頁622。景印文淵閣四庫全書。

水、火、醯、醢、鹽、梅等烹煮魚肉，燀之以薪，正是對春秋之時宰夫之職的最好說明。此已與《周禮》中之宰夫同名而異實矣。

《周禮》中之宰夫官位尊崇，與此庖廚之流並不相類，唯魯國另有「宰人」一職，爲掌管禮書者，較接近《周禮》中「宰夫」一職。

四、饔　人（魯、齊）

饔人之官，見於魯、齊二國；爲食官也，《周禮·天官》有內饔外饔，俱中士四人，下士八人。內饔職曰：「凡王之好賜肉脩，則饔人共之。」則內饔亦簡稱饔人。〔註8〕

魯國饔人見於昭公二十五年，「季姒與饔人檀通。」《傳》於此未明言饔人之職掌。

齊國最有名之饔人爲雍巫無疑。僖公十七年：「雍巫有寵於衛共姬，因寺人貂以薦羞於公。」雍巫薦羞，且又與寺人親近，則爲宮廷之內掌管飲食之人。襄公二十八年，《傳》亦載：「公膳日雙雞，饔人竊更之以鶩。御者知之，則去其肉，而以其洎饋。」此更明言饔人掌管國君飲食之事。此諸侯之饔人與〈天官〉所言無異。

五、醫（晉、秦、齊、楚）

《周禮·天官》有各種類別之醫生，如醫師、食醫、疾醫、瘍醫、獸醫等等，分別負責各種不同種類的疾病。人食百穀，不能無病；且君王者，大多欲求長生不老，以能長居此位，是以醫官之設立是非常重要的。《左傳》中，晉、秦、楚、齊皆曾見醫官。

晉國之醫僅一見，僖公三十年：「晉侯使醫衍酖衛侯，甯俞貨醫，使薄其酖，不死。」此當爲醫師之職也；醫師操掌人類之生死，可使其生，當然也可以使之死，故晉侯使之酖衛侯也。

秦國之醫則有二見，且兩次均是晉侯求醫於秦。成公十年：「（晉）公疾病，求醫于秦。秦伯使醫緩爲之。……醫至，曰：『疾不可爲也，在肓之上，膏之下，攻之不可，達之不及，不可爲也。』公曰：『良醫也。』」又昭公元年：晉侯求醫於秦，秦伯使醫和視之，曰：「疾不可爲，是謂近女室，疾如蠱。非鬼非食，惑以喪志。」

〔註8〕《周禮·天官》卷四，頁 61～62。

晉國本身有醫官，而卻外求於秦，秦國醫官之聞名於外可知。然這兩次求醫，醫官均言：「疾不可爲」，是知當國內群醫已束手無策之時，方向外另覓良醫。

齊國之醫一見，文公十八年：「春，齊侯戒師期，而有疾。醫曰：『不及秋，將死。』」

楚國之醫亦僅一見。襄公二十一年：「楚子使醫視之。復曰：『瘠則甚矣，而血氣未動。』」此爲奉國君之命出診，察言觀色診斷大臣病情也。

《傳》所載之醫，大多爲爲國君診斷病情也，此蓋史書之記載揀擇使然。《傳》中對於各國之醫均未如《周禮》般細分，或者列國之醫務人員不如王室龐大也。

六、府　人（魯、鄭、晉、宋）

「府人」之官名，分別見於魯、鄭、晉、宋四國。《周禮》中無「府人」之稱謂；然於〈春官〉有〈太府〉、〈玉府〉、〈內府〉、〈外府〉等職。〈太府〉「掌九貢、九賦、九功之貳，以受其貨賄之入」；〈玉府〉掌「凡王之獻金玉、兵器、文織良貨賄之物，受而藏之。凡王之好賜，共其貨賄。」〈內府〉掌「九貢、九賦、九功之貨賄、良兵、良器，以待邦之大用。」〈外府〉掌「邦布之入出，以共百物而待邦之用。」〔註9〕或如內饔之簡稱「饔人」一般，玉府等亦可稱爲「府人」。故《會箋》以爲，雖侯國與王制異，然府人司賜予之物，猶太府、玉府、內府、外府所掌矣。〔註10〕

魯國之〈府人〉見於昭公三十二年，：子家子在昭公薨後，將昭公所賜之雙琥、一環、一璧及輕服歸還于府人。既歸還於府人，足證府人當時掌管收藏寶玉、財賄之類。

晉之府人見於襄公二十九年。魯叔侯陳述魯之於晉是職貢不乏，玩好時至；是以使得晉之府庫無虛月。所謂玩好者，璧馬輕裘之類是也；有「府」則必有府人掌管。

鄭國之府人則是見於昭公十八年的一場大火，子產命令各級官員儆守其事。其中便使府人、庫人各儆其事。雖未明言府人需儆何事，然由府庫連言，知亦藏財賄之處也。

〔註 9〕《周禮・天官》卷六，頁 95、96、98。
〔註 10〕《左傳會箋》第二十六，頁 1763。竹添光鴻著，天工書局印行，民國 77 年。

宋之府人僅一見。文公八年，司城蕩意諸來奔，效節於府人而出。節者，符節也；亦府人所掌。

府人之職於《左傳》中四見，性質皆為管理收藏財物之處，與《周禮》所載相同。

七、閽　人（楚、吳、邾）

閽人之官，在《左傳》中，僅單稱為「閽」；見於楚、吳、邾三國。其中楚國並另有大閽一職。

莊公十九年：鬻拳兵諫楚子之後自刖，楚人乃以之為大閽，謂之大伯，使其後掌之。

《周禮・天官》有〈閽人〉掌守王宮之中門之禁；然此閽者蓋刑餘之人，與鬻拳本為大臣不同。故鬻拳之大閽，較近於〈地官〉之屬的〈司門〉，其有「下大夫二人，掌授管鍵以啟閉國門。」亦主晨昏開閉，通以閽為名焉。謂之「大伯」，伯者，長也，為門官之長也。楚此官採世襲，故《傳》文接著說：「使其後掌之。」

另外，昭公五年載楚子欲以韓起為閽，以羊舌肸為司宮，藉此辱晉。杜注：「刖足使守門。」楚子意在辱晉，必將加之重罪，且以叔向為宮刑，則韓起之刑亦次宮也，鬻拳自刖後楚人以為大閽，則此亦是刖也。以此官職以達到辱侮別人之目的，此官職之卑下可知。

吳國之閽見於公二十九年，吳人以俘為閽並使守舟，結果閽卻趁吳子餘祭觀舟時，以刀弒之。閽之職本為守門；此為守舟，亦與守門同類近似。或亦先加俘虜以刖刑，然後再使之守舟也。

邾國之閽僅一見。定公二年，閽向與邾莊公飲酒的夷射姑乞肉，夷射姑反而奪其杖敲之，以此種下閽人欲報仇的禍根。閽為守門人，既有攜杖，則遭刖刑者也。

縱觀以上諸國之閽人，皆以刑餘之人為之；楚、邾可知皆以受刖刑之人為守門；吳國之俘虜，則無法得知是否加以刖刑。另，楚國大臣之家亦有閽寺以守家門。

八、寺　人（魯、衛、晉、齊、宋）

寺人為先秦對於宦官之別稱，或又稱巷伯。〈天官〉中有〈寺人〉之職，

編制爲王之正內五人，具體職掌爲「掌王之內人及女宮之戒令，相導其出入之事而糾之。」〔註11〕鄭玄於〈寺人〉下注曰：「寺之言侍也。」《說文》云：「侍，承也，〔註12〕故寺人亦作侍人。」

寺人又稱作「奄」。鄭玄於《周禮・天官・酒人》下注曰：「奄，精氣閉藏者，今謂之宦人。」《周禮・天官》中之各項掌管事務人員，由於接觸宮內女眷之機會頻繁，是以如酒人、漿人、籩人、醢人、醯人、鹽人等等，皆以奄人任之；寺人爲經過去勢手續的「奄人」，故晉之寺人披、及臧堅謂齊之夙沙衛皆謂之「刑臣」也。寺人之職亦見於金文。張亞初、劉雨說：「〈裘衛鼎〉：『內史友寺芻。』之寺芻，寺爲職官名，芻爲該職官之人的名。寺爲內史之僚友，內史是宮廷內隨王左右的史官，與後世的內小臣有相近之處，所以寺這一職官與後世的閹官寺人可能有關。」〔註13〕

魯之寺人僅一見。昭公二十五年：「公果、公賁使侍人僚柤告公。」杜曰：「侍人，本亦作寺人。」此寺人擔任居間傳遞訊息之責任。

衛之寺人兩見；哀公十五年：寺人羅替良夫及太子駕車；哀公二十五年，出公使侍人納公文懿子之車于池。寺人羅可爲良夫及太子御，則其可以出入皇宮活動也；至於哀公二十五年出現之侍人，則爲宮內負責國君身邊事務的小臣而已。

晉國所見之寺人，共有四則。僖公五年，獻公使公使寺人披伐蒲；僖公二十四年，寺人披以舌燦蓮花請見晉文公；其後並深得文公寵信，甚至向其諮詢守原大夫一職；再者，成公十七年，寺人孟張侍奉厲公田獵，奪了郤至射獵的大野豬。

從這些寺人的作爲來看，其皆與《周禮》所載之職掌不同；此正可說明，這些寺人已開始利用他們與國君相處密切的關係，逐漸爲自己擴張勢力，如寺人披之請見重耳，不卑不亢之態度與藉管仲暗喻自己之謀略，已可見出此時之「寺人」已非操作勞役之下等官吏矣。

齊國寺人勢力之坐大與蓬勃發展不遜於晉國。僖公二年：齊寺人貂在多魚洩漏了軍事機密；僖公十七年，齊桓公卒，易牙與寺人貂因內寵以殺群吏，

〔註11〕《周禮・天官》卷七，頁115～116。
〔註12〕《說文解字注》八篇上，頁377。許慎著、段玉裁注，黎明文化事業公司印行，民國77年。
〔註13〕張亞初、劉雨《西周金文官制研究》頁43，北京中華書局印行。

而立公子無虧；襄公十七年：齊獲臧堅，齊侯使夙沙衛唁之。臧堅因夙沙衛之唁深感屈辱；無獨有偶地，襄公十八年，晉、齊之戰時，殖綽、郭最也因夙沙衛率兵殿後而覺恥辱，乃代之殿。然而，襄公十九年，齊靈公「使高厚傅牙，以爲太子；夙沙衛爲少傅」；則奄臣又搖身一變成爲太子之少傅矣，此與宋之寺人惠牆伊戾爲太子內師，同樣是以寺人之流中爬升爵位最高的一位了！

而從臧堅及殖綽、郭最對於寺人之不恥，足見當時寺人雖偶而能獲取君王歡心，然其社會地位卑下，爲一般大臣所瞧不起，不足以擔當大任。

宋之寺人凡三見；襄公二十六年，寺人惠牆伊戾爲太子內師而無寵，故設計陷害太子；使得太子縊而死。昭公六年，寺人柳有寵，爲大子佐所惡。柳乃先下手爲強，設計陷害將與太子同謀的華合比，使之被逐；再者，則是昭公二十一年宋元公使侍人召司馬之侍人宜僚。宋之寺人挾寵而作亂，皆因常在君王左右之故。

馬良懷以爲「春秋時候的宦官雖然比西周有一定程度的發展，並且已開始介入國家的政治生活，但就勢力來說，仍然十分弱小。……伊戾、柳二人的個人目的需要通過宋平公之手得到實現，這是由於當時宦官勢力還不強大。」〔註14〕

寺人之職，魯、衛、晉、齊、宋五國皆有，除魯、衛之寺人未見挾寵而作亂之事外，晉之孟張、齊之寺人貂、宋之惠牆伊戾及寺人柳，皆是憑仗著國君的寵愛恣意胡爲，擾亂國本，此種狎玩親暱之臣，最易掌握君王的弱點，故能興風作浪，此三國者，國情不一，而寵信內嬖之情形卻如出一轍，歷史之教訓，確實值得借鏡。然而與其它官職之相較，宦官之存在，無寧是更深入、更長久的。爲了便於統理宮廷中各項事務，秦漢以後，各代仍持續設有此職。秦、漢之宦官均屬「少府」；隋、唐、宋則設「內侍省」統管。唐代至元代又設有「宣徽院」，都用宦官主管。明代設十二監、四司、八局、總稱「二十四衙門」，由太監提領。宦官爲內廷官，碟無權干預政事，但因皇帝與宦官最爲接近，宦官就逐漸取得了政治的特權。東漢、及唐、明即都發生過宦官專權的事實。〔註15〕

〔註14〕馬良懷〈先秦宦官考略〉頁207，收於《中國歷史文獻研究集刊》第五集。
〔註15〕《歷代職官沿革史》頁695，陳茂同著，華東師範大學出版社印行，1988年。

九、司　宮（魯、鄭、楚、宋）

　　司宮者，奄臣也。襄公九年杜預注曰：「司宮，奄臣，……皆掌宮內之事。」魯、鄭、楚、宋皆有「司宮」之官名。

　　魯之司宮見于昭公五年，司宮射仲壬之目；此蓋黨派利害之關係，非原本份內職務也。

　　鄭之司宮見于昭公十八年鄭國大火之時。此司宮所負之任務，爲「出舊宮人，寘諸火所不及。」杜注：「司宮，巷伯寺人之官。」知其爲掌管宮廷之內門禁之類的官員。〈杜注〉以司宮、巷伯、寺人爲同類之官，故以「巷伯寺人之官」解釋司宮。此三者皆爲受過宮刑，以掌管宮廷內事務之官，故三者性質相似，而所掌之範圍或有些微差異也。然襄公九年宋災時，「命巷伯、司宮儆宮」，巷伯、司宮分開言之，則此二官各有其不同之職守也。

　　楚司宮見于昭公五年，楚子欲以羊舌肸爲司宮以辱晉。杜注：「欲以叔向爲司宮，爲奄官之長。」此則《傳文》最足以說明「司宮」一職之性質。蓋若司宮爲尊貴之官職，則楚子無法達到辱晉的地步；必是司宮爲奄臣，是以楚子方能突發奇想，欲以此辱晉也。

　　由上述可知，司宮爲奄臣，且掌宮廷內之事，殆爲列國當時之普遍情形也。

十、豎（衛、晉、曹）

　　《周禮》內豎職在寺人之下，編制爲倍寺人之數，亦即十人。其職爲「掌內外之通令，凡小事。若有祭祀、賓客、喪紀之事，則爲內人蹕。」〔註16〕內豎之職，於《左傳》中皆簡稱爲「豎」，見於衛、晉、曹三國。

　　衛國之豎僅一見。哀公十六年：衛莊公與渾良夫密謀如何除去太子獲得國家的寶器。渾良夫爲了避免談話外露，刻意地取代火者的工作，不過消息還是由豎給洩漏了。豎此時未被辭退，可見豎所負責之工作，是極爲貼近國君身邊的。是以其有機會聽到這一密謀，並將之轉達給太子。

　　晉之豎僅一見。僖公二十四年，晉侯之豎頭須，偷竊所保管之財物而逃，將之用來幫助文公回國。晉侯之豎職爲「守藏」，與《周禮》所謂「掌內外之通令」不盡相同。

　　曹爲蕞爾小國，其國之豎，因設法爲國君解難而見載於《傳》。僖公二十

〔註16〕《周禮・天官》卷七，頁116。

八年，晉侯有了疾病，曹侯之豎乃賄賂晉國的筮史，希望他將晉侯得病的原因解釋為滅了曹國。此為非常時期之任務，屬於國君近侍之臣中，難得一見的機智表現，無與其本職並無太大的正相關。

豎之職見於衛、晉、及曹。以上三國之豎者，皆為十分貼近國君身邊之工作，故衛豎可以聽見機密、晉豎頭須可以竊藏以逃、曹豎可以為國家賄賂晉史。豎之工作本十分卑賤，此三人者，因所作所為與國家存亡有關，是以見載於《傳》；究其職掌，則非本職矣。

《左傳》中所見〈天官〉之類職官，共計二十一類，是六官中除了春官之外，最多的一類。蓋天官之屬為國君身邊近侍之臣，參與或與聞國家大事的機率大增；且其既為一國之君服務，處在元首身邊，曝光率也相對提高，是以〈天官〉之屬的職官可得見二十一種之多也。〔註17〕

其中最值得一提的莫過於「大宰」一職。《周禮》中之大宰為六官之長，然其在各諸侯國中，除了魯、吳及宋國前期之外，其地位並未如《周禮》中所載那般尊崇；然特別值得注意的卻是，大宰一職在各諸侯國中，卻又分化出更細微的職務，如左宰、右宰、宰旅之類。其職既有分化，可見創立之初，必定事務繁忙，是以得設副手予以協助也。且大宰之職共見於七國，亦是《周禮》中其它職務所望塵莫及的，這似乎也說明了位於六官之長的大宰，在各國設官分職的制度中，仍然被高度引用，至於不用大宰之名的晉國，在宣十二年時，也曾用「蒍敖為宰」讚美過當時任職令尹的孫叔敖。另外，在家臣之類中，家臣之長稱為家宰，凡此皆可見出，宰之職在最初為一崇高職位是無可懷疑的。只是時移事遷，加上各國特殊的需要與國情，百官之首的大宰，終究不復以往風光矣。

其次，所謂天官之屬者，除了大宰、少宰尚為處理國家大事之官員之外，其餘率皆服侍國君或者操持宮內賤役之僮僕之類。依照人物的重要性而言，其本不該與國家的股肱大臣相類，同樣見諸經傳、流傳史冊。然其因其與國君朝夕相處，除了與聞國家大事之外，亦有負責國君飲食、健康之類，是以得因國君之故，在史籍上略佔一隅，此又附驥之故也，非因其個人才華及職務重要也。

〔註17〕 本節所列天官類職官共十種：其餘尚有左宰（魯）、右宰（衛）、宰旅（周）、宰人（魯）、膳夫（周）、膳宰（晉）、甸人（晉）、獸人（晉）、內小臣（晉）等等，因單為一國所有，於各國職官考述時，已曾介紹說明，是以不再此處重複列出。詳細天官類職官請參見附表一，其餘職官亦同。

第二節 《周禮》地官之屬

地官系列共有七十八個官職，根據各官的職能特點可分爲：司徒之官、六鄉之官、六遂之官、都邑公邑之官、土地管理官、徵管物產之官、市管之官、糧食之官、以及教育之官。

其在各國出現之情形，詳見附表。

一、司　徒（周、魯、鄭、衛、楚、宋、陳）

司徒是地官之屬的首長，由卿一人擔任；於《左傳》中，共有周、魯、鄭、衛、楚、宋、陳等國設立。《周禮》中司徒分大、小；而諸侯國中，僅有宋稱大司徒，其它諸國則不見有大小之別，概皆以「司徒」名之。然宋國亦無小司徒之稱，則或亦只是司徒一職而已。以諸侯之例來看，則在諸侯國中，司徒所掌之責未有細分大小，統由司徒一人負責也。

周之司徒二見，襄公二十一年，欒盈過於周，周西鄙掠之。故王使司徒禁掠欒氏者。又，昭公二十二年，八月辛酉，司徒醜以王師敗績于前城。《周禮》中有秋官司寇之屬專門掌詰姦慝，刑暴亂。此周王不使司寇而使司徒掌者，蓋因未及行刑，僅使禁掠而已。

魯之司徒亦僅一見。昭公四年，穆子去世之時。杜洩打算用路車隨葬，季孫不同意。杜洩便提出當初周王賜穆子路車，穆子回魯國時，魯君曾使擔任司徒的季孫記載姓名。

此明言季孫爲司徒，並掌記載策勳之事。《周禮》大司徒掌十二教，其中十有一曰「以賢制爵」；十二有二曰「以庸制祿」，故司徒書名定號也。〔註18〕

鄭之司徒僅一見。襄公十年，記載子孔爲司徒，位在子駟、子國、子耳之下，則司徒之位，在鄭國排名第四；但三子死後，子孔則由司徒之職晉升爲「當國」。則司徒之職在鄭國官爵亦屬尊崇。然其本掌何事，《傳》未明言。

衛之司徒三見，哀公十五年有莊公欲驅逐司徒瞞成；哀公二十五年，衛出公以夫人之弟爲司徒；翌年，司徒期聘于越。衛之司徒雖三見，然皆未敘其職文，蓋衛國內亂不斷，君位爭奪之不暇，倘能顧及其它？

楚之司徒見於宣公十一年，令尹蔿艾獵城沂，使封人慮事，以授司徒。《周禮‧大司徒》之職有「大軍旅、大田役以旗致萬民，而治其徒庶之政令。」〈小

〔註18〕《周禮‧地官》卷十，頁 151。

司徒〉之職亦有「凡用眾庶，則掌其政教與其戒禁聽其辭訟，施其賞罰，誅其犯命者，凡國之大事致民。」〔註19〕是大、小司徒均掌役也。諸侯之司徒兼掌大小司徒之責。

宋之司徒爲列國之中，出現最頻繁者；除了以司徒爲名之外，尚有大司徒之名。然大多爲新官上任，僅敘官名，未說明擔任何種職務。

昭公二十二年，宋元公在華、向之亂後，重新安排人事，使公孫忌爲大司馬，邊卬爲大司徒。大司徒之職在《左傳》中僅此一見；然並未見有小司徒之職，或只是一尊稱而已。

除此之外，文公七年、文公十六年、成公十五年、襄公九年、哀公二十六年均有司徒之記事。宋司徒屬於執政集團之內，排名大抵在第四順位；僅有哀公二十六年時，排名升爲第三。

另外，較特別的是襄公九年宋發生火災時，擔任司城的樂喜，命令華臣調集常備的徒卒。此年未明言華臣爲司徒，然據杜預注：「華臣，華元子，爲司徒。正徒，役徒也。司徒之所主也。」知此時華臣任司徒一職。此是《傳》唯一記載宋司徒之明確職掌。

陳之司徒四見。襄公十七年有司徒卬爲宋所執；襄公二十五年，鄭入陳，子產使陳之司徒招致民人，司馬集致符節，司空檢致土地，使各依其舊，師乃迴還也；昭公八年，陳哀公二妃嬖，將其子公子留屬諸司徒招與公子過。寵妃特別託付其子，則司徒之職在陳國亦爲有權之官。哀公十一年，追述轅頗爲司徒，賦封田以嫁公女；有餘，以爲己大器。國人逐之，故出。

轅頗爲司徒之時，徵收封田之內的稅收以嫁國君之女，則以司徒承辦此事也。此當屬額外之事務，《左傳》中司徒承辦此種業務，僅此一見。

陳之司徒所掌之事包含管理人民、受寵妃之託，照顧其子；以及徵收封田之內的稅收以嫁國君之女。託子及嫁公女畢竟是難得一見之事，故必不屬於司徒之常職；唯鄭命陳之司徒招致人民，則爲司徒日常所爲之責也。

綜觀此七國之司徒，其職大概以管理人民、徒役爲主。周司徒管制人民掠奪欒氏、並帥師出征。楚司徒受理封人對於築城的計畫、宋之司徒在火災時調集常備的徒卒；以及陳司徒之招致民人，無一不與人民徒役有關。至於魯司徒之書勳及陳司徒偶見之責，則當屬於例外之責，不能以常職論。

張亞初、劉雨從金文中考索，在春秋時期發現七條關於嗣徒的材料，分

〔註19〕分見《周禮・地官》卷十，頁 163；卷十一，頁 170。

別見於魯大嗣徒厚氏元豆、魯大嗣徒元盂、魯大嗣徒子仲白匜、魯大左嗣徒元鼎、樂大嗣徒甗，基本上都是魯國之器。同時其由西周銘文看西周嗣徒之職掌有（一）管理土地、（二）管理農業生產、（三）管理藉田、（四）管理斄、虞、牧等農副業、（五）冊命時作儐右、（六）帶兵出征。另外，他們也發現，諸侯司徒材料共八條，從這些材料可以看出，渣、盠、旐、晉、魯、散等國族地方都設有司徒之官，司徒是當時普遍設置的一種職官。〔註 20〕從金文所見的司徒職責，與諸侯國常設司徒之職的情形來看，金文所反映的狀況與《左傳》所載，是大體相合的。

另外，沈長雲除《左傳》中之材料外，也旁徵博引，舉《詩經》、《國語》、《荀子》《白虎通義》以及金文彝銘之資料，證明司徒之職，的確是以掌管人民徒役為主；正因為掌管人民徒役，故有時也率領人民出兵打戰。〔註 21〕

二、封　人（鄭、楚、宋、蔡）

《周禮・地官》序官曰：「封人，中士四人，下士八人。」其職則為「掌設王之社壝，為畿，封而樹之。凡封國，設其社稷之壝，封其四疆。造都邑之封域者亦如之。」《左傳》中鄭、楚、宋、蔡皆有封人之官見諸於《傳》。

鄭之封人見於隱公元年，鄭莊公把母親安置在城潁，繼而又後悔，當時為為潁谷封人的潁考叔，便找機會獻東西給莊公。潁谷之地相當於今河南省登封縣；為鄭國西南邊境之地。另，桓公十二年，祭封人仲足因有寵於莊公，故莊公使為卿。此傳文亦可證祭仲本當為大夫，但因寵信方能拔擢為卿。

楚之封人一見。宣公十一年：令尹蒍艾獵城沂，使封人慮事，以授司徒。量功命日，分財用，平板榦，稱畚築，程土物，議遠邇，略基址，具餱糧，度有司。楚封人此時擔任的是築越時的策畫工作，包含預估期限、分配各種材料用具、巡視城基、準備糧食、以及審度監工的人選等等。

這些封人的具體職司，與《周禮》所言「造都邑之封域者亦如之」是相符合的。

宋之封人二見。文公十四年，宋高哀為蕭封人，以為卿，不義宋公而出。；昭公二十一年，干犨御呂封人華豹，張匄為右。蕭在今江蘇省蕭縣；呂在今江蘇省銅山縣。此文未說明封人職掌，然從「高哀以為卿」句，知其亦因擢

〔註 20〕張亞初、劉雨《西周金文官制研究》頁 8～9。北京中華書局印行。
〔註 21〕見沈長雲〈周代司徒之職辨非〉，收於《中國史研究》1985 年第三期。

升之故，非本爲卿也。

蔡雖小國，亦有封人見載於《傳》。昭公十九年：楚子之在蔡也，鄖陽封人之女奔之。鄖陽在今河南省新蔡縣境。

封人爲邊境之守官，除見於以上例子之外，《論語・八佾》亦載有儀封人。其曰：「君子之至於斯也，吾未嘗不得見也。」〔註22〕明其常駐守儀地，爲儀地之守也。另外，封人之爵不高於卿，或爲大夫或士；故可因寵信而擢爲卿也。至於具體之職掌，則僅見於楚國，或當時修築各城邑爲封人所必須掌管之職司也。

三、牧（晉、齊、楚）

《周禮・地官》有「牧人」一職，以下士六人擔任。其職爲：「掌牧六牲而阜藩其物，以共祭祀之牲牷。」鄭注：「六牲，謂牛、馬、羊、豕、犬、雞。」則所謂「牧」者，並不單指牧牛也。而哀公元年，伍員追敍歷史時，亦曾說「少康爲仍牧正」，杜預注曰：「牧官之長」，則牧之職自夏代已有之。

牧之職於《左傳》中單稱爲「牧」，或是爲行文簡潔之故也，其見於晉、齊、楚三國。

晉之牧人見於襄公三十一年，子產聘于晉，追敍文公爲霸主時，使隸人、牧、圉各自謹守各人職責。

昭公二十年，齊侯使公孫青聘于衛。公孫青自謙曰：「寡君之下臣，君之牧圉也。」則齊國亦當有牧人與圉人之官，故公孫青以此賤職自況。

昭公七年，楚國申無宇敍述「人有十等」時，亦曰：「馬有圉，牛有牧」，則楚亦有牧之官。

牧人者，賤官也，故《傳》無正面言其職掌，然從「牛有牧」之文，知其最基本之工作爲牧養牛隻也；至於鄭玄所言包括「牛、馬、羊、豕、犬、雞」等，因春秋之時養馬之官有圉師、圉人等，則牧之種類必不包含馬也。

四、大師、少師、大傅、少傅（周、魯、衛、晉、齊、楚、蔡、隨）

《左傳》中關於大師之職所見頗多，然細繹其職，則顯然有兩種不同的職官意義。一爲樂官；一則爲國君或太子的師傅。此處專就有關師傅之類職官討論；至於屬於樂官之類的大師，則隸於春官之屬。

〔註22〕《論語・八佾》卷三，頁 31。十三經注疏本，藝文印書館印行。

－297－

師者，或稱師、或稱傅；《周禮・地官》有〈師氏〉一職，「掌以媺詔王。以三德教國子：一曰至德，以爲道本；二曰敏德，以爲行本；三曰孝德，以知逆惡。教三行：一曰孝行，以親父母；二曰友行，以尊賢良；三曰順行，以事師長。」鄭注曰：「告王以善道也。〈文王世子〉曰：『師也者，教之以事，而諭諸德者也。』」〔註23〕

〈地官〉〈師氏〉一職並未再有任何之細分；而《左傳》中卻多再區分爲大師、少師、大傅、少傅，顯然春秋列國對於此類師保之官甚爲重視。

關於師保之作用，《禮記・文王世子》說得很明白。其曰「凡三王教世子必以禮樂。……立大傅、少傅以養之，欲其知父子、君臣之道也。大傅審父子、君臣之道以示之；少傅奉世子，以觀大傅之德行而審喻之。大傅在前，少傅在後；入則有保，出則有師，是以教喻而德成也。師也者，教之以事而喻諸德者也；保也者，慎其身以輔翼之而歸諸道者也。」〔註24〕此處除說明師保之職責外，同時也提及大傅、少傅及師保諸官。然其曰：「大傅在前，少傅在後」；又曰：「出則有師」，則顯然世子出外之時，由大傅、少傅教導之；大傅、少傅，亦即師也。何浩亦曰：「太傅與少傅，實則師與少師。楚稱師；齊、晉、魯則稱傅。」〔註25〕是以本處之討論，亦涵括所謂之大傅、少傅等。

周朝類似〈師氏〉之職一見。莊公十九年，初，王姚嬖于莊王，生子頹，蒍國爲之師。此蒍國爲王子頹之師也。程公說《春秋分紀・職官書》曰：「《周禮》地官之屬〈師氏〉掌以媺詔王，以三德教國子。子頹，莊王子，以蒍國爲之師，蓋師氏職云。」〔註26〕

魯國相當於〈師氏〉之職者，稱之爲「傅」；僅一見，且未區分大傅、少傅。閔公二年：「初，公傅奪卜齮田，公不禁。」顧棟高曰：「公即位年八歲，此傅當亦公子時傅，猶楚潘崇爲太子師，穆王即位，使爲太師是也。」〔註27〕

衛國〈師氏〉類職官二見；其一在襄公十四年，定姜曰：「先君有冢卿以爲師保，而蔑之。」此師保合稱也，其指孫林父及甯殖。然這卻是一種概泛

〔註23〕《周禮・地官》卷十四，頁210。
〔註24〕《禮記・文王世子》卷二十，頁397。十三經注疏本，藝文印書館印行。
〔註25〕何浩〈楚官師、傅、保及太師新解〉頁22，收於《湖北大學學報》哲學社會科學版1988年第五期。
〔註26〕宋・程公說《春秋分紀・職官書》卷四十一，頁441，景印文淵閣四庫全書經部第一百五十四冊，臺灣商務印書館印行。
〔註27〕顧棟高《春秋大事表》卷十，頁594。

式之稱呼，並未明言所居官職。

　　另外，衛國尚有〈少師〉一職。襄公二十七年，公與免餘邑六十，辭曰：
「唯卿備百邑，臣六十矣。……」公固與之，受其半，以為少師。「少師」之
職既相對於「大師」而言，則衛國當也有〈大師〉之職。由免餘辭邑、辭卿
之舉可知衛少師之爵為大夫；再由孫林父及甯殖為冢卿，而為師保之官，則
衛師保者，以卿為之也。《周禮》中〈師氏〉之職僅由中大夫擔任；〈保氏〉
則由下大夫擔任；此又是諸侯重視師保的另一證明。

　　晉國對於太子之師稱之為「傅」，並有大師、大傅之官。依《傳》所見臚
列如下。

（一）僖公四年，大子奔新城，公殺其傅杜原款。

（二）僖公九年：初，獻公使荀息傅奚齊。

（三）文公六年，宣子於是乎始為國政。制事典，正法罪，辟獄刑，董
　　　逋逃，治舊洿，本秩禮，出滯淹，既成，以授太傅陽子與大師賈
　　　佗。

（四）宣公十六年，晉侯請于王。戊申，以黻冕命士會將中軍，且為大
　　　傅。

（五）成公十八年：二月乙酉朔，晉悼公即位于朝。始命百官，……使
　　　士渥濁為大傅，使修范武子之法。

（六）襄公十六年：平公即位，羊舌肸為傅。

（七）襄公三十年：（魯）季武子曰：「晉未可婾也。有叔向、女齊以師
　　　保其君。」

　　就上述材料而觀，晉國對於教導及輔佐太子或國君之職務，多稱為「傅」，
「大師」之稱僅一見。雖也有「師保」連文，然係魯國季武子之評論，未能
真正代表晉國之職官制度。

　　而通觀晉國師、傅之職，其有下列特性：

（一）爵位並無固定：故士會以王之命卿兼任大傅一職；而叔向則以上
　　　大夫之銜為大傅也。孔穎達於襄公十六年亦〈疏〉曰：「諸侯之有
　　　孤卿，猶天子之有三公，無人則闕，故隨其本官高下而兼攝之也。」

（二）大傅之職可為兼官：如士會既將中軍，且兼大傅之官。

（三）區分太子與國君之傅：如荀息與杜原款為太子之傅；如羊舌肸則
　　　為平公之傅」，二者顯然不同，然在名稱上並無特別之區分。

（四）大傅可掌國政：如宣子爲政之後，施行一系列法則，既成之後，以授太傅陽子與大師賈佗。知太傅陽子與大師賈佗，亦掌管國家大事。又如，士會爲大傅之後，「於是晉國之盜逃奔于秦」，可見大傅不獨輔佐國君，同時也掌理國政；再者，士渥濁爲大傅後，晉悼公使修范武子之法。此類之大傅，則綜理國家之大事也。

就以上有關晉國關於師傅類之職官，知晉國對於師、傅一類職官非常尊崇，是以連季武子也因晉國有優秀的師保，而認爲晉國不可侵犯。且宣子爲國政之後，將所得成果授予太傅、大師；士會以掌管全國政務的中軍將之姿兼領大傅一職，均可見出此類職官在晉國的職高權重。

相對於晉國對師保的尊崇，齊國師保之職則又有一番不同氣象。襄公十九年，（齊侯）遂東太子光，使高厚傅牙，以爲太子；夙沙衛爲少傅。高厚爲齊國世族，爲太子大傅固理所當然；然爲太子少傅者，卻是夙沙衛。夙沙衛者，奄臣也；被縛的臧堅曾因夙沙衛之唁深感屈辱；殖綽、郭最也對他的率兵殿後，深以爲恥。如此之奄臣，居然能夠擔任太子之少傅，足見國君對此奄人之寵愛，此亦可說是齊國之特例吧！

位於南方的楚國，風土民情不與中原同，官職制度亦殊異。對於師保類職官，不僅常有師、保連文而稱，且有大師、少師之區別。

成公九年，鍾儀回答晉君之問時，說楚共王之爲大子也，師、保奉之，以朝于嬰齊而夕于側也。襄公十三年，共王臨終時亦自言：「不穀不德，少主社稷，生十年而喪先君，未及習師、保之教訓而應受多福。」此皆以師、保連文而稱也。〈楚語〉上亦載「楚莊王使士亹傅太子箴。」〔註28〕知共王所謂師保者，士亹即其中之一也。

另，文公元年，穆王立，以其爲大子之室與潘崇，使爲大師，且掌環列之尹；哀公十七年，楚子問帥於大師子穀與葉公諸梁。

潘崇有功於商臣，故商臣爲君之後，使爲大師，足知此大師爲輔佐國君之長，位極尊貴。大師子穀之名僅此一見；然葉公卻是平定白公之亂的主要人物，而子穀之名還序列其上，這表明子穀之地位十分尊崇。吳永章以子穀與潘崇位均尊貴的例子，論太師之職爲「當令尹之任而榮寵又過之。」〔註29〕

〔註28〕《國語·楚語》卷十七，頁 527。韋昭注，漢京文化事業有限公司出版，民國72 年。

〔註29〕吳永章〈楚官考〉頁 166，收於《中華文史論叢》1982 年第二期。

以上諸例皆僅有大師而無少師，昭公十九年，則明確記載大師與少師。平王即位，使伍奢爲之（太子）師，費無極爲少師。依此文意，則伍奢爲太師也。此是楚國唯一大師與少師同時出現的例子。

除了以上諸大國之外，小國如蔡、隨亦有師保類職官見載於《傳》。襄公二十六年記載有蔡大師子朝，然未明言其職。

隨國則有少師之記載。桓公六年，楚武王侵隨，……隨人使少師董成。桓公八年：隨少師有寵。……戰于速杞。隨師敗績。隨侯逸。鬭丹獲其戎車，與其戎右少師。隨國之少師可擔任多重角色，如扮演行人之職，負責與他國交涉；同時又可擔任戎右，足見當時文職與武職的相互重疊也。

師保類職官雖以以嫩詔王、以三德教國子等道德、知識之傳授與薰陶爲主，然在春秋列國中，亦不乏兼領武事者。如晉士會以中軍將兼任大傅、齊夙沙衛以少師之職率軍殿後、隨少師爲戎右等等，皆是文武合一之例證。再者，諸侯之師保職官皆甚尊崇，其官爵遠高於《周禮》中所言，〈師氏〉中大夫一人、上士二人；〈保氏〉下大夫一人之編制，其中更以晉國對師保最爲尊崇。

《漢書・百官公卿表》論師傅類職官時說：「太傅，古官，高后元年初置；太師、太保，皆古官，平帝元如元年皆初置；太子太傅、少傅，古官。」〔註30〕此所謂之「古官」，顯然不是《周禮》系統。張亞初、劉雨在《西周金文官制研究》中說：「保即大保，是一種相當古老的職官名。傳說成湯時有賢臣保衡。這種傳說現在已被殷墟出土的甲骨文所證實。……保的地位顯赫，他既是周王的輔弼重臣，又是最高的執政官。旅鼎稱保爲『公大保』，文獻上講大保爲三公之一。周初是否有三公，暫且不論，但說保是當時地位最高的大臣，這種認識當然是有一定的道理的。《周禮・地官・序官》云：「保氏，下大夫一人。」《周禮》所講的保氏的地位與西周的情況是有距離的，它所反映的情況可能只是東周的實際。」〔註31〕

由金文中知大保之職官本極尊貴，此種現象，可與晉、楚等國對於師保的重視互相呼應。

至於大師之職，張亞初、劉雨汪中文從金文中所考索之有關〈師氏〉資料，顯然較《周禮》中所言之職責更爲豐富。其將「師官」之職分爲：「（一）

〔註30〕《漢書・百官公卿表》卷十九，頁 727、733。班固撰，顏師古注，宏業書局印行，民國 73 年。

〔註31〕張亞初、劉雨《西周金文官制研究》頁 1，北京中華書局印行。

為軍事長官。（二）行政長官。（三）也是教育方面的長官。〔註32〕其中掌管
教育之金文見於〈師嫠殷〉：「王若曰：『師嫠，在昔先王小學，汝敏可使，既
令汝更乃祖考嗣小輔，今余唯繼橐乃令，令汝嗣乃祖舊官小輔眔鼓，鐘。』
此即師嫠在貴族小學任職的記錄。〔註33〕由此可證，師之職，在金文之中，
亦有擔任教育之職責。

郭沫若在《金文叢考》中，曾對《周禮·師氏》提出批評曰：「案此文
至飢餒，德教行教及以教國子弟以下七四字，乃視師氏為師保之師；『居虎
門之左』云云及『凡祭祀』以下，則又視師氏為師戍之師。文辭文義均不相
水乳。即此一職已可斷言《周官》一書塙曾經后人竄改也。」張亞初、劉雨
從西周銘文中所見到的關於師氏所職掌的情況的分析來看，認為郭沫若的說
法是帶有一定的片面性的。其曰：「師的職掌範圍相當寬，他們是以管理軍
事為主，但是也有管教育的師保類官，師嫠就是這樣的一個職官。同時，由
於軍隊之師有的常在王左右，有時也象其它史官類職官那樣，兼管出入王
命、賞賜、儐右等事。有的師還兼任司寇、司士等的司法吏治之職，以及管
理王家事務的管家。西周的職官師（師氏）從銘文記載看，並不是單純的軍
事長官，宮廷守衛的職官稱師，教育的長官也稱師。這些情況與《周禮·師
氏》的記載不但不矛盾，而且是正相吻合的。所以《周官》一書雖為後人所
作，但它必然是有所本的。過多地加以否定，是不妥當的。」〔註34〕

二氏從銘文中所得的資料，也可與《左傳》所載相印證。如晉國之士會
既將中軍，且兼大傳之官，顯然是軍事與教育長官的合而為一；另外，楚國
之潘崇，既為大師，又掌環列之尹，顯然也是君王的近侍之官與教育合一。
這麼看來，《左傳》之職官在某些方面上，與金文及《周禮》之記載是可以
相互印證的。

五、隧　正（魯、宋）

《周禮》有〈遂人〉之官，以中大夫二人擔任，其下並尚有遂師，以下
大夫四人、上士八人擔任。〈遂人〉之職為「掌邦之野，以土地之圖經田野，

〔註32〕汪中文《兩周官制論稿》則將師氏之職責分為：「（一）、為軍事長官，率眾參
　　　　與征伐之事。（二）、為王之近侍，護衛王身。（三）、掌出內王命。（四）、掌
　　　　司王之旌旂。」頁20～22，復文圖書出版社出版，民國82年。
〔註33〕張亞初、劉雨《西周金文官制研究》頁5～6，北京中華書局印行。
〔註34〕張亞初、劉雨《西周金文官制研究》頁6～7，北京中華書局印行。

造縣鄙形體之法。五家爲鄰，五鄰爲里，四里爲酇，五酇爲鄙，五鄙爲縣，五縣爲遂，皆有地域，溝樹之，使各掌其政令刑禁。」〔註35〕其掌諸遂之政令，故亦負責徒役之事。〈遂人〉之職於魯稱〈隧正〉。

　　襄公七年，叔仲昭伯擔任隧正一職，爲了討好季氏，所以主動提供給當時擔任費宰的南遺城費的徒役；另襄公二十三年，孟氏打算開掘墓道，向臧氏借用徒役，臧孫便使正夫去幫忙。杜預於此注曰：「正夫，隧正。」〈正義〉亦曰：「役夫隧正所主，知此正夫是隧正也。」然二事相距不過十六年，而前稱〈隧正〉後稱〈正夫〉；二者應當不屬於同一官職。且隧正者，具有分派徒役的權力；而正夫卻是實際去幫忙工作的人，或者正夫應當是遂人之屬，徒之類也。

　　除魯國之外，宋國亦有〈隧正〉一職。襄公九年，宋災，樂喜爲司城以爲政，……令隧正納郊保，奔火所。杜預注：「隧正，官名也。五縣爲隧，納聚郊野保守之民，使隨火所起往救之。」而〈正義〉則曰：「此隧正當天子之遂大夫。故遂大夫職云：『各掌其遂之正令。』……郊外屬遂者，是郊野保守之民，不可全離所守，司徒令隧正量其多少，納之於國，隨火所起而奔往救之。」

　　以宋國之隧正與魯國之隧正相比，二者名稱完全相同，所爲之事，亦爲掌管徒役，以派遣徒役參與公事。然〈正義〉前後所比況之《周禮》官職卻不相同。於魯國則曰：「隧正，官名當《周禮》之隧人也」；於宋國則曰：「此隧正當天子之遂大夫。」〈遂人〉者，中大夫二人爲之；〈遂大夫〉者，中大夫一人爲之；其職近似，或〈正義〉因此而混淆也。然，顧棟高爲此解釋曰：「各因其所主言之。諸侯兼官，或僅設隧正也。」〔註36〕諸侯之國兼官情形頗爲普遍，依此情形審度之，顧說不無道理。

六、縣人、縣大夫、縣公（魯、衛、晉、楚、宋）

　　縣者，〈地官‧遂人〉之職下曰：「五家爲鄰，五鄰爲里，四里爲酇，五酇爲鄙，五鄙爲縣，五縣爲遂」知縣爲遂之屬，此五區域之長官名稱各有不同；分別是鄰長、里宰、酇長、鄙師、縣正；縣正者，一縣之長也。

　　〈縣正〉之職，各掌「其縣之政令徵比，以頒田里，以分職事；掌其治訟，趨其稼事而賞罰之。若將用野民師、田、行、役、移執事，則帥而至，

〔註35〕《周禮‧地官》卷十五，頁232。
〔註36〕顧棟高《春秋大事表》卷十，頁612～613，景印文淵閣四庫全書第179冊，臺灣商務印書館印行。

治其政令。」〔註37〕

《左傳》中對於各縣之首長稱謂非常紛歧。有稱縣人者；亦有稱爲縣大夫者；而在楚國，則稱爲縣公。

魯國關於〈縣正〉之職，以〈縣人〉稱之。如文公十五年有卞人，杜曰：「卞邑大夫。」襄公十年有郲人紇高舉縣門，抵禦入侵；昭公四年，則有所謂「其藏冰也。……山人取之，縣人傳之。」此對於一縣之首長，皆以〈縣人〉稱之。

衛國縣邑之首長亦稱人，成公二年，新築人仲叔于奚救孫桓子，桓子是以免。杜注：「于奚，守新築大夫。」〈正義〉曰：「大夫守邑，以邑冠之呼爲某人。孔子父，鄹邑大夫。《傳》稱鄹人紇。《論語》謂孔子爲鄹人之子，即此類也。」

晉國在春秋時期諸國中是設縣比較早的國家之一，最早可以追溯到春秋早期，晉滅耿、霍、魏三國，「賜趙夙耿、賜畢萬魏，以爲大夫。」晉國管理縣的長官稱大夫，故耿、魏似可視爲晉國最早設置的縣。晉縣之首長或稱縣大夫、或直接於縣邑之下加大夫二字；亦有稱爲「守」者。

《傳》所見，如僖公二十五年，趙衰爲原大夫，狐溱爲溫大夫。……晉侯問原守於寺人勃鞮。此於原、溫下，直接加大夫，是指一縣之長也。又印證以勃鞮之語，則縣大夫亦可稱「守」也。另尚有逢大夫（宣公十二年）、邢大夫（成公二年）、木門大夫（襄公二十七年）、絳縣大夫（襄公三十年）、任大夫（襄公三十年）鄔大夫、祁大夫、平陵大夫、梗陽大夫、塗水大夫、馬首大夫、孟大夫、銅鞮大夫、平陽大夫、楊氏大夫（昭公二十八年）、溫大夫（哀公二年）、陰地之命大夫（哀公四年）等等。

以上除陰地之命大夫之名稱較爲特別外，其餘皆是在縣邑之下直接稱大夫，明其爲當地之首長也。晉國之縣制，由上述《傳文》來看，其數量十分龐大。周蘇平以爲：「晉縣之主要職能有以下幾方面。一、晉縣設有管理縣政的官吏，縣的長官稱爲縣大夫。其二：縣內發生民事糾紛，縣大夫有責任處理：其三：晉縣有爲國家提供軍賦的義務，同時還駐有一定數量的軍隊。其四：晉縣亦是國家征伐徭役的單位。」〔註38〕

春秋時期，設縣之國家以晉、楚最爲著名。楚縣之首長稱號又異於中原，其稱爲縣公。宣公十一年《傳》曰：「申叔時使於齊，反，復命而退。王使讓之，曰：『夏徵舒爲不道，弒其君，寡人以諸侯討而戮之，諸侯、縣公皆慶寡

〔註37〕《周禮·地官》卷十五，頁237。

〔註38〕詳見周蘇平〈春秋時期晉國的縣制〉頁14。收於《史學月刊》1986年第二期。

人，女獨不慶寡人，何故？』」（卷二十二，頁 384）是楚之縣大夫稱爲「公」
也。杜注曰：「楚縣大夫皆僭稱『公』」楊伯峻則引王引之《經義述聞》曰：「縣
公猶言縣尹也，與公侯之公不同。……襄二十五年《傳》，『齊棠公之妻，東
郭偃之姊也。』杜注曰：『棠公，齊邑大夫。』齊之縣大夫亦稱公，則公爲縣
大夫之通稱，非僭擬於公侯也。」楊伯峻並認爲「王說是也。」〔註39〕

　　楚國之縣，來自於國勢擴張之後，呑併了其它諸侯國後所採取的措施。
其時中原諸國尚採取分封之制，而楚國因爲僻處南方，制度風情不與中原相
同，是以獨特地採用了郡縣制，將呑併之後的諸侯國立縣，並派遣官員爲郡
縣之長，稱爲縣公，建立起直隸于楚中央的地方政權。楚國設縣之最早時間，
見於莊公十八年；所見之縣公，計有下列十四縣。

　　權尹（莊十八年）

　　申公（莊公三十年、僖公二十五年、僖公二十六年、僖公二十八年、宣
公十二年、成公二年、襄公二十六年、哀公四年）

　　息公（僖公二十五年、文公三年）

　　商公（文公十年）

　　期思公（文公十年）

　　沈尹（宣公十二年、成公七年、襄公二十四年、昭公四年、昭公十九年、
昭公二十三年、昭公二十四年、哀公十七年）

　　鄅公（成公七年、昭公十四年、定公四年）

　　析公（襄公二十六年）

　　陳公（昭公八年、昭公十三年）

　　蔡公（昭公十一年）

　　葉公（定公五年、哀公四年、哀公十四年、哀公十六年、哀公十七年）

　　藍尹（定公五年）

　　白公（哀公十六年）

　　武城尹（哀公十七年）

　　以上是楚所見的縣公部分，其中權尹、沈尹、藍尹、武城尹不名「公」
而曰「尹」，是楚國縣公中較爲特別的部分。此諸尹不歸爲其它類職官，而定
爲「縣公」之類者，係依楚有其地及其它諸家之說而論。

　　楚縣公較其它官職特別之處計有下列幾點。

〔註39〕楊伯峻《春秋左傳注》頁 714，源流出版社，民國 71 年。

（一）重要之縣的縣尹由王室公族的成員擔任：如歷任之申公，包括了
鬥班、屈巫、王子牟等。

（二）兼領二縣：昭公十三年，晉叔向說：「有楚國者，其棄疾乎？君陳、
蔡，城外屬焉。」杜預注曰：「時穿封戌既死，棄疾並領陳事。」
則棄疾曾兼領陳、蔡，即一人可以兼領二縣也。

（三）兼掌二官：成公九年《傳》載郿公鍾儀回答晉侯問其族時，說：「泠
人也」，並說：「先人之職官也，敢有二事？」則鍾儀一方面以泠
人為世職，一方面又兼郿公也。

（四）某些縣公之地位極為尊貴：縣公管轄一地縣邑，按理官爵不致太
高；然楚之縣公卻又有可決斷國事者，其典型例子為沈尹與葉公。

沈尹於宣公十二年時，率領中軍葉公自定公五年見諸《傳》以來，地位
愈形重要。如哀公十四年楚子問帥；哀公十六年，平定白公勝之亂，且身兼
令尹、司馬二職；哀公十七年，楚子甚至還向他諮詢令尹的人選。凡此種種，
皆可看出葉公在楚國的地位。而其任葉公一職，自定公五年直至哀公十七
年，最少在二十八年以上，且哀公十六年之時，《傳》載其「老於葉」，知沈
諸梁擔任葉公之職，一直到其老年退休而後止。對於葉公地位之尊貴，《會
箋》曰：「楚之縣尹稱公，可尊可卑，故沈諸梁為葉公，得兼令尹。」〔註40〕

楚縣公這些特性，是其它國家所無的。

宋國縣邑大夫之類僅一見。昭公二十一年：齊烏枝鳴戌宋。廚人濮先向
其獻計曰：「軍志有之：『先人有奪人之心，後人有待其衰。』」……後又勸阻
欲出亡的宋元公。則宋之縣邑大夫亦有軍事裝備，可以助其武事也。

縣邑大夫係掌管一地之縣邑，故可視為等同於《周禮》中之〈縣正〉一職。

《周禮》中〈縣正〉以下大夫一人擔任，亦符合《左傳》中稱守邑者為
守邑大夫也。

以上所見五國之縣正，除晉、楚列國因縣邑的數量龐大，是以縣正別有
特色與職掌外，其餘三國之縣正，則多為參與軍事而見載；此亦是先秦之時
官職多文武不分之證明也。

七、虞　人（魯、齊）

《周禮》有〈山虞〉、〈澤虞〉之官；其掌分別為「掌山林之政令，物為

〔註40〕《左傳會箋》第十一，頁746，竹添光鴻著，天工書局印行，民國77年。

之屬而爲之守禁。……若大田獵，則萊山田之野；及弊田，植虞旗于中，致禽而珥焉。」「掌國澤之政令，爲之屬禁，……若大田獵，則萊澤野；及弊田，植虞旌以屬禽。」此雖分爲山林與川澤，然皆有參與田獵之事，故於《左傳》中但稱〈虞人〉而已；襄公四年，因爲晉侯好田，魏絳勸諫時，所引用周辛甲爲大史時所作之歌，亦名〈虞人之箴〉。其辭曰：「芒芒禹跡，畫爲九州，經啓九道。民有寢、廟，獸有茂草；各有攸處，德用不擾。在帝夷羿，冒于原獸，忘其國恤，而思其麀牡。武不可重，用不恢于夏家。獸臣司原，敢告僕夫。」由此可知，《左傳》中之職區分，不若《周禮》之細密也。

〈虞人〉之官，除周〈虞人之箴〉與魯國三見之外，另只見於齊國。

昭公四年，申豐回答季武子問話時說：「其藏冰也。……山人取之，縣人傳之。」杜預及〈正義〉皆曰此〈山人〉即〈虞官〉也。考《周禮》中〈山虞〉之編制，係以山之大小爲區分標準。每大山中士四人；中山下士六人；小山下士二人，山人或即此掌大中小山官員之謂也。

另，定公八年：林楚御桓子，虞人以鈹、盾夾之；哀公十四年：西狩於大野，叔孫氏之車子鉏商獲麟，以爲不祥，以賜虞人。以上所引三則，〈山人〉當爲虞官之屬；另二虞人，一掌戒備之事；一掌田獵，則虞人平時亦有鈹、盾以武守也。

齊之虞人見於昭公二十年，齊侯田于沛，招虞人以弓，不進。此虞人亦是掌管田獵相關事宜也。

以上見於《左傳》之虞人之官，除魯國一見有武力爲大臣戒備之外，其餘如晉引之〈虞人之箴〉及魯、齊出現之虞人，皆爲掌管田獵相關事宜之官吏，與《周禮》所載之職掌相合。

第三節　《周禮》春官之屬

《周禮》春官系列根據各官的職能，可分成宗伯、禮儀之官、占卜之官、文史、天象之官、音樂之官和掌車旗之官六大類，共六十九種職官。以下依《左傳》中各國所見之〈春官〉系列職官作分析與比較。

一、泠、樂尹、師（周、楚、宋）

《周禮・春官》設有樂師，以下大夫四人擔任，專責「掌國學之政，以教國子小舞。……凡樂官，掌其政令，聽其治訟。」故樂師可說是所有樂官

之長。除樂師之外，又有〈大師〉一職，「掌六律、六同，以合陰陽之聲。」是樂官以「師」稱之，蓋由此來也。《周禮》另亦有磬師、鍾師、鎛師等，分工細詳，諸侯國中或亦有此類樂師，然無一一細分也。

周有樂官名泠州鳩，見於昭公二十一年。係評論周王鑄無射一事，並因此論斷周王弗能久矣。杜預注曰：「泠，樂官；州鳩，其名也。」樂官之名為「泠」，係因黃帝使泠倫自大夏之西、崑崙之陰取竹，斷兩節而吹之，以為黃鍾之宮。故此後樂官便以泠為氏。

楚之樂官有名為「泠人」者，與周朝之稱號相同；又有以「師」字冠於名之上者，此又與晉、鄭相同；再者又有稱為「尹」者，則為楚官獨特之稱呼。

僖公二十二年：鄭文夫人羋氏、姜氏勞楚子於柯澤。楚子使師縉示之俘馘。《周禮·大司樂》云：「王師大獻，則令奏愷樂。」〈樂師〉云：「凡軍大獻，教愷歌，遂倡之。」〔註41〕是戰勝而歸，樂官奏樂愷歌，故使師縉以俘馘示焉。

成公九年，晉侯觀于軍府，見鍾儀。問其族，對曰：「泠人也。」公曰：「能樂乎？」對曰：「先人之職官也，敢有二事？」

泠為樂官之稱已見前述；再依鍾儀之言，則楚之樂官為世襲之職也，故族為泠人之族，後代子孫不敢荒廢祖先之業，皆能克紹箕裘也。樂官稱「泠」者，《左傳》中僅周與楚各一見。

楚樂尹於定公五年一見。《傳》載王將嫁季羋，季羋以曾經受鍾建背負而推辭，故昭王以妻鍾建，並以鍾建為樂尹。杜預於此注曰：「司樂大夫。」

楚國一國之內，對於掌樂之官有三種不同稱呼；彈琴操本國土音者為泠人；示他國夫人以俘馘為師縉；再者又有不明職掌之樂尹。此三者之職掌或有不同也，然資料闕如，無法細分也。樂尹為楚國獨有之官。

宋國之樂師見於襄公十年，時宋平公享晉悼公于楚丘。舞，師題以旌夏。或以為此「舞，師」不應斷句，直以「舞師」之職視之；然細繹《周禮》，舞師之舞，大多在祭祀之時；而樂師之職，則有「饗食諸侯，序其樂事。」且樂師之職亦已含括舞師，是以此《傳文》之「師」當以「樂師」之職較合乎當時情況。

以上三國樂師所出現之情況皆不相同；周之泠州鳩，評論周王鑄無射；楚之鍾儀可以操琴；師縉示以俘馘；宋之樂師於享諸侯時題旌夏以入。雖範圍有廣狹之別，然皆屬於音樂範疇之事。

〔註41〕分見《周禮·春官》卷二十二頁344；卷二十三，頁352。

二、大　師（衛、晉）

「大師」之名在《左傳》頗爲常見，然則實爲二種職官，蓋同名異實也。唯一以掌樂大夫出現之「大師」，只有衛國之記載；另周之大師職掌顯然不同於《周禮》之掌音律之大師；而晉國之師曠，因職掌角色不同於一般之樂工，是以也可以以「大師」視之。

大師在《周禮》中爲掌樂之大夫，其員額有「下大夫二人」，其下並有「小師，上士四人。瞽矇，上瞽四十人，中瞽百人，下瞽百有六十人。視瞭，三百人。」其職爲：「掌六律、六同，以合陰陽之聲。……大祭祀：帥瞽登歌，令奏擊拊；下管，播樂器，令奏鼓。大饗，亦如之。大射，帥瞽而歌射節。大師，執同律以聽軍聲而詔吉凶。大喪，帥瞽而廞；作柩謚。凡國之瞽矇，正焉。」〔註42〕

襄公十四年，孫文子如戚，孫蒯入使。公飲之酒，使大師歌〈巧言〉之卒章。大師辭，師曹請爲之。……公使歌之，遂誦之。

依《周禮》之職掌而觀，大師當是率領樂工從事歌詩；而衛獻公使之歌詩，知大師亦能歌詩也。衛樂官之類雖然僅出現一次，然因其爲大師率所屬在國君宴請大臣時歌誦，故對於其職官與《周禮》之比對，有極其重要的的功能。

大師既辭，師曹又接著應允此項差事，知大師當時率領樂人奏樂誦詩也。晉國之大師，最著名者非師曠莫屬。師曠於襄公十四年首見，杜注：「師曠，晉樂大師子野。」通觀師曠在《傳》中之記載，除音樂之專長外，更因通曉樂音而善於見微知著，由細微處預見結局也。襄公十四年首見時，即評論衛人出其君之因爲「其君實甚」。他以一個智慧者的角度出現，告誡了晉君爲人君者應該有的作爲，這般見識，大不似一個樂師，而是股肱之臣的樣貌。所以，一直到昭公八年，所有有關他的記載，泰半是以一個解惑者的姿態。

如以「鳥鳥之聲樂」而研判齊師其遁；以「臣不心競而力爭，不務德而爭善，私欲己侈」而論公室將卑；將「石言」的原因歸咎爲「宮室崇侈，民力彫盡，怨讟並作」觀諸其所處理的各項問題，顯然更接近「史」的工作。所以季武子使晉後，回魯對諸大夫曰「晉未可媮也」時，即以史趙、師曠並舉，以爲二子可供咨度焉。以大師一個樂官的身份，而能如此恢宏通達，應非常事，而只是師曠個人的一個特例罷了！

〔註42〕《周禮·春官》卷二十三，頁354～358。

三、工、師、瞽矇（魯、鄭、衛、晉）

〈春官〉中之瞽矇爲大師之屬，專門負責掌播鞀、柷、敔、塤、簫、管、弦、歌。諷誦詩，世奠繫，鼓琴瑟。掌〈九德〉、六詩之歌，以役大師」也。或因其爲〈大師〉之屬，故在《左傳》之中，凡樂工之類，多以「師」之職爲氏，如晉之師曠、鄭之師悝、師觸、師蠲等是也。顧棟高曰：「《周禮‧春官‧太師》下大夫二人，小師，上士四人，其下有瞽矇之屬。鄭注云：『凡樂之歌，必使瞽矇爲焉。其賢知者以爲太師少師。〈魯語〉有太師摯，少師陽，而《傳》無之。今以昭九年傳合之〈檀弓〉所載，則是太師以下通謂之工。』」〔註43〕

魯國瞽矇之歌誦詩章，最著名者爲吳季札來聘時，爲之歌各國風謠。季札並由樂工之歌誦中，推測各國之風俗民情。這些歌誦詩篇的樂工，在《周禮》中爲瞽矇所掌；魯國之樂工當亦爲瞽矇也。魯國瞽矇之類職官共三見。

襄公二十八年，叔孫穆子食慶封，慶封氾祭，穆子使工爲之誦〈茅鴟〉。襄公二十九年：吳公子札來聘，……使工爲之歌〈周南〉、〈召南〉。此「工誦〈茅鴟〉」、「工爲之歌〈周南〉、〈召南〉」等，與瞽矇之職「諷誦詩」相合。

又，昭公十七年：日有食之，祝史請所用幣，瞽奏鼓，嗇夫馳，庶人走。〈瞽矇〉職中亦有「鼓琴瑟」一項，與此職務相同。

鄭國之樂師遠近聞名，常以樂師當做賄賂的禮物。襄公十一年：鄭人賂晉侯以師悝、師觸、師蠲；襄公十五年，鄭人納賂于宋，以馬四十乘，與師筏、師慧。知此樂師爲瞽矇者，師慧過宋朝之時，將私焉。其相以朝廷重地而阻止他。師慧則譏諷宋國朝廷無人，「若猶有人，豈其以千乘之相易淫樂之矇。必無人焉。由師慧有相做爲導引；以及其自言「淫樂之矇」，知其爲瞽矇之類，負責歌誦詩篇、鼓琴瑟之類。

衛國之瞽矇在襄公十四年一見。《傳》載孫文子如戚，孫蒯入使。公飲之酒，使大師歌〈巧言〉之卒章。大師辭，師曹請爲之。……公使歌之，遂誦之。

師曹在大師不肯應允歌詩之後，自告奮勇承擔此項工作，知其爲大師之屬也。又，師曹曾經教導過獻公的寵妾琴藝，則樂人除平時演奏之外，偶而也得應付類似此種額外之工作。

晉國樂工之類二見。襄公四年：穆叔如晉，報知武子之聘也。晉侯享之，工歌〈文王〉之三，又不拜。歌〈鹿鳴〉之三，三拜。又，昭公九年：荀盈

〔註43〕《春秋大事表》卷十，頁600。

卒于戲陽。殯于絳，未葬。而晉侯還飲酒作樂。於是膳宰屠蒯遂酌以飲工，並責備其女爲君耳，將司聰也。……女弗聞而樂，是不聰也。」

屠蒯藉著飲樂工酒，說出了樂工除演奏之外，另一個較爲崇高的使命，亦即負有勸諫國君的使命，此已都在原來的權責之外，不屬於職務範圍，而是道德方面的要求了！

工者，樂人也，職爲在外交場合或國君宴客之場合上誦《詩》，《左傳》中僅魯國與晉國有此相同之職務，皆歌詩也。

四、卜正、大卜、卜尹（周、晉、楚、梁）

大卜者，卜官之長也。劉師培曰：「《周禮》言建其正，則正均指長官而言。故牧正、庖正、火正諸官，夏代之時，即有此職。至于周代，厥證尤多，如《周官》僅有太卜，而《左傳》載滕侯之言曰：『我，周之卜正也。』」杜注以卜正爲卜官之長。」〔註44〕

卜正一官，僅一見於周朝。隱公十一年，春，滕侯、薛侯來朝，爭長。薛侯曰：「我先封。」滕侯曰：「我，周之卜正也。」杜預注曰：「卜正，卜官之長。」故此卜正相當於〈春官〉之大卜。大卜以下大夫二人擔任，其下尙有卜師，卜人，龜人、筮人等等。

晉之卜筮人員有卜偃與卜人。其中卜偃屢見於《傳》，身份地位不低，應爲大卜之職也。

閔公元年，卜偃預言畢萬之後必大。杜預於此注曰：「卜偃，晉掌卜大夫也。」《周禮》大卜以下大夫二人擔任，卜師以上士四人擔任，是以知卜偃爲大卜也。

卜偃之事蹟於《傳》中頗多記載，皆與預言有關，如僖公二年，預言「虢必亡矣」、僖公十四年，沙鹿崩，預言「朞年將有大咎，幾亡國。」皆憑藉其卜筮常識，以作預測也。《傳》中關於卜偃的記載，一直到僖公三十二年，使大夫拜文公柩，以擊秦師，總計其在朝時間至少在三十四年以上。所論之事如虢將亡、晉幾亡國、使大夫擊秦師之類，皆是攸關國家興亡之事，故知其職必不低也。

楚國掌管卜筮之人員稱爲開卜大夫，昭公十三年，平王召觀從，讓他選擇所要擔任的工作。結果觀從說：「臣之先開卜。」平王乃使之爲卜尹。

〔註44〕劉師培〈論歷代中央官制之變遷〉頁3304，收於《國粹學報》第二十七期。

所謂「開」者，《周禮・春官・卜師》「掌開龜之四兆。」鄭玄注曰：「開，開出其占書也。」則開有二義，刻龜曰開；取閱卜占書亦曰開。此觀從欲爲卜師之助手；而王予以「卜尹」之職。

〈楚世家〉亦載此事。〈集解〉引賈逵曰：「卜尹，卜師，大夫官。」〔註45〕另，哀公十八年《傳》：「初，右司馬子國之卜也，觀瞻曰：『如志。』」杜注：「觀瞻，楚開卜大夫，觀從之後。」則觀從一家亦世代爲卜師之職。

依楚國之習俗，係由「司馬令龜」（昭公十七年）即在卜龜之前，必須由司馬先報告所欲占卜的事情，楚有多次卜筮，但未必載有人名。

屬於小國的梁國亦有大卜見載。僖公十七年，惠公之在梁也，梁伯妻之，梁嬴孕，過期，卜招父與其子卜之。杜注：「卜招父，梁大卜。」《傳》言卜招父與其子卜之，足見卜官爲世襲之職。

五、卜（魯、鄭、晉、秦）

先秦時代民智未開，一切事務均取決於神明天地，因此在此之時，屬於溝通人神之間的巫者便甚爲盛行，原始氏族中固有所謂「巫師崇拜」，地位相當崇高，堪稱巫者的黃金時代。進入周代以後，隨著文明的進步，鬼神尊嚴日益貶降，憑依鬼神而存在的巫者地位隨之淪降。而因應社會的變遷，分工的細密，商代史官系統中的「卜」、「史」及「工」等官巫，已分走巫者部分職能；周代「祝」、「宗」等神職人員的出現，再奪替巫者不少宗教事務，這也是周巫地位不得不降的原因。

依《周禮・春官》之記載，周巫主要分化爲祝、宗、卜、史、工等五大項。這幾類職官因皆由巫分化而來，實則均爲巫官，彼此之間關係密切，功能有時重覆，故時常連文稱之。如祝宗、祝史等等，凡此，皆可說明其職官事務彼此相關的密切性。〔註46〕

魯國關於卜人之記載，出現十分頻繁。桓公六年，太子出生，特別經過占卜的程序以選擇背負他及爲他哺乳的士與士妻；閔公二年有卜齮其人；閔公二年，成季之將生也，桓公使卜楚丘之父卜之；文公十一年，鄋瞞侵齊，遂伐我，

〔註45〕《史記會注考證》卷四十六，頁2998，司馬遷撰，瀧川龜太郎考證。天工書局印行，民國78年。
〔註46〕參李添瑞《巫及其與先秦文化之關係》，政治大學中國文學研究所碩士論文，民國77年。

公卜使叔孫得臣追之，吉。文公十八年，齊國打算攻打魯國，魯公聞齊侯將死，乃使惠伯令龜，卜楚丘占之；襄公七年，三卜郊，不從，乃免牲。昭公五年，初，穆子之生也，莊叔以周易筮之，遇〈明夷〉之謙，以示卜楚丘。

由以上資料來看，魯國卜筮的事件大抵可以區分為（一）太子及公子之生；（二）敵人入侵之時，占卜敵方狀況；（三）卜郊祀。由戰事與祭祀占有三分之二的比例來看，所謂「國之大事，在祀與戎」仍是春秋之時最好的寫照。而關於這些大事的舉行以及人選的晉用，仍得依賴卜筮決定，則卜筮在此時期，仍有可以左右國家大事的決定權。

而由卜楚丘之父卜成季之將生，以及卜楚丘之占齊侯，知卜人之職，亦為世代相傳，且以職為氏也。

鄭之負責卜筮人員一見，杜預以為其官稱為「開卜大夫」。昭公十八年時鄭國發生大火，全國危機總動員，投入相當多的人力，其中子產便分派「公孫登徒大龜」。杜預注曰：「登，開卜大夫。」

開卜大夫係楚之官名，昭公十三年，楚觀從曰：「臣之先佐開卜。」杜預以楚官名釋鄭官也。

晉所見之卜筮人員除了相當於大卜之卜偃外，尚有卜人。僖公五年，晉獻公欲以驪姬為夫人，卜之，不吉；筮之，吉。卜人曰：「筮短龜長，不如從長。」昭公十一年，叔向向子產問君疾時，亦說：「寡君之疾病，卜人曰『實沈、臺駘為祟』，史莫之知。」的記載，可見在大卜之下，另有其它的卜人。這與《周禮·春官》：所謂「大卜，下大夫二人，卜師，上士四人；卜人，中士八人」的記載相類似，只是無法確定其員額編制究竟為何。而從驪姬事件來看，先卜後筮，似乎皆為卜人所掌，且卜人還能提出「筮短龜長」理由，足見在晉國卜筮並不區分兩個職官來掌理。

秦之卜人一見，且其以筮而不以卜。僖公十五年，卜徒父筮之，吉：「涉河，侯車敗。」對曰：「乃大吉也。三敗，必獲晉君。」

杜注：「徒父，秦之掌龜卜者，卜人而用筮，不能通三易之占，故據其所見雜占而言之。」此卜人不以龜卜，反而以筮之，足見當時卜與筮逐漸有合流趨向，彼此之間的界限並不嚴格。

從各國之掌卜人員來看，春秋時列國之卜官大概有如下幾點特色：

（一）卜為世襲之職：此從魯國卜楚丘與其父、梁大卜卜招父與其子、以及楚觀從因先人為開卜之官，故欲繼承父職可知。

（二）卜與筮在此時已有合流之跡象：如魯國莊叔以周易筮之而示卜楚
　　　丘；秦之卜徒父不以卜而以筮；此種現象可以說明在當時卜與筮
　　　的區分並不嚴格，通曉卜者也可能通曉筮法，反之亦是。

六、筮　史（魯、衛、晉、齊）

《周禮・春官》下有筮人，掌「三易以辨九筮之名，一曰「連山」，二曰
「歸藏」，三曰「周易」。……凡國之大事，先筮而後卜。上春，相筮。凡國
事，共筮。」〔註47〕

魯國關於筮卦之記載有三。閔公二年，成季之將生，先使卜楚丘卜之，
隨後又筮之。襄公九年，穆姜薨於東宮，始往而筮之，遇〈艮〉之八。史曰：
「是謂艮之隨，隨，其出也，君必速出。」又，初，穆子之生也，莊叔以《周
易》筮之，遇明夷之謙，以示卜楚丘。

此《傳》先稱「筮」之；然隨後解答筮之結果者，卻是「史」，故此史者，
可稱筮史也。

衛利用筮法之事二見，昭公七年，孔成子為衛國太子之事，以《周易》
筮之，然後示之史朝，二人並針對卦繇之辭有過一番討論。哀公十七年，衛
侯夢于北宮，見人登昆吾之觀，被髮北面而譟曰……，公親筮之，胥彌赦占
之，曰：「不害。」杜注：「赦，衛筮史。」孔成子及衛侯皆可以親筮，顯見
筮法在當時幾乎是人人能為自己筮得一卦；接下來解讀之部分，則需由專門
之史官來負責了！

晉國記錄利用筮法之事件除上引驪姬事外，尚有閔公元年，晉畢萬筮仕
於晉，遇屯之比，辛廖占之；僖公十五年，晉獻公筮嫁伯姬於秦，遇歸妹之
睽。史蘇占之，曰：「不吉」；僖公二十八年，晉侯有疾，曹伯之豎侯獳貨筮
史，使曰以曹為解；成公十六年鄢陵之戰時，同樣是由晉屬公先筮，史官解
之；哀公九年，晉趙鞅卜救鄭，隨後陽虎又以《周易》筮之。

此先言「筮」後言「史占之」，則筮得卦繇之後，再由史官負責解答也。
而僖公二十八年《傳》載有「筮史」一職，知此時筮與史合流，職能相似。《周
禮》中稱筮人，諸侯之國稱為筮史，蓋名異實同也。

齊國之筮，見於崔武子筮取棠姜一事，武子筮得困之大過，史皆曰「吉」。

春秋列國中利用筮法占卜吉凶者頗為常見；其方法大概可分為兩種。一

〔註47〕《周禮・春官》卷二十四，頁376。

是由卜官筮卦，亦由卜官解答；二是由國君或大臣筮卦，再交由史官解答。是以，若從嚴格意義上而言，《周禮》所謂的「筮人」一職是不見於《左傳》中的；它或與卜官重疊，成為卜官職掌的一部分；或與負責解卦的「史」合而為一，而稱為「筮史」，而無單獨的「筮人」一職存在。

又，《周禮・筮人》中所謂「凡國之大事，先籌而後卜」，與《左傳》中所載恰恰相反。《左傳》中凡是運用卜、筮二種方法以決斷的大事，皆是先卜後筮。如魯成季之生、晉獻公欲以驪姬為夫人、晉文公欲勤周王、晉趙鞅卜救鄭等等，皆運用了卜與筮。然皆是先卜後筮，此與《周禮》中之說法完全不同。且《左傳》中凡卜、筮連言，也皆稱之「卜筮」，不言「筮卜」，國有大事，先卜後筮，蓋為當時之風氣矣。

七、祝、史（魯、鄭、衛、齊、虢、隨）

魯國祝史一見。昭公十七年，夏六月甲戌朔，日有食之，祝史請所用幣。竹添光鴻與顧棟高皆謂「掌祝者謂之祝史。」然魯大史隨後又曰：「祝用幣、史用辭」則祝、史應區分為祝官與史官也，未若如竹氏與顧氏之說。

鄭國亦有祝史一見。昭公十八年之大火，祝史之職為「徙主祏於周廟，告於先君。……郊人助祝史，除於國北，禳火于玄冥、回祿，祈于四鄘。」此祝史既徙主祏，又禳水火，故為掌管祭祀之官。

衛國祝史一見。哀公二十五年，公為支離之卒，因祝史揮以侵衛。此於祝史下加註人名，知祝史為一職也，兼領祝、史之事。

齊國亦有祝、史連文，然卻不若衛國之祝史為一職，而係兩種不同職務。昭公二十年：齊侯疥，遂痁，期而不瘳。梁丘據與裔款認為是祝史之罪，建議誅殺祝固、史嚚。此《傳》記載祝與史之人名，知是兩種不同職官。祝史之獲罪係因梁等自以為「吾事鬼神豐，於先君有加矣」，以此原因欲誅祝史，知事鬼神與先君係祝史之職也。

另外，虢國之祝史亦為二人擔任。莊公三十二年，神居莘，六月。虢公使祝應、宗區、史嚚享焉。此祝、史分別言之，知為二職也。

隨亦有祝史之名。桓公六年，季梁止追楚師，理由是：「上思利民，忠也；祝史正辭，信也。今民餒而君逞欲，祝史矯舉以祭，臣不知其可也。」由其言詞可知，祝史亦以掌祭祀為主要職責。

由以上諸國之例子觀之，所謂「祝史」或為一人兼領二職，如衛之祝史

揮；或為兩種職官連文合稱，如魯之祝用幣、史用辭、齊之祝固、史嚚。既有不同之解讀方式，則《傳》文所載之「祝史」，除非有進一步之說明，否則實在難以斷定究為一種職官？或為兩種職官。

八、祝　宗（魯、衛、宋）

除祝史連文之外，祝宗亦時常連文稱之。

魯國之祝宗一見。哀公十三年，吳國打算囚禁魯國的子服景伯，景伯便以自己長久參加國內的祭事，若不與祭，祝宗將會這個原因歸咎於吳國。

此文對於祝宗究竟為一職或二職，並未交待，故無從查考。

衛國祝宗一見，襄公十四年，衛獻公出亡，在到達邊境的時候，使祝宗向祖宗告亡，且告無罪。

宋國亦有祝宗之連文。襄公九年，宋災，二師令祝宗用馬于四墉，祀盤庚于西門之外。杜預以為祝為大祝；宗為宗人。

依杜預在襄九年之〈注〉，似乎祝宗為二職；然在家臣之類，亦有〈祝宗〉之名，家臣規模不大，不至於有如此周延之編制，或如衛祝史揮一例，為一人兼領二事也。

九、巫（魯、晉、楚）

《周禮》中關於巫的職官，共有三種。分別是司巫：中士二人；男巫無數以及女巫無數，由「無數」二字來看可知在《周禮》之時代，對於巫的需求量非常之高。然而，在《左傳》中所呈現的春秋當時狀況，顯然巫的地位已排在朝官之末流；甚至退出貴族社會，而單活躍於民間。

魯國之巫有三見。莊公三十二年，成季使以君命命僖叔，待于鍼巫氏，使鍼季酖之。此「巫」或為其職也，蓋巫能祈雨、治病，或亦能置人於死。僖公二十一年，夏，大旱，公欲焚巫尪。襄公二十九年有公巫召伯，公巫為複姓，應也是以巫為職官者。

晉國雖亦有巫，然非朝官，而係活躍於民間，並於當地享有盛名者。如僖公十年，狐突因新城之偏的巫者以見太子申生；成公十年，晉景公夢大厲，召桑田巫；襄公十八年，中行獻子見梗陽之巫等，這些巫者，並非如魯國之巫尪或隨國君出使楚國的男巫，係朝廷職官的一部分；相反地，他們只是地方上有名的巫者，是以皆冠以邑名，而不單稱巫。

楚國之巫雖仍冠以邑名，文公十年，初，楚范巫矞似謂成王與子玉、子西曰：「三君皆將強死。」杜注：「矞似，范邑之巫。」則此巫仍非朝官也。

《左傳》中關於巫的記載，僅見於魯、晉、楚三國。其中晉、楚之巫皆為民間巫者性質，並不在朝廷任職；這顯示在商代極為重要的巫覡類人員，到了周代，聲勢已逐漸沒落，退出了朝廷官員的行列。其中，僅存在朝官任職的魯巫，待遇也十分窘迫，當天旱不雨時，即有可能遭受被焚的命運。凡此種種，皆已證明，神鬼巫道在東周春秋之時已經式微，是以《禮記·表記》曰：「殷人尊神，率民以事神，先鬼而後禮；……周人尊禮尚施，事鬼敬神而遠之。」〔註48〕從「先鬼而後禮」到「事鬼敬神而遠之」，正是人道主義抬頭、神道思想衰落的一個最好證明。

十、大　史（周、魯、鄭、衛、晉、齊、邾、虢）

〈春官〉大史編制為下大夫二人、上士四人；其職掌為「掌建邦之六典，以逆邦國之治。掌法以逆官府之治，掌則以逆都鄙之治。凡辨法者考焉，不信者刑之。凡邦國都鄙及萬民之有約劑者藏焉，以貳六官，六官之所登。若約劑亂，則辟法；不信者刑之。正歲年以序事，頒之于官府及都鄙，頒告朔于邦國。閏月，詔王居門終月。大祭祀，與執事卜日。戒及宿之日，與群執事讀禮書而協事。祭之日，執書以次位常，辨事者考焉，不信者誅之。大會同、朝覲，以書協禮事。及將幣之日，執書以詔王。大師，抱天時，與大師同車。大遷國，抱法以前。大喪，執法以蒞勸防；遣之日，讀誄。凡喪事考焉。小喪，賜諡。凡射事，飾中，舍算，執其禮事。」〔註49〕

諸侯國中，設置此官之比例非常之高，計有下列數國。

襄公四年晉魏絳曾對「大史」一職之職責有過描述。其曰：「昔周辛甲之為大史也，命百官，官箴王闕。於〈虞人之箴〉曰：『人有寢、廟，獸有茂草，各有攸處，德用不擾。』」（卷 29，頁 507）此大史，周武王之大史也。大史號令百官，使百官各為箴辭以戒王過，可知大史之職，於文武之時即已設立，同時除了職掌史書之外，也同時負有規勸王過的大責。至於傳文所載有關周

〔註48〕《禮記·表記》卷五十四，頁 915～916。
〔註49〕《周禮·春官》卷二十六，頁 401～403
　　〔註50〕顧棟高《春秋大事表》卷十，頁 596～597。景印文淵閣四庫全書第 179 冊，臺灣商務印書館印行。

室大史者，則如下見。

莊公二十二年，周史有以《周易》見陳侯者，陳侯使筮之。直言周史，知是大史者，《周禮》大史掌書。此以《周易》見陳侯，故知是大史也。哀公六年，是歲也，有雲如眾赤鳥，夾日以飛三日。楚子使問諸周大史。以上所見周朝大史有二，分別掌筮與占候吉凶。

魯國大史計有四見。文公十八年，季文子使司寇出（莒太子僕）諸竟，君問其故，季文子使大史克答君之問。昭公二年，晉侯使韓宣子來聘，且告為政，而來見，觀書於大史氏，見《易》、《象》與《魯春秋》。昭公十七年，日有食之，大史曰：「在此月也，日過分而未至，三辰有災，於是乎百官降物……，祝用幣，史用辭。」哀公十一年，公使大史固歸國子之元，寘之新篋，裹之以玄纁，加組帶焉。

由魯國大史所見載之事務而觀，其大史所負責之事有：（一）職掌書籍，故大史克可以口若懸河、韓宣子可觀書於大史氏；（二）掌曆數：如日食之時，祝用幣，史用辭也。（三）例外事件：如大史固歸齊國子之元，因係偶發事件，不能當一般固定職責論。

鄭國大史二見。襄公三十年，伯有既死，使大史命伯石為卿，辭。大史退，則請命焉。復命之，又辭。如是三，乃受策入拜；昭公元年，鄭伯及其大夫盟于公孫段氏。公孫黑強與於盟，使大史書其名，且曰「七子。」

鄭之大史一掌策命之事，一掌卿大夫會盟之記載，後者與《周禮》所載大史之職文相合；至於大史掌策命，已相當於周內史之職。或是諸侯之國，令大史兼掌內史策命之事也。

衛國大史之出現較為頻繁，閔公二年，狄人囚史華龍滑與禮孔，以逐衛人。二人曰：「我，大史也，實掌其祭。不先，國不可得也。」襄公二十九年，吳公子札適衛，說蘧瑗、史狗、史鰌。昭公七年，孔成子夢康叔謂己：「立元，余使羈之孫圉與史苟相之。」史朝亦夢康叔謂己，史朝見成子而告之夢，夢協。定公十三年，史鰌因公叔文子欲享靈公，而對之曰：「子必禍矣！子富而君貪，其及子乎！」

此四則記載除史華龍滑二人自謂大史之外，其餘皆是以史為氏，顧棟高曰：「《傳》中如史朝、史狗，杜注無明文。《論語》「史魚」，朱子《集註》：「史官名」，或是太史也。」〔註50〕以上衛大史之職責可分成三方面：（一）掌祭。如史華龍滑二人；二、參與立太子之事。如史朝夢康叔謂己立元；（三）預言

禍福。如史鰌論公叔文子將有禍矣。

晉國大史亦有多人。宣公二年，晉大史書曰：「趙盾弒其君」，以示於朝。」昭公二十九年有蔡墨對魏獻子問龍，杜預注曰：「蔡墨，晉太史。」蔡墨亦稱蔡史墨，其曾預言范氏、中行氏其亡乎、爲趙簡子占夢、並預言越其有吳乎等事。則其雖亦稱太史，然則權責區分卻又與前文董狐所責不同。除史墨之外，見諸紀錄的尚有史趙。史趙所爲之事，亦大致與預言之類有關，如論「陳其遂亡乎！」（昭公十一年）、及「必爲魯郊」（昭公十一年）等等，其職務性質類似史墨。然，襄公三十年，季武子歸而語諸魯大夫時，曾說：「（晉）有史趙、師曠而咨度焉」，則史趙殆亦博學多聞之士也。另，哀公九年，亦有史龜；晉趙鞅卜救鄭，遇水適火，占諸史趙、史墨、史龜是也。哀公二十四年，晉師乃還，餼臧石牛，大史謝之，曰：「以寡君之在行，牢禮不度，敢展謝之。」

晉國所出現之大史計有董狐、史墨、史趙、史墨、史龜也。按：《周禮》大史之編制爲下大夫二人、上士四人，故朝中本同時有多位大史任職，只是官階高低不同罷了！晉大史之職掌可分（一）記載國家大事，如董狐書「趙盾弒其君」（二）預言禍福：如史墨預言范氏、中行氏其亡乎、史趙論陳其遂亡乎及晉趙鞅卜救鄭，占諸史趙、史墨、史龜也。（三）隨軍出行，如哀公二十四年，餼臧石牛，使大史謝之。

齊之大史最著名者爲襄公二十五年書曰「崔杼弒其君」一事，其時共殺了三人。此時又有南史氏聞大史盡死，執簡以往，聞既書矣，乃還。此由大史之弟嗣書的動作可以得知，大史之職位亦爲世襲與家傳，蓋兄弟四人皆任職大史，或爵位上高低不同而已。至於南史氏，應同樣負責朝事的記錄，名稱之不同，當是記錄區域的畫分。另，哀公十四年另有大史子餘其人，未載職務。

邾國亦有大史之記載。文公十三年：邾文公卜遷于繹。史曰：「利於民而不利於君。」《左傳會箋》曰：「邾太史，掌龜卜者也。」〔註51〕邾文公既是卜遷都，故知此史官能明爲掌龜卜也。

至於虢國莊公三十二年有史嚚，虢公使之與祝、宗享神。史嚚則又預言虢其亡乎！杜預於此注曰：「史，大史。」

縱觀各國之大史，若以齊、衛大史論之，則史官之職爲家傳性質，至於職掌則有下列幾項。

〔註51〕《左傳會箋》第九，頁640。竹添光鴻著，天工書局印行，民國77年。

（一）職掌書籍：如周、魯。

（二）預言禍福與占候吉凶：周、晉、衛、虢、邾。

（三）掌曆數：如魯。

（四）掌卿大夫會盟之記載：鄭大史。

（五）記載國家大事：如晉、齊。

（六）掌祭：衛。

（七）掌策命之事：鄭。

（八）參與立太子之事：如衛大史。

（九）隨軍出行：如晉。

（十）偶發事件：如魯大史固歸齊國子之元。

　　以《周禮》核之，一～六項皆爲《周禮》所載之職務，至於其它事項，則是各國之特殊狀況了！

　　張亞初、劉雨根據金文和結合文獻，則對大史的職掌有以下的描述：「1. 助王策命、賞賜；2. 命百官官箴王闕；3. 保存整理文化典籍 4. 爲王之助手和顧問。概括講，大史掌管西周王國的文書起草，策命諸侯卿大夫，記載國家之大事，編著史冊，管理天文、曆法、祭祀之事，並掌管圖書典籍。他是一種兼管神職與人事，觀察記載社會動態和自然現象的職官。……春秋戰國時期，王室之大史，迄今尙未見于銘文，目前我們見到的只有諸侯之大史，例如蔡大史（蔡大史盂）、齊之大史（齤鎛）、莒大史（齤大史申鼎）等。西周時期在銘文中只見有王室之大史，而東周時期諸侯都設有大史，于此亦可諸侯僭越、王室興衰之一般。」〔註52〕

十一、左　史（晉、楚）

　　《周禮‧春官》有太史、小史、內史、外史、御史。凡五史而無左右之名。《禮記‧玉藻》載曰：「動則左史書之；言則右史書之。」熊安生〈疏〉云：

> 《周禮》大史之職云，大師抱天時，與大師同車。又襄三十五年《傳》曰：「大史書曰：『崔杼弑其君。』」是大史記動作之事，在君左廂記事，則大史爲左史也；按《周禮》內史，掌王之八枋，其職云：「凡命諸侯及孤卿大夫，則策命之。僖二十八年《左傳》曰：「王命內史叔興父策命晉侯爲侯伯」，是皆言語之事，是內史所掌，在君之右，

〔註52〕張亞初、劉雨《西周金文官制研究》頁 27，北京中華書局印行。

故爲右史。是以〈酒誥〉云：「矧大史攴、内史友。」鄭注：「大史、內史掌記言記行，是内史記言，大史記行也。」此論正法，若其有闕，得交相攝代。故〈洛誥〉「史逸命周公伯禽。」服虔注：「文十五年《傳》云：『史佚，周成王大史』，襄三十年：『鄭使大史命伯石爲卿。』皆大史主爵命，以内史闕故也。」以此言之，若大史有闕，則内史亦攝之。按〈覲禮〉，賜諸公奉篋服，大史是右者，彼亦宣行王命，故居右也。此論正法，若春秋之時，則特置左右史官。故襄十四年，左史謂魏莊子；昭十二年，楚左史倚相。〈藝文志〉及〈六藝論〉云：「右史記事，左史記言，與此正反，於傳記不合，其義非也。」〔註53〕

熊氏此以大史爲左史；内史爲右史也，顧棟高及竹添光鴻皆持相同看法。左史之官，於十三經中，僅見於《禮記》與《左傳》。而於《左傳》之中，於晉國一見；楚國二見。至於右史，亦僅《禮記》一見而已。不過，在金文中，王室倒是有「右史」之職。張亞初、劉雨曰：「〈利殷〉銘文云：『王在管師，錫右史利金。』受賞者利，其職爲右史，據文獻記載，周代有左史、右史之稱，但在西周銘文中，右史僅此一見。右史是記言之史官，是内史的別名，由此看來，這種職官也相當古老。」〔註54〕

襄公十四年，欒黶乃歸，下軍從之。左史謂魏莊子曰：「不待中行伯乎？」杜注：「左史，晉大史也。」此左史隨軍出征也。而《晉書・職官志》曰：「著作郎，周左史之任也。」〔註55〕

楚之左史前後共有二人見載於《傳》。昭公十二年，左史倚相趨過，楚靈王曰：「是良史也，子善視之！是能讀三墳、五典、八索、九丘。」哀公十七年，楚子問帥於大師子穀與葉公諸梁。子穀曰：「右領差車與左史老皆相令尹、司馬以伐陳，其可使也。」

倚相博聞強記，能知古今之興廢，此爲史者之特色；至於左史老可以領軍，則或者是楚國官制之特色也。

晉、楚之左史除倚相仍爲典型博學多聞的史者之外，其餘二位皆與軍事有關，此又不單純只是記載史事之職責了！

〔註53〕《禮記・玉藻》卷二十九，頁545。
〔註54〕張亞初、劉雨《西周金文官制研究》頁30～31，北京中華書局印行。
〔註55〕《晉書・職官志》卷二十四，頁1327。唐・房玄齡、褚遂良等撰，上海古籍出版社印行。

十二、巾　車（魯、晉）

《周禮・春官》巾車以下大夫二人、上士二人、中士八人、下士十有六人為之，其職為：「掌公車之政令，辨其用與其旗物而等敘之，以治其出入。」鄭注此曰：「車官之長。」〔註56〕巾車之官，僅見於魯與晉。

哀公三年，魯國桓廟、僖廟發生火災。……子服景伯至，命令校人乘馬，巾車脂轄。

鄭子產在襄公三十一年相鄭伯如晉，其回憶文公主政之時，對於賓客的車子是「車馬有所，賓從有代，巾車脂轄。」

魯、晉同樣見有巾車之官，且皆以「巾車脂轄」為句，知二國有相同之職官，且皆掌管保養車輛，以動物性油脂塗抹車軸兩頭之鍵，使車行順利也。此與《周禮》所載相同。

十三、都宗人（魯、鄭、虢）

宗人在《周禮》中分都宗人及家宗人，分別掌都及家之祭祀。都宗人以上士二人、中士四人擔任。其職為「掌都祭祀之禮。凡都祭祀，致福于國。正都禮與其服，若有寇戎之事，則保群神之壝。國有大故，則令禱祠；既祭，反命于國。」〔註57〕都宗人之職，於列國間僅單稱「宗人」，見於魯、鄭及虢國。

魯哀公二十四年，哀公欲以公子荊之母為夫人，使宗人釁夏獻其禮。宗人既掌都邑之禮，故知立夫人之禮，亦由宗人掌之。

鄭原繁於莊公十四年曰：「先君桓公命我先入典司宗祏。」杜注：「宗祏，宗廟中藏主石室。言己世為宗廟守臣。」顧棟高謂此當是宗人之官，章炳麟《左傳讀》亦曰：「此為宗人之官也，……原繁于昭穆正是厲公之伯父，非泛稱也。……大夫家宗老用同姓，則諸侯之宗人亦當用同姓。」〔註58〕

除魯、鄭之外，虢亦有宗人之記載。莊公三十二年，神居莘，六月。虢公使祝應、宗區、史囂享焉。《左傳》中甚多以職為氏之例子，其中不乏沿先人之氏，而當時已未任職者；此因虢公使三子享神，知其當時必為現職也。故杜注：「祝，大祝；宗，宗人；史，大史。」三子皆以職為氏；應、區、囂則為其名。此祝、宗、史三職皆掌祭神，知三職之性質相近，故《左傳》中

〔註56〕《周禮》卷二十七，頁413。
〔註57〕《周禮・春官》卷二十七，頁422～423。
〔註58〕章炳麟《春秋左傳讀》頁195，學海出版社印行，民國73年。

屢有祝史、祝宗等之連文稱謂。

魯、鄭及虢國宗人之職，所掌不外祭祀與禮儀，其職責敘述與《周禮》相合。

十四、家宗人（魯、鄭、晉）

《周禮・春官》家宗人之職，有上士二人，中士四人。職為「掌家祭祀之禮。凡祭祀，致福。國有大故，則令禱祠，反命；祭亦如之。掌家禮與其衣服、宮室、車旗之禁令。」〔註59〕

《左傳》中家宗人之職，計有魯、晉及鄭。

魯國見諸《傳》者有叔孫氏之宗人。昭公二十五年，平子有異志，冬十月辛酉，昭子齊于其寢，使祝宗祈死。

襄公二十二年，鄭公孫黑肱有疾，召室老、宗人立段。此室老者，家宰也；宗人者，家宗人也。不論是國或卿大夫之家，決定繼承人選皆是一件非常重要的事，故必須由總管事務之家宰以及負責禮儀之宗人在場也。

晉有范氏之祝宗。成公十七年，昔范文子反自鄢陵，使其祝宗祈死。」杜注：「祝宗，主祭祀祈禱者。」

第四節 《周禮》夏官之屬

夏官職官系列共設有七十職官，根據各官的職能，可分成大小司馬、掌政法、政令之官、掌地理之官、掌車馬、兵器之官、掌捕養、訓練禽獸之官、掌禮儀之官、掌警衛、偵察之官等等。今依《左傳》中各國所見，條列如下。

一、大司馬（魯、鄭、楚、宋、陳、蔡）

《周禮・夏官》大司馬以卿一人擔任；其下並有小司馬、軍司馬、輿司馬、行司馬等等。大司馬所掌之職極為繁複，大抵以軍事為主，負責在四季訓練軍隊等等。

各國所見之司馬，唯宋國分大小；今依前面各節之例，於無分大小司馬之國家，將其司馬皆視為大司馬。

魯國司馬二見。昭公四年，杜洩稱叔孫為司馬，與工正書服；哀公十一

〔註59〕都宗人與家宗人之職掌見《周禮・春官》卷二十七，頁422-423。

年，將戰，吳子呼叔孫，曰：「而事何也？」對曰：「從司馬。」司馬本身無掌策動之事，倒是其屬司士，有掌群臣之政，亦以德詔爵，以功詔祿之職掌。再者，由哀十一年可知，叔孫世爲魯國司馬。

鄭國之司馬爲六卿之列，襄公二年、襄公十年俱有子國爲司馬的記載，其兩次之排名雖然不同，然皆高於司空、司徒之上，而在當國之下；顯見鄭國司馬之官位頗爲尊貴。另外，昭公十八年，鄭國大火時，司馬司寇列居火道，行火所焮。

此一則救火；一則禁盜也；同時隨時注意大火的動向，以備隨時救火。此爲非常時期之職責。

楚國司馬之地位僅次於令尹，襄公三十年《傳》曰：「司馬，令尹之偏，而王之四體也。」此正是司馬一職在楚國之地位。

楚之司馬或稱大司馬，如襄公二十五年，「蔿掩爲司馬」；襄公三十年，《傳》載：「楚公子圍殺大司馬蔿掩。」同一人，而或稱司馬、或稱大司馬，足見爲同官之異稱。同樣稱「大司馬」者，尚有襄公十五年之蔿子馮。

楚司馬之出現非常頻繁，詳見本文〈楚職官〉部分。楚司馬之職掌以軍事佔最大部分，故司馬帥師侵伐之文屢見不鮮；然從《傳》文之載，可發現楚之司馬偶而也負責部份內政之事，今略述楚司馬除軍事之外的其它職掌。

（一）與令尹同時供太子諮詢

成公九年，鍾儀謂共王之爲大子也，師、保奉之，以朝于嬰齊而夕于側也。此側即司馬子反，由太子早晚向令尹、司馬請教之舉動來看，顯然二者擔負有教誨太子、或提供太子諮詢的義務。

（二）爲夫人寧

襄十二年，秦嬴歸于楚，楚司馬子庚聘于秦，爲夫人寧。這是楚司馬較特殊的職務，當也是臨時性質，非常態也。

（三）令　龜

昭十七年：司馬子魚曰：「楚故，司馬令龜，我請改卜。」所謂「令龜」即在卜之前告以所卜之事也。此爲楚國慣例。值得一提的是，《左傳》中尚記載另外一件「令龜」之事，對象是魯國的叔仲惠伯。在魯國，叔孫氏世爲司馬，兩位司馬同時擔任「令龜」之職，實在是太巧合了！魯國或許也有此種慣例。

（四）政治改革

襄公二十五年，楚蒍掩爲司馬，子木使庀賦，數甲兵。於是蒍掩從事了一系列的改革活動，包括：

（一）調整土地的使用計劃

（二）將各類土地以其肥瘠而分等級，並因其收入之多寡而課稅。

（三）在必要的地方修堤，築池或鑿井。

（四）開始徵收車馬稅。

（五）將國家軍隊分成車兵、步兵和甲兵三種。

從此五項內容看，其改革內容可分兩部分，即治賦與治兵，也就是重訂財政、經濟政策與重編軍事指揮系統。〔註60〕

（五）司馬可由令尹兼任

哀公十六年，沈諸梁因白公勝之亂而兼令尹、司馬；亂事平定之後，乃使寧爲令尹，使寬爲司馬，而老於葉。葉公在非常時期以令尹兼司馬，於楚國僅此一見，亦是特例。

楚國於司馬之下，另設左右司馬，以茲輔佐。

宋國司馬之職除分成大小司馬之外，同樣也是資料繁多，今敘其特性，然少司馬僅一見；其餘之司馬，或言大司馬、或單稱司馬，皆爲大司馬之謂也。另，宋司馬亦或稱司武，蓋武、馬古同音，且司馬執掌武事，故又稱司武也。

《傳文》所載之宋國司馬資料繁多，雖多新職之發佈，未涉及職掌，然亦有部分《傳》文記錄其行誼，頗合乎《周禮》之記載者。今除去單敘職掌者，略述宋司馬之職掌。

1. 宋大司馬曾位列執政之尊位：如隱公三年，宋穆公託孤於大司馬孔父、僖公十九年子魚以大司馬之職執掌政權、昭公二十二年，宋公使公孫忌爲大司馬，名列新職中第一之位。

2. 參與軍事：如僖公二十二年宋公及楚人戰于泓，司馬子魚曾對戰局提出建議。

3. 參與會盟：如文公十五年，華耦與魯盟，且其官皆從之。故書曰：「宋司馬華孫」。

4. 掌車馬甲兵：如襄公九年，宋災，任司馬的皇鄖命校正出馬，工正出

〔註60〕文崇一《楚文化研究》頁 77。東大圖書公司出版，民國 79 年。

車。

5. 掌會同薦羞之事：如襄公二十七年：宋人享趙文子，叔向為介，司馬置折俎。

6. 幫助平定國內亂事：如哀公十四年，桓魋之亂時，司馬請瑞，以命其徒攻桓氏。

司馬掌軍事，固各國皆同；然掌會同薦羞之事，則為首見。類似此種資料，對於釐清各官職掌，及辨別春秋官制與《周禮》之對應，非常有助益。

陳國司馬一見，襄公二十五年，鄭子展、子產帥車七百乘伐陳。陳侯扶其太子偃師奔墓，遇司馬桓子，曰：「載余！」司馬桓子則以「將巡城」之理由拒絕。

敵人入侵，故掌管軍事的司馬也必須巡邏城池也。同時，子產又使「司馬致節」，可知司馬掌管軍事，亦掌管軍事相關之符節。

蔡國亦有司馬公子燮見於襄公八年及襄公二十年、然僅敘其官，未言其職。從襄公八年到襄公二十年，則公子燮擔任司馬之職最少在十三年以上。

由上列諸國司馬所掌，可得出下列幾點結論：

（一）列國司馬之地位均甚高。如魯國叔孫世為司馬，與孟孫、季孫常掌國政；鄭國司馬兩次排名於當國之下、而位於司空、司徒之上；宋之大司馬則有三次執政之記錄，以及楚國之司馬為令尹之偏，這些司馬在本國內之地位，非首即次，總體而言，是極具影響力的。

（二）各國之司馬仍以軍事為主，如楚國司馬、宋國司馬，均有帥師或隨軍之記載，另如平定國內亂事、掌節、巡城、掌車馬甲兵、甚至司馬握節以死之類，亦因其為掌軍事之故。

（三）司馬掌會同薦羞之事，此與《周禮》所謂「大會同，則帥士庶子掌政令。大祭祀，饗食，羞牲魚」相合。

（四）楚蒍掩施行的政治改革中，治賦與治兵皆在《周禮》大司馬之職掌之內。

（五）其餘如魯司馬策勳、楚司馬令龜、為夫人寧、宋司馬參與會盟等等，則較屬於個別事件，並非常職。

二、候（周、晉、楚）

《周禮》候人以上士六人、下士十有二人擔任，各掌其方之道治與其禁

令。

　　以設候人。若有方治，則帥而致于朝，及歸，送之于竟。」〔註61〕則候人爲道路迎送賓客之吏，《詩經・曹風・候人》毛傳云：「候人，道路送迎賓客者。」〔註62〕是也。

　　候人亦曰候，襄二十一年《傳》「使候出諸轘轅」、〈周語〉中「候不在疆」〔註63〕是其例。《左傳》中「候」之官僅見於周、晉、楚；而於晉國，或稱候奄、或稱候正。

　　周朝有「候」之稱謂。襄公二十一年，欒盈過于周，周西鄙掠之，王使候出諸轘轅。賈公彦《候人・疏》並引此《傳文》爲證，知二者之職掌相合也。

　　晉國類於候人之官，共有候正、候奄、斥候三種稱呼，皆於軍中任職。成公二年，司馬、司空、輿帥、候正、亞旅皆受一命之服；成公十八年，張老爲候奄；襄公三年，士富爲候奄，襄公十一年，赦鄭囚，納斥候；禁侵掠。

　　此候官大抵納於中軍之下，蓋負責軍中偵探諜報之偵察兵也，候正或爲偵察兵之長。又由張老由候奄晉升爲中軍司馬一事來看，候奄之職僅次於軍司馬也。

　　楚之候人一見。宣公十二年，隨季對楚曰：「今鄭不率，寡君使群臣問諸鄭，豈敢辱候人？」此候人爲伺候望敵者，與晉之斥候同，隨季既出此言，則隨國或亦當有候人之官也。

　　觀列國之候，其職與《周禮》所謂「各掌其方之道治與其禁令」與「及歸，送之于竟」之敘述相合。

三、僕大夫、正僕人（晉、楚）

　　《周禮・夏官》大僕之職，以下大夫二人擔任。職爲：「掌正王之服位，出入王之大命。掌諸侯之復逆。王視朝，則前正位而退，入亦如之。」

　　類似太僕之職，於晉國有僕大夫、於楚國則有正僕人。

　　成公六年，韓獻子將新中軍，且爲僕大夫。公揖而入，獻子從公，立於寢庭。杜預注「僕大夫」曰：「大僕也。」並於「寢庭」下注曰：「路寢之庭。」

〔註61〕《周禮・夏官》卷三十，頁460。
〔註62〕《毛詩正義》卷七，頁268。十三經注疏本，藝文印書館印行。
〔註63〕《國語・周語》卷二，頁67，韋昭注，漢京文化事業有限公司出版，民國72年。

－327－

〈正義〉曰:「《禮·玉藻》云:『君日出而視之,退適路寢聽政。』知寢庭是路寢之庭也。沈氏云:『大僕職云:「王視燕朝,則正位掌擯相。」鄭注云:「燕朝,朝於路寢之庭。」韓獻子既爲僕大夫,故知寢庭,路寢之庭也。』

楚之大僕稱爲正僕人,昭公十三年:蔡公使須務牟與史猈先入,因正僕人殺大子祿及公子罷敵。〈正義〉曰:「大僕也。」〈夏官〉大僕下有小臣、祭僕、隸僕等屬,故大僕即僕人之長也。

晉、楚之大僕顯見皆是宮廷內之屬員,故韓獻子從公於寢庭;楚僕人正可導引殺害太子也。

四、御、御士（周、魯、晉、楚、宋）

御僕爲〈大僕〉之屬,有下士十二人,掌群吏之逆及王之燕令。《左傳》中或單稱「御」、或稱「御士」,職皆同於御僕也。

周朝御士兩見,僖公二十四年:頹叔、桃子遂奉大叔以狄師攻王。王御士將禦之。杜預注曰:「《周禮》,王之御士十二人。」《周禮》無御士之官,唯有御僕,且編制正如同杜預所言,故知杜預所指,即御僕也。另,襄公三十年,單公子愆期爲靈王御士。

魯國御僕一見,昭公四年,仲與公御萊書觀於公。

杜預注曰:「萊書者,公御士名。」《周禮·夏官》有御僕,「掌群吏之逆,及庶民之復,與其弔勞。大祭祀相盥而登,大喪持翣,掌王之燕令,以序守路鼓。」〔註64〕

晉國僕人三見,僖公二十四年,初,晉侯之豎頭須,求見。公辭焉以沐。謂僕人曰:「沐則心覆,心覆則圖反,宜吾不得見也。……」僕人以告,公遽見之;襄公三年:魏絳至,授僕人書,將伏劍。此兩位僕人皆負責傳達內外之消息。亦即類似《周禮》所言,掌國君燕居時各項命令之傳遞也。另,襄公三十一年,子產亦言晉文公在位時,「諸侯賓至,甸設庭燎,僕人巡宮」也。

楚國亦有御士,襄公二十二年,子南之子棄疾爲王御士。杜注:「御王車者。」周之御士爲王禦敵,楚既僭王號,或亦仿周之御士以設之也。

宋國御士一見,昭公二十一年,華貙爲少司馬,華多僚爲御士,與貙相惡。杜注:「公御士。」

御士之職,除周朝記載爲王禦敵外,其餘率皆未敘其職,然皆爲國君身

〔註64〕《周禮·夏官》卷三十一,頁478。

邊親近之臣也，故與《周禮》所言，掌王之燕令頗爲類似。

五、御戎、右（魯、鄭、衛、晉、楚、隨）

〈夏官〉戎右一職以中大夫二人擔任；掌「戎車之兵革使，詔贊王鼓，傳王命于陣中」。戎僕之職亦爲中大夫二人；「掌馭戎車，掌王倅車之政，正其服。犯軷，如玉路之儀。凡巡守及兵車之會，亦如之。掌凡戎車之儀。」是戎右及戎僕皆爲戎事之時，在國君之側及駕御戎車之臣也。《左傳》中言戎右者，大多簡稱爲右；言戎僕者，則大抵謂之「御戎」。

魯國參與之軍事較少，國君也鮮御駕親征，是以戎僕及戎右之記載，僅有一則。莊公九年，秋，師及齊師戰于乾時，我師敗績，公喪戎路而歸。秦子梁子以公旗辟于下道，是以皆止。此秦子及梁子即爲魯公戎路之御及戎右也。

鄭國戎右及戎僕之官見於成公十六年，六月，晉楚遇於鄢陵。……石首御鄭成公，唐苟爲右。……唐苟謂石首曰：「子在君側，敗者壹大，我不如子，以君免，我請止。」乃死。唐苟與石首分別出任鄭成公之御與右。從最後唐苟對石首所說的話可知，戎僕與戎右二者爲國君的貼身護衛，必要時，得以自己的生命換得國君的安全。另，襄公二十四年，晉侯使張骼、輔躒致楚師。求御於鄭，鄭人卜宛射犬，吉。子大叔戒之曰：「大國之人不可與也。」對曰：「無有眾寡，其上一也。」

唐苟曰：「我不如子」，宛射犬曰：「無有眾寡，其上一也。」這兩段話都顯示了御者之地位，在於車右及車左之上。是以《傳》文在敘述戎僕及戎右之時，皆以戎僕置前，而戎右置後。

衛之戎僕、戎右僅閔公二年與狄戰之時，衛懿公親征一見。閔公二年，狄人伐衛，渠孔御戎，子伯爲右，黃夷前驅，孔嬰齊殿。

晉國是所有諸侯國中，戎僕與戎右之資料出現最爲頻繁者，蓋晉爲伯主，或分災、或討罪，甚或擴張領土，皆需以武力爲後盾，是以軍事活動頻繁，而晉侯也屢屢御駕親征也。

晉國首見之相關資料爲桓公三年之「曲沃武公伐翼，次于陘陘庭，韓萬御戎，梁弘爲右。」杜預注曰：「御，戎僕也；右，戎車之右。」又，文公七年〈正義〉曰：「諸言御戎、爲右，皆是君之御右。」晉戎右及戎僕資料，詳見〈晉職官〉一節，今略敘其職責。

（一）戎右、戎僕本職爲戰時之車右與駕御戎車，至於不作戰的時候則

有訓導屬下之責。

（二）戎右戎僕爲所有御者之長。

成公十八年，《傳》載：「弁糾御戎，校正屬焉，使訓諸御知義。荀賓爲右，司士屬焉，使訓勇力之士時使。」知「御戎」是諸御之長，平日有訓導屬下崇尙節義之任務。〈正義〉曰：「《周禮·大御》，御官之長也。別有戎僕，掌御戎車。春秋征伐之世，以御戎爲重，此御戎當是御之尊者。」

戎右之官，亦爲統領之長，是以荀賓爲右，使訓勇力之士時使，亦即訓練勇力之士，使其皆能共時之使，不致違令也。

楚雖亦常有軍事活動，然君王出征之比例，不較晉國爲高，故戎僕、戎右出現機率亦較少。宣公十二年，楚子爲乘廣三十乘，分爲左右。右廣雞鳴而駕，日中而說；左則受之，日入而說。許偃御右廣，養由基爲右；彭名御左廣，屈蕩爲右。杜注曰：「楚王更迭載之，故各有御、右。」是楚子鎮日親臨戰場，方有二御二右也。

另，成公二年，王卒盡行，彭名御戎，蔡景公爲左，許靈公爲右。君弱，皆強冠之。〈正義〉曰：「諸云御戎，皆御君之戎車，此言彭名御戎，知王戎車亦行也。……令蔡許二君居王車上，當左右之位，若夾衛王然。」又，成公十六年，彭名御楚共王，潘黨爲右。

由楚子以蔡侯、許男爲左右之事而觀，楚子氣燄之囂張，由此可見。

隨亦有戎右見載。桓公八年，戰于速杞。隨師敗績。隨侯逸。鬬丹獲其戎車，與其戎右少師。此既有戎車及戎右，則必有戎僕以御戎車也。少師原以輔佐君王或太子爲主要職責，然此又任戎右，則隨之職官亦文武不分也。

綜觀以上諸國戎僕、戎右之職，可歸納其職之特性如下。

（一）戎僕、戎右爲諸御、諸右之長。

（二）戎右、戎僕本職爲戰時之車右與駕御戎車，至於不作戰的時候則有訓導屬下之責。

（三）戎僕之職在於戎右之上。

戎右、戎僕之官，魯、鄭、衛、晉、楚、隨皆有。

六、校人、校正（魯、晉、宋）

〈夏官·校人〉以中大夫二人、上士四人、下士十有六人擔任；主要職責爲掌王馬之政、辨六馬之屬。《左傳》中魯、晉、宋皆有此官，唯魯稱校人，

晉、宋稱校正，然皆主馬之官也。

魯哀公三年，桓、僖災。……子服景伯命校人乘馬，巾車脂轄。公父文伯則命校人駕乘車。此處傳文二次提到校人一職，前者「乘馬」；後者「駕乘車」，與《周禮》相合。

晉國則稱校正，成公十八年，弁糾御戎，校正屬焉，使訓諸御知義。杜注：「校正，屬馬官也。」則校正亦類於校人，或爲校人之長。

襄公九年，宋災之時，「皇鄖命校正出馬」，此校正亦主馬。且其工作性質與魯國校人之職在火災時之職務雷同，知晉、宋之校正即《周禮》及魯所謂「校人」也。

七、圉　人（魯、晉、宋）

《周禮・夏官》有「圉人」一職，掌「養馬芻牧之事，以役圉師。」員額爲「良馬匹一人，駑馬麗一人。」故國內有多少馬，則有多少圉人也。

魯國在莊公三十二年有圉人犖，杜預注曰：「圉人，掌養馬者。」定公八年，又載孟氏選圉人之壯者三百人，以爲公期築室于門外。由圉人中尚可挑選出健壯者三百人，可見原有的圉人編制，一定倍於三百人，由此亦可知，當時對於馬匹的依賴與重視。

晉於襄公三十一年，敘述隸人、牧、圉各瞻其事，百官之屬各展其物。是亦有圉人。

襄公二十六年，宋國左師見夫人之步馬者，問之。圉人歸，以告夫人。此圉人者，即爲夫人溜馬者也。

以上諸國所見之圉人性質相同，皆掌管養馬之事也。除此之外，齊國家臣之類亦有圉人，可見卿大夫之家，亦馴養馬匹也。

第五節　《周禮》秋官之屬

《周禮・秋官》系列，共設官職六十六種，根據各官的職能特點可分爲司寇、掌刑禁之官、掌獄訟之官、掌供牲畜野獸之官、掌捕凶猛禽獸之官、掌消毒除害之官、掌外交禮儀之官等七類。

《左傳》中各類屬的職官，以〈秋官〉、〈多官考工記〉所見數量最少；或因此二職官系列爲掌刑法、掌百工之事，較無關乎國家民生大事，是以見

載於《傳》的機率相對減低。或因「禮不下庶人，刑不上大夫」〔註65〕之考量，朝廷官員既以有德者任之，其觸犯法律規條者自然減少，當然無須爲此多費筆墨也。

秋官之長爲司寇，《周禮》中分大、小司寇，諸侯國中，唯宋國分大、少司寇，是以其它各國之司寇，亦即等同大司寇也。

一、大司寇（周、魯、鄭、衛、晉、齊、楚、宋、唐）

《周禮》大司寇卿一人，小司寇中大夫二人，大司寇之職爲：「掌建邦之三典，以佐王刑邦國、詰四方。一曰刑新國用輕典；二曰刑平國用中典；三曰刑亂國用重典。」至于小司寇之職，則曰：「以五刑聽萬民之獄訟，附于刑，用情訊之，至于旬，乃弊之，讀書則用法。」

周司寇一見，莊公二十年，冬，王子頹享五大夫，樂及徧舞。鄭伯聞之，見虢叔曰：「寡人聞之，哀樂失時，殃咎必至。今王子頹歌舞不倦，樂禍也。夫司寇行戮，君爲之不舉，而況敢樂禍乎？」此言司寇行戮，知司寇是刑官也。

魯國司寇之職頗爲常見，孔子甚至也曾擔任魯國司寇一職。文公十八年：季文子使司寇驅逐因殺害國君來奔的莒太子僕；宣公十八年，臧孫許逐東門氏，杜預注曰：「許，其名也，時爲司寇，主行刑。」襄公二十一年，季孫謂臧武仲曰：「子盍詰盜？子爲司寇，將盜是務去，若之何不能？」定公元年，孔子之爲司寇也，溝而合諸墓；定公十二年，公山不狃、叔孫輒帥費人以襲魯，仲尼命申須句、樂頎下，伐之，費人北。

由此諸事見魯司寇之職掌，則分別有：（一）逐不義之人出境、（二）整治盜賊、（三）助攻伐及掌國君墓祀之事。

以上除孔子「溝而合諸墓」之事外，其餘與《周禮》職官相合。

鄭國司寇二見。昭公二年，子產喝令公孫黑「不速死，司寇將至。」此逼其自縊，免遭司寇行刑也。昭公十八年，鄭國大火，子產使司寇出新客，禁舊客勿出於宮。司馬司寇列居火道，行火所焮。司寇於此救火行動中，共兩見，一是出新客，禁舊客；另則與司馬居於火道之旁，以備隨時救火。火災乃極爲危急之事，故必須清理道路，限制閒雜人等的行動，大司寇之職曰：「凡邦之大事，使其屬蹕」，即此之類也。

衛司寇二見。昭公二十年：衛公孟縶狎齊豹，奪之司寇與鄐。有役則反

之，無則取之。齊豹既爲司寇，又同時擁有官邑，則一般衛國大臣除本職外，亦皆擁有自己本身的封邑，平時也負擔一些國家之徒役工作。哀公二十五年，衛出公之入也，奪南氏邑，而奪司寇亥政。此言奪其政，奪其官之謂也。

晉司寇一見，或是因爲軍政合一，軍中自有司馬、軍尉等掌賞罰之官員，是以在平常之行政系統中，司寇之官，即較少出現。襄公三年魏絳上書於晉侯曰：「臣之罪重，請歸死於司寇！」杜注：「致尸於司寇使戮之。」司寇，國之司法官，故魏絳曰請歸死於司寇。

齊國在成公十八年有「慶佐爲司寇」之記載。慶佐者，慶克之子也，此時尚非大夫。襄公二十一《傳》曰：「齊侯使慶佐爲大夫，復討公子牙之黨，執公子買于句瀆之丘。」是慶佐於成公十八年爲司寇後，至襄公二十一年始爲大夫也。則齊之司寇可以非大夫之爵者任之；然慶佐爲大夫後，「討公子牙之黨，執公子買」則仍屬於刑官之範疇，則此時應仍擔任司寇之職。

楚國掌刑之官稱爲司敗，亦即中原國家司寇之官。文公十年，子西曰：「臣免於死，又有讒言，謂臣將逃，臣歸死於司敗也。」宣公四年，箴尹克黃使於齊，遂歸，復命，而自拘於司敗。杜預注曰：「陳楚官名，司寇爲司敗。」〈正義〉曰：「言歸死於司敗，主刑之官司寇是也。《論語》有陳司敗，知陳楚同此名也。」「臣歸死於司敗」之語法與襄公三年晉魏絳曰「歸死於司寇」意思及用法相同，知司敗亦即司寇也。

宋武公之世時宋國即有司寇見諸《傳文》。自此之後，宋之司寇或區分大、少司寇；或又以單一司寇稱之。此節所敘，以大司寇爲主。

《左傳》所敘之宋司寇，亦以新職分布爲主；鮮少敘其職掌。唯一可論者，僅爲襄公九年宋災之時，各官的謹其職守。當時以樂遄庀刑器，故知其爲刑官之司寇也。至於少司寇之設立，僅見於成公十五年及昭公二十年。

唐國主刑之官，亦謂之「司敗」，與楚相同。定公三年，唐人自拘於司敗，曰：「君以弄馬之故，隱君身，棄國家。群臣請相夫人以償馬，必如之。」

司寇之官，在周、魯、鄭、衛、晉、齊、宋皆有，至於楚、唐，則稱爲司敗；二者性質相同，皆屬刑官性質。《傳》所載司寇或司敗之官，絕不見主動刑罰大臣者，其見諸於《傳》者，皆是臣子願意自拘、或是歸死。此與所謂「禮不下庶人，刑不上大夫」頗能相合。

以上各國司寇所負責之事務，包括（一）行戮、（二）逐不義之人出境、（三）整治盜賊、（四）助攻伐及掌國君墓祀之事、（五）火災等意外時，使

其屬躲、（六）庀刑器。其中尤以掌刑法之事爲最多，知《左傳》所載之司寇職掌與《周禮》相合也。

而就金文來看，張亞初、劉雨說：

> 卜辭中找不到關於司寇的任何蹤跡，甚至連寇這個字在甲骨文中也沒有發現。……春秋時期銘文中有虞司寇伯吹壺、魯少司寇埡孫宅盤等器。這幾件器都是列國之器，據少（小）司寇之稱看，當然也有大司寇存在，但大小司寇之稱卻不見於西周銘文。司寇的記載，在西周銘文中僅見三條，而且記載很簡單。……對於司寇，我們想指出下面三點：1. 在西周的銘文中，我們發現，主管國家和地方政務的經常是“參有嗣”，即司徒、司馬、司空。這與《周禮》所講的六卿（冢宰、司徒、宗伯、司馬、司寇、司空）的情況不符，司寇的地位似乎並不十分重要。2. 南季鼎講南季是幫助俗父司寇的助手，俗父即伯俗父和師俗父，曾見于川晨鼎、永盂和五年衛鼎等器。……從上述的比較可以看出，伯俗父的地位是第六或第七位，如果井伯還不是王朝最高的職官，那麼，師俗父的地位就更低了！3. 從揚般看，嗣工（空）可以兼理嗣寇之事。……也就是說，其他大大小小的職官都可以受理訟罰之事。

以上這些說明什麼問題呢？郭沫若先生指出：「以司空而兼司寇，足證司寇之職本不重要，古者三事大夫僅司徒、司空而不及司寇。」郭先生的這段話可以作爲我們上述分析的一個結語。〔註66〕

所謂司寇之職本不重要，在於《左傳》中所見也確是如此。

二、大士、士（衛、齊）

〈秋官〉之屬有〈士師〉一職。其職爲「掌國之五禁之法，以左右刑罰：……以五戒先後刑罰，毋使罪麗于民，……掌官中之政令。察獄訟之辭，以詔司寇斷獄弊訟，致邦令。」除此之外，尚有鄉士、遂士、縣士、方士、訝士、朝士等，各掌不同區域有關獄訟之事。鄭玄云：「士，察也。主察獄訟之事者。」〔註67〕此即大士爲治獄官之由來也。《左傳》中類似士師之官者，有衛之大士。

僖公二十八年：衛侯與元咺訟，甯武子爲輔，鍼莊子爲坐，士榮爲大士。

〔註66〕張亞初、劉雨《西周金文官制研究》頁24～25，北京中華書局印行。

〔註67〕見《周禮・秋官》卷三十四，頁510及相關職文。

杜注：「大士，治獄官也。《周禮》命夫命婦不躬坐獄訟，元咺又不宜與其君對坐，故使叔鍼莊子爲主，又使衛之忠臣及其獄官質正。」

　　齊國主獄之官，則以名職冠於人名之上，成公十八年有士華免。成公十八年，齊爲崔氏之難故，甲申晦，齊侯使士華免以戈殺國佐於內宮之朝。孔穎達曰：「杜世族譜於齊國雜人之中有華免，而無士字。此〈注〉以華免爲大夫，則士者，爲士官也。官掌刑，故使殺國佐也。」此因華免受命殺國佐，知爲士師之類刑官也。士師掌刑罰，齊單稱「士」；衛則稱之爲「大士」。《傳》中僅二國有士之官見載。

三、行　人（周、魯、鄭、衛、晉、秦、吳、陳、巴）

　　〈秋官〉大行人以中大夫二人、小行人以下大夫四人擔任；大行人掌大賓之禮及大客之儀，以親諸侯；小行人掌使邦國賓客之禮籍，以待四方使者。凡四方之使者，大客則擯，小客則受其幣而聽其辭，使適四方，協九儀賓客之禮。

　　周行人一見，襄公二十一年，欒盈過於周，周西鄙掠之。辭於行人曰：「天子陪臣盈，得罪於王之守臣。」此行人爲聽賓客之申訴，《會箋》以爲小行人〔註68〕。然大小行人皆有受其幣而聽其辭之職，《左傳》中又不見行人區分大小，或當時行人不分大小矣。成公十三年，公如京師，宣伯欲賜，請先使，王以行人之禮禮焉。

　　魯國行人見於魯文公四年；衛甯武子來聘，使行人私焉。又昭公六年，晉侯享季孫宿，有加籩。武子退，使行人告曰：「小國之事大國也，苟免於討，不敢求貺。」

　　鄭國行人最著名者無疑爲子羽，其爲鄭國專職之行人。襄公二十四年，鄭行人公孫揮如晉聘，程鄭問焉；此爲專任行人出使。關於子羽之事略尚有襄公二十九年隨鄭伯爲楚康王送葬，並評論王子圍；襄公三十一年，衛北宮文子論行人子羽曰：「公孫揮能知四國之爲，而辨於其大夫之族姓、班位、貴賤、能否，而又善爲辭令。」昭公元年，楚公子圍聘于鄭，伍舉爲介。鄭人使行人子羽與之言，使館於外。昭公元年，晉叔向出，行人揮送之。昭公十八年：火作，子產辭晉公子、公孫于東門，……三日哭，國不市，使行人告於諸侯。

　　衛行人見於《經》、《傳》者爲襄公十八年及定公七年《經》，然此二則所載，皆是兼官之行人，非專職也。唯一一專職行人見于哀公十二年，衛人殺

〔註68〕《左傳會箋》第二十一，頁1141～1142。

吳行人且姚而懼，謀於行人子羽。杜注：「子羽，衛大夫。」

晉國行人之職亦區分專職與兼官。襄公四年，穆叔如晉，報知武子之聘也。……韓獻子使行人子員問之；襄公八年，（鄭）乃及楚平，知武子使行人子員對王子伯駢曰：「君有楚命，亦不使一个行李告于寡君，而即安于楚；襄公二十六年：秦伯之弟鍼如晉修成。叔向命召行人子員。行人子朱曰：「朱也當御。」三云，叔向不應。子朱怒，曰：「班爵同，何以黜朱於朝？」此爲專職之行人也；且由子朱之言可知，晉國之行人係以輪班當值之方式處理所屬職務，故行人之員額必在二人以上也。

除了平日使節之往來溝通之外，戰時也需互派使節傳達訊息。故成公十六年，欒鍼見子重之旍，請曰：「……今兩國治戎，行人不使，不可謂整。」知在戰場上，行人亦負有傳達訊息之責任。戰場上之行人或由其它職官兼任，如宣公十二年，彘子以爲隨季回答楚少宰之語諂，使趙括從而更之，曰：「行人失辭。」此時隨季本職爲上軍帥，因臨時接待楚少宰，並與之應對，故稱之行人也。

軍中行人之往來亦見於秦國。文公十二年，秦行人夜戒晉師曰：「兩君之士皆未慭也，明日請相見也。」此秦國行人末著姓名，知兩軍對陣當中，亦派遣行人以互通消息也。

吳國行人三見。成公七年，巫臣請使於吳，賓其子狐庸焉，使爲行人于吳。巫臣及其子的行人之職，不僅負溝通往來之責，甚且還擔負起教導軍事之責任，其職權可謂廣矣。定公四年，伍員爲吳行人以謀楚。哀公十二年，初，衛人殺吳行人且姚而懼。

陳行人見於昭公八年《經》、《傳》：楚人執陳干徵師殺之。

巴國則在桓公九年，巴子使韓服告于楚，請與鄧爲好。楚子使道朔將巴客以聘於鄧，鄧南鄙鄾人攻而奪之幣，殺道朔及巴行人。

依上列各國行人之職，可歸納出春秋之時行人職責的特性。茲細分如下：

（一）於本國之內接待外國使者：如衛甯武子來聘，魯文公使行人私焉；鄭行人子羽接待楚公子圍；晉叔向出，鄭行人揮送之；晉知武子使行人子員對王子伯駢；穆叔如晉，韓獻子使行人子員問之等。

（二）於本國內聽取外國臣子之申訴：如周行人。

（三）平日單獨出使他國：如鄭行人公孫揮如晉、陳干徵師如楚、巴韓服如楚等。

（四）隨國君或大臣出使：如季孫宿如晉，晉侯享之，有加籩。武子退，

使行人告；鄭子羽隨鄭簡公爲楚康王送葬等。

（五）行人出使至他國，國君必有禮焉：如魯宣伯欲賜，請先使，王以
　　　行人之禮禮焉。此宣伯雖爲兼官之行人，然王以行人之禮禮焉，
　　　說明行人出使至他國時，必有賞賜。

（六）國有大災時，使行人告於諸侯：如鄭大火，行人告於諸侯。

（七）兩軍對陣之時，亦有行人互通往來：如欒鍼曰：「今兩國治戎，
　　　行人不使，不可謂整」；晉隨季於軍中答楚少宰及秦行人夜戒晉
　　　師等。

（八）掌籌畫對付敵國之策略，如吳行人伍子胥謀楚。

（九）國內行人之職，係輪流當值。如晉行人子朱當御，而叔向卻命召
　　　行人子員也。《周禮·大行人》有中大夫二人；小行人有下大夫四
　　　人。知此官職並非以一人當之，而係輪流當值。

（十）優秀的行人必須具備的條件：（一）知四方諸侯之政令；（二）了
　　　解各國大夫之族姓、爵位、貴賤以及是否具備才幹；（三）必須善
　　　爲辭令，鄭子羽因具備了這些條件，所以他才能成爲春秋時代最
　　　爲優秀的一位行人，就連孔子也曾讚譽過他。〔註69〕

以上一至六點，皆可見於《周禮》大小行人之職，至於七至十點，則係
歸納《傳》文所得，或爲特殊事件，如伍子胥事；或爲在實際施行上的儀式
細節，甚至一位優秀的行人所須具備的條件，均可與《周禮》所載互爲補足。

另外，值得注意的則是，行人之官，有專官亦有兼官。專官者，如行人
子員、行人子朱、行人子羽；兼官者，其在本國皆另有本職，行人乃其臨時
兼職，如隨季本職爲上軍帥而在軍陣中回答楚少宰；宋樂祈本職爲司城出使
晉；鄭良霄爲司徒，而出使楚；皆爲兼官也。這些兼任行人之職官，職位皆
不低，蓋因關係國家利害，必需派遣職級較高之官員出面斡旋折衝也。

第六節　《周禮》冬官之屬

《周禮》原有〈冬官司空〉篇，但劉歆校書時，此篇早已亡佚。然根據
〈天官·小宰〉之職曰：「以官府之六屬舉邦治：一曰天官，其屬六十，掌邦
治，大事則從其長，小事則專達。二曰地官，其屬六十，掌邦教，大事則從

〔註69〕《論語·憲問》卷十四，頁124。十三經注疏本，藝文印書館印行。

其長，小事則專達。三曰春官，其屬六十，掌邦禮，大事則從其長，小事則
專達。四曰夏官，其屬六十，掌邦政，大事則從其長，小事則專達。五曰秋
官，其屬六十，掌邦刑，大事則從其長，小事則專達。六曰冬官，其屬六十，
掌邦事，大事則從其長，小事則專達。」〔註70〕可見在《周禮》最初的構想
中，即有冬官一類；只因篇帙亡佚，遂不能復見。漢代曾有人以千金懸賞求
取而不得，便依此記載，以〈考工記〉代替。現存〈冬官考工記〉列有工匠
三十職，分爲攻木、攻金、攻皮、設色、刮摩、摶埴六類。

一、司空、司城 _{（魯、鄭、晉、宋、陳、曹）}

〈冬官〉亡佚後，冬官之長的司空之職，也遂不能得知；然檢索《周禮》，
其中司空之名共有三見，或可補其職文也。這三則記載分別是〈地官・鄉師〉
之職曰：「大役，則帥民徒而至，治其政令；既役，則受州里之役要，以考司
空之辟，以逆其役事。（卷十一，頁174）〈地官・司救〉之職：「凡民之有邪
惡者，三讓而罰，三罰而士加明刑，恥諸嘉石，役諸司空。」（卷十四，頁214）
〈秋官・大司寇〉職曰：「以嘉石平罷民，凡萬民之有罪過而未麗于法而害於
州里者，桎梏而坐諸嘉石，役諸司空。」（卷三十四，頁517）

觀以上三則記載，司空之職皆與役作相連，蓋因司空主事之故也。故凡
需從事體力勞役之作，皆交由司空統一發派，此當即司空一職原本之職責也。

據張亞初、劉雨檢索金文，發現：「司空一職在西周銘文中均作嗣工；東周
銘文則有作嗣工或嗣攻的，但從未見有寫成嗣空的，可見典籍上的司空之空應
是工字的同音假借。……工字初文見于早期卜辭作δ，是夯築工具的象形字。
司工即司管工程之意。所以司工與土木建築工程確有一定關係。」〔註71〕《後
漢書・百官志・司空》云：「掌水土事，凡營城起邑，浚溝洫，修堤防之事，則
議其利建其功。凡四方水土功課，歲盡則奏其殿最而行賞罰。凡郊祀之事，掌
掃除樂器，大喪則掌將校復土，凡國有大造大疑諫爭與太尉同。」〔註72〕此所
言雖是東漢的制度，但東漢的制度是因襲前代的制度而設置的，從中當然可以
窺知早期司空職掌的一些情況。

再檢視其它典籍，亦可見出有關〈司空〉之相關內容。

〔註70〕見《周禮・天官》卷三，頁42。
〔註71〕張亞初、劉雨《西周金文官制研究》頁23，北京中華書局印行。
〔註72〕《後漢書・百官志》卷三十四，頁838。范曄著，上海古籍出版社印行。

　　《禮記‧曲禮下》曰：「天子之五官，曰司徒、司馬、司空、司士、司寇，典司五眾。」〈王制〉：「司空執度度地，居民山川沮澤，時四時。量地遠近，興事任力。凡使民：任老者之事，食壯者之食。」〈月令‧季春〉：「是月也，命司空曰：時雨將降，下水上騰，循行國邑，周視原野，修利隄防，道達溝瀆，開通道路，毋有障塞。田獵罝罘、羅網、畢翳、餧獸之藥，毋出九門。」〔註73〕

　　從《禮記》之相關記載，知司空所職之事，即有關山川沮澤、量地遠近、以及修利隄防、道達溝瀆，開通道路，毋有障塞等相關事務。而《左傳》襄公三十一年，鄭國子產壞晉館垣以納車馬，在回答晉國詢問時，亦曾說：「司空以時平易道路。」（卷四十年，頁 687）諸多記載並陳而觀，司空負責之事已有一明確範圍矣。

　　以下即討論《左傳》所載各國司空之職。《傳》中計有魯、鄭、晉、宋、陳、曹等六國設立司空；其中宋因武公之名司空，故廢司空之職，而改以「司城」之職代之；曹國因毗鄰宋境，亦以司城代司空也。

　　魯國司空之職二見；隱公二年，司空無駭入極。昭公四年，杜洩曰：「孟孫為司空以書勳。」無駭以司空之職帥師，蓋由於春秋之時，文職、武職尚無畫分，是以掌政者，亦多兼將帥之職；至於書勳一事，則異於《周禮》。

　　司空之職，在鄭國僅一見，即連大火之時，都未見子產分派給予臨時工作。

　　襄公十年，於是子駟當國，子國為司馬，子耳為司空，子孔為司徒。其與當國、司馬並稱為執政之三士，則仍在執政集團之內；若依排名順序看，則在司馬之下、司徒之上。然此後未見鄭司空之記載，或是未設此職矣。

　　晉世為盟主，征伐諸國，卿以軍將為名，故司空已非卿官。成公二年、襄公十九年論賞賜時，司馬、司空皆僅受一命之服，故非卿官也。晉之司空出現頗為頻繁。

　　莊公二十六年，士蒍為大司空，城絳。文公二年，穆伯會諸侯及晉司空士縠盟於垂隴。成公二年，司馬、司空、輿帥、候正、亞旅皆受一命之服。成公十八年，右行辛為司空，使修士蒍之法。襄公三十一年，鄭子產曰：「文公之為盟主也，司空以時平易道路。」

　　由上述記載可知，晉之司馬、司空皆為大夫，只受一命之服。有軍事之時，

司空隨軍處理土木相關事宜，故可以與有軍功而受賞；平日則於國內處理相關土木道路之事，故士蒍城絳；右行辛為司空，修士蒍之法；司空以時平易道路也。

宋以武公名為司空，故廢司空為司城，是以宋之司城即相當於他國之司空也。

宋之司空仍屬於執政集團，是以每次更換新職，皆序列司空；通常司空之職，在宋國排名第五，如文公七年，公子蕩之為司城；文公十六年，蕩意諸為司城，死之，文公即位，使母弟須為司城；成公十五年，公孫師為司城。此皆位在左師、右師、司徒、司馬之下，序列第五。

另，宋國司城亦有執政之時。如襄公六年，司城子罕曰：「同罪異罰，非刑也。專戮於朝，罪孰大焉？」亦逐子蕩。子罕此時為司城，但卻能主張驅逐子蕩，是以司城當國也。子罕自襄公六年為政，其後屢見諸《傳》文記載。如襄公十五年，鄭尉氏、司氏之亂，其餘盜在宋。司城子罕以堵女父、尉翩、司齊與之，良司臣而逸之。襄公二十七年，向氏欲攻司城；襄公二十九年，宋饑時，貸而不書，並為大夫之無者貸。是以晉叔向曰：「鄭之罕，宋之樂，其後亡者也。」故子罕執政長達二十年之久，其來有自。

孔穎達對於宋國以司城執政，曾提出他的看法：「宋國之法，當右師為政卿。今言司城為政卿者，蓋宋以華閱是華元之子，以元有大功，使閱繼其父耳。子罕賢知，故特使為政，齊任管夷吾、魯任叔孫婼，皆位卑而執國政，此亦當然也。」

子罕之後，昭公二十七年，有司城子梁，即樂祁也；哀公二十六年，又有樂筏以上卿為司城，與三族盟曰：「三族共政，無相害也！」此司城為上卿之爵，並仍舊與三族共政，則司城之權力，至此時略衰。綜觀宋國司城之權責，約可自下列三點言之。

（一）平定國內亂事：如襄公六年司城子罕逐子蕩；哀公二十六年大尹之亂時，司城參與逼使大尹奔楚之事。

（二）非常事故之時，主持應變之措施：如襄公九年：宋災時，樂喜為司城，分派所有的人從事救災之工作。襄公二十九年，宋饑時，貸栗於民。

（三）引渡他國亂臣：如襄公十五年：鄭尉氏、司氏之亂，其餘盜在宋。司城子罕以堵女父、尉翩、司齊與之，良司臣而逸之。

　　陳國司空一見，襄公二十五年，鄭子產入陳，後數俘而出。祝祓社，司徒致民，司馬致節，司空致地，乃還。此所謂司徒、司馬、司空者，皆陳原有職官也。此言司空致地，知司空所掌，乃與土地之相關事宜。

　　曹國之司空亦名司城。哀公七年，曹鄙人公孫彊因好弋而有寵，使爲司政。此公孫彊原爲鄙人，後爲司城，並以此職位聽政。《會箋》曰：「曹國近宋，故倣宋司城之名。其曰聽政，蓋政卿也。」〔註74〕此以鄙人而爲政卿，亦春秋時之特例也。

　　從以上諸國之例可歸納出下列幾點：

　　（一）司空（司城）在各國之爵位不一；晉以之爲大夫；宋、曹則不但以之爲卿，並且曾經執掌國政。

　　（二）司空掌管土地相關事宜：晉士蔿城絳、右行辛沿其法；司空並以時平易道路；陳國司空致地；這幾個例子可以證明司空掌管土地相關事宜。

　　（三）其它事件：如魯司空帥師、書勳；宋司空執政之後的掌管國家大事，皆非一般司空之職，或可以特例視之。

　　沈長雲在〈談古官司空之職——兼說《考工記》的內容及作成時代〉一文中說：

　　　　微諸文獻，凡先秦及漢初古籍，多言司空主土，不言其主百工。《禮記・王制》：「司空執度度地，居民山川沮澤，時四時，量地遠近，興事任力。」《大戴禮記・千乘篇》：「司空司冬，以制度制地事。」這兩處說，司空拿著度丈量地之遠近。其所興之事，所任之力，當然都關乎土地事宜。《尚書・堯典》：「伯禹作司空。帝曰：「俞，咨禹，汝平水土，惟時懋哉。」大禹作舜的司空，所主之事爲「平水土」，故《詩經》屢言各地高山大川，「惟禹甸之」。……《左傳》定公四年：「聃季授土，陶叔授民」這是敘說周初分封之事。左氏在同一年並記：「武王之母弟八人，周公爲太宰，康叔爲司寇，聃季爲司空。」授土的聃季爲司空，亦證司空之職主土。……類似的例子還可以舉出一些，這些文獻眾口一辭，都說司空主土，絕不言司空管理百工。記載司空管理百工的文字，在眞正屬於先秦的古文獻中，

─────────

〔註74〕《左傳會箋》第二十九，頁 1922，竹添光鴻著，天工書局印行，民國 77 年。

似乎一條也難找到。〔註75〕

就《左傳》所見，的確看不出司空掌百工之例子；再就《周禮》而言，其所載的司空，所管轄者為充配勞役之人；也非具有各項技藝的百工之類。汪中文從金文中之所見，司空亦曾有「掌營建土木之事，如：〈揚簋〉：『嗣徒單伯內右揚，王乎內史先冊令揚，王若曰，揚，乍嗣工，官嗣彙田甸罕嗣立罕嗣茨罕嗣寇罕嗣工司。』……是皆可證"司空"職主百工營建之事也。」〔註76〕這樣的論證，與《左傳》中所見是相同的。

二、匠　人（魯、晉、衛）

〈冬官‧考工記〉》匠人之職文曰：「匠人建國，水地以縣，置槷以縣，視以景，為規，視日出之景與日入之景，晝參之日虫之景；夜考之極星，以正朝夕。」並有營建都城、修築溝洫等職責。〔註77〕《左傳》中魯、衛、晉、等國曾見匠人之記載。襄公四年，魯匠慶為小君之喪，向季孫請木，季孫曰：「略」，匠慶用蒲圃之櫃，季孫不御。

杜曰：「匠慶，魯大匠。」此大匠所掌之事，則是為小君製作棺木。

衛國於哀公二十五年有司徒期因三匠與拳彌以作亂，皆執利兵，無者執斤。此三匠各掌何職，《傳》未明言，但從執斤以為武器來看，則所從事必是器具製作一類，才需要斧斤之類的工具。

成公十七年，晉厲公遊於匠麗氏。《左傳會箋》曰：「諸匠多以匠冠名，如匠慶之類，此蓋氏匠而名麗者。」〔註78〕此以職為氏也，亦未詳掌何工藝。

以上三國所見，除魯國部分敘其職掌之外，其餘二國則付之闕如。從衛國匠人執斤、魯匠慶製棺槨而觀，春秋當時之匠人似乎也統括木匠而言，亦即〈冬官考工記〉所謂「攻木之工」也。

第七節　家臣類

春秋時代政治性的君臣關係可分為兩個系統。一個是根據封建禮法與基

〔註75〕沈長雲〈談古官司空之職——兼說《考工記》的內容及作成時代〉頁209～210，收於《中華文史論叢》1983年第三期。

〔註76〕汪中文《兩周官制論稿》頁54，復文圖書出版社出版，民國82年。

〔註77〕《周禮‧冬官》卷四十一，頁642。

〔註78〕《左傳會箋》第十三，頁942。竹添光鴻著，天工書局印行，民國77年。

於社稷意識所建立的正式君臣關係；另一個則是純粹建立在君臣之間的個人關係，而具有個人私有性的君臣關係，在此系統下的「臣」，我們可稱之爲「私臣」，如大夫階層的家臣就是春秋時代最龐大的私臣集團。〔註79〕

　　《左傳》中所見載的家臣集團爲數不多，僅零星見之，且其制亦相當於一般正式的職官制度，今試論之。

一、家　宰（魯、衛、宋）

　　卿大夫之家有龐大家臣，猶如國家有一完整的臣僚制度，是以在卿大夫之家，家臣之長稱之爲家宰；亦或有稱爲家老者，二者意義相同。

　　魯國文公十八年有叔仲氏之家宰，在叔仲死後，奉其帑以奔蔡，既而復叔仲氏。又，成公十七年，施氏卜宰，匡句須吉，施氏之宰有百室之邑，匡句須卻將家宰之位與都邑皆讓與鮑國。

　　衛有家宰之卿大夫見於石碏、齊氏、北宮氏及孔氏。隱公四年，石碏使其宰獳羊肩殺石厚于陳；昭公二十年，齊氏之宰渠子召北宮子，北宮氏之宰不與聞，謀殺渠子，遂伐齊氏，滅之；哀公十五年，良夫與太子入，如孔氏。孔氏之老欒寧問之，稱姻妾以告。

　　晉國之家臣類職官，較少見諸於《傳》，家宰類僅有欒氏之宰。襄公二十一年，桓子卒，欒祁與其老州賓通，幾亡室矣。此言老者，室老也，意同家宰，皆爲卿大夫家臣之之長。

　　齊國大夫之家宰二見。襄公二十五年，齊莊公之弒，侍漁者申蒯退謂其宰曰：「爾以帑免，我將死。」其宰曰：「免，是反子之義也。」與之皆死；昭公八年：七月甲戌，齊子尾卒。子旗欲治其室，先殺其宰梁嬰，又立子良氏之宰。其臣曰：「孺子長矣，而相吾室，欲兼我也。」授甲，將攻之。

　　宋之家宰見於華閱及樂祁之家；襄公十七年，宋華閱卒，華臣弱皋比之室，使賊殺其宰華吳；定公六年，宋樂祁言於景公曰：「諸侯唯我事晉，今使不往，晉其憾矣。」樂祁告其宰陳寅。陳寅曰：「必使子往。」又曰：「子立後而行，吾室亦不亡。」

　　由以上諸家宰之職權來看，家宰不僅管理主人家的大小事務；同時也相當於一位諮詢者的角色，專門爲其主人提供各種意見。而從叔仲氏之家宰奉

〔註79〕劉紀曜〈公與私──忠的倫理內涵〉頁182，收於《中國文化新論・思想篇二》聯經出版事業公司。

其帑奔蔡、並復立叔仲氏、石碏使其宰獳羊肩殺石厚于陳、侍漁者之宰兵家俱死及宋陳寅建議樂祁立後之例而觀，知卿大夫家興盛衰亡，與家宰可說是休戚相關，家宰必得盡全力維繫這個家族的不至滅絕。再從施氏之宰的例子來看，家宰在當時所受的待遇亦相當優厚，或許這正是家宰對於主人竭盡其力以效忠的一個極大因素。

這種私臣性的效忠，可由私臣與其君主之間的關係說起。因為規範私臣的政治倫理，不是基於社稷意識的「忠」，而是基於個人關係的「不貳」。所謂「不貳」，即無有二心，亦即專心一意毫無保留的服從君主，為君主奉獻、服務。因此，私臣與其君主之間的倫理標準，並非社稷之利，而是君主私家之利，兩者之間是個人性的恩義之結合，故講求服從與奉獻。〔註80〕從這樣的角度來看這些家宰與君主的禍福相倚，確是相當適當的。

二、縣　宰（魯、晉）

春秋之時，除了君主有各地之都邑外，朝中的卿大夫，也各有自己的采邑。在這些采邑裡，卿大夫可自行任命采邑之首長，或稱為宰、或稱為縣人。

魯國三桓勢力最為龐大，是以其私邑之宰，也屢見於《傳》。如襄公七年有南遺為費宰；定公五年，子洩為費宰；定公八年：成宰公斂處父；定公十二年，仲由為季氏宰；哀公十四年，成宰公孫宿。

晉國則有所謂「柏人」。哀公五年，范氏之臣王生惡張柳朔，言諸昭子，使為柏人。杜注：「為柏人宰也。」則柏是范氏之私邑，故可自行委派縣宰也。

顧棟高曰：「宰本家臣之名，而邑長亦稱宰。〈正義〉曰：『公邑稱大夫，私邑稱宰』；然昭二十六年傳：『成大夫公孫朝』，是私邑亦稱大夫；哀八年傳，『王犯嘗為武城宰』，是公邑亦稱宰也。」

三、圉　人（魯、齊）

魯國卿大夫家圉人一見。定公十年：武叔既定，使郈馬正殺侯犯殺公若，弗能。其圉人曰：「吾以劍過朝，……則可殺也。」杜預注曰：「武叔之圉人」。

齊國卿大夫家圉人二見。襄公二十七年：崔子怒而出，其眾皆逃，求人使駕，不得；使圉人駕，寺人御而出。襄公二十八年，陳氏、鮑氏之圉人為優。

〔註80〕劉紀曜〈公與私──忠的倫理內涵〉頁184，收於《中國文化新論・思想篇二》聯經出版事業公司。

卿大夫家圉人本職爲養馬，然於此所見，則非其本職也。蓋以事例特殊而見書。

四、豎（魯、衛）

《周禮・天官》有「內豎」之職，家臣亦有。

昭公四年，魯國穆子召其徒使視牛，遂使爲豎。有寵，長使爲政。豎原本只爲「掌內外之通令」，然牛爲穆子所寵，故可以以「豎」而掌叔孫之家政也。

昭公二十五年，公若泣而哀之，將爲之請，平子使豎勿內，日中不得。

衛國於哀公十五年有孔氏之豎渾良夫長而美，孔文子卒，通於內。太子在戚，孔姬使之焉。太子與之言曰：「苟使我入獲國，服冕、乘軒，三死無與。」

以上所言三則之豎，除平子之豎係掌通內外消息，與《周禮》之職相同外；其餘牛與渾良夫皆因爲豎之職而握大權，可見親近權力中心的人，往往能憑藉優勢，獲得較好的升遷管道。

五、侍　人（齊、宋）

襄公二十七年，崔子怒而出，其眾皆逃，求人使駕，不得；使圉人駕，寺人御而出。此寺人者，猶是奄士，御者逃逸，故崔子使宦官爲御也。

昭公二十一年，宋元公使侍人召司馬之侍人宜僚，飲之酒，而使告司馬。侍人者，寺人也，以上二例可證卿大夫之家亦有寺人一類之官職其性質當同於國君之寺人。

第八節　其它類屬

本章前七小節，以精簡之方式概括原文，以便於各國職官之異同比較。除了可凸顯各國在設官分職上的用心不同外，並可瞭解各國官制在與《周禮》相較之下，所採取的各種不同角度與視野，此種獨樹一幟的考量，便往往形成了官制的傳承與新變。本節所討論者，則爲各國與《周禮》不同之職官，這些職官通常爲各國所獨有，於此再次申論，不免有蛇足之嫌；是以僅提出各國之間相同的職官，以爲討論之資；至於原各國皆有的獨特官職，請見附表。

一、公　族（周、晉）

公族之職，唯見于周朝及晉國，既指公之族又指管理公族的人而言。

周朝公族一見。定公七年：王入于王城，館于公族黨氏。（卷五十五，頁962）

杜注：「黨氏，周大夫。」

晉國擔任公族大夫之職者，則極爲常見，其中成公十八年：荀家、荀會、欒黶、韓無忌爲公族大夫，使訓卿之子弟共儉孝弟。由此知公族大夫乃教導公卿之子弟也，且其所教導之事，又以品格之導正爲最優先。金文中亦有此職，唯地位有別。張亞初、劉雨說：「公之族是與周王血緣關係親近的同姓貴族，所以管理公族之人往往地位十分尊崇顯赫。……所以文獻上所說的管理公族的人身份是大夫，稱爲公族大夫，這種情況恐怕只符合東周的情況。從西周銘文看，管理公族和三有司的人的身份都相當于冢宰，都是德高望重的人，這一點，當可補充文獻記載之不足。」〔註81〕

二、褚　師（鄭、衛、宋）

褚師之官，見於鄭、衛、宋。《周禮》中則無此官。

昭公二年，鄭公孫黑請以印爲褚師。杜注：「褚師，市官也。」

顧棟高則以爲：「當如〈王制〉所云：『布帛精粗不中幅，幅廣不中量，不鬻于市者，而褚師掌其禁與？』」〔註82〕

衛則有褚師子申及褚師比；宋亦有褚師段、褚師子肥；其是否仍然擔任褚師一職不得而知，或以職爲氏也。

三、亞　旅（魯、晉）

亞旅之官見於魯、晉。文公十五年，宋華耦來盟，其官皆從之。……辭文公之宴。並曰：「請承命於亞旅。」成公二年：魯賜晉三帥三命之服，司馬、司空、輿帥、候正、亞旅皆受一命之服。

杜注：「上大夫也。」孔穎達引《尚書・牧誓》及成公二年《傳》，皆卿後即次亞旅，故亞旅是上大夫也。

〔註81〕張亞初、劉雨《西周金文官制研究》頁39～40，北京中華書局印行。

〔註82〕顧棟高《春秋大事表》卷十，頁616，景印文淵閣四庫全書，臺灣商務印書館印行。

四、工　正（魯、齊、楚、宋）

工正之官，魯、齊、楚、宋各一見。

魯國工正見於昭公四年，夫子爲司馬，與工正書服。孔穎達〈疏〉:「工正掌作車服，故與司馬書服。」

莊公二十二年，齊侯使敬仲爲卿。辭，使爲工正。

宋國之工正則見於襄公九年:「使皇鄖命校正出馬，工正出車。」杜注:「工正主車。」

楚於宣公四年，有蒍賈由工正升爲司馬。

以上諸國之例，除了敬仲之工正未言其職外，其餘之工正都與司馬頗有關係。故吳永章以爲「工正主車爲司馬之屬。」〔註83〕其說法當可成立。

至於楚國另有工尹一官，諸家以爲同於工正，其主要之職責爲（一）參與軍事、（二）掌百工。此二職務，則與主車與司馬之屬的官職特性不甚相關。

五、芋　尹（楚、陳）

以尹名官，爲楚國官制一大特色；而在中原諸國中，宋有大尹、陳有芋尹，似皆受楚之影響。其中，芋尹爲僅見於楚、陳兩國之官名。

昭公七年，楚子之爲令尹也，爲王旌以田。芋尹無宇斷之。昭公十三年，有芋尹無宇之子申亥。

陳國之芋尹出現於哀公十五年，時楚國伐吳，陳侯使公孫貞子弔焉，芋尹蓋爲上介。孔穎達以爲芋尹係以草名官，不知其故。楊伯峻則引《新序》以爲芋尹爲甌獸之官，依《傳》載，楚芋尹斷楚子之旌，則芋尹出現之場合，爲楚王田獵之時；依此之環境而推論，則以芋尹爲「甌獸之官」不爲無理；且此官職亦爲世襲，由昭公十三年之申亥可知。至於陳國以芋尹爲使者上介，則爲臨時任務，非本職矣。

〔註83〕吳永章〈楚官考〉頁173～174，收於《中華文史論叢》1982年第二期。

第七章 結 論

　　經過對《左傳》傳文逐字檢索之後，本文共檢得與《周禮》相同、或部分相同職官九十一種。由二者的比對當中，可以歸納出出下列幾點看法。

一、六官之稱號通行於列國，顯見春秋之前必有足以供列國參考施行的官制法則。

　　對於古代官制，今文家曰三公、九卿；古文家曰三公、三孤、六卿、而又有四輔、五官之名。呂思勉以爲：「皆是也，皆有所據。今文家所謂三公，任職者也。古文家之三公及四輔，天子之親臣也。五官與今文家之三公，任職之臣，或舉其三，或舉其五，各有所象矣。五官加一家宰，則爲六官矣。」〔註1〕其所謂五官，《禮記·曲禮》言：「天子之五官，曰：司徒、司馬、司空、司士、司寇，典司五眾。」鄭注曰：「眾謂群臣也。此亦殷時制也。周則司士屬司馬、大宰、司徒、宗伯、司馬、司寇、司空爲六官。」（卷四，頁81）《左傳》昭公十七年郯子之言曰：「祝鳩氏，司徒也；雎鳩氏，司馬也；鳲鳩氏，司空也。爽鳩氏，司寇也；鶻鳩氏，司事也。」（卷四十八，頁836〜837）由此知大宰、司徒、宗伯、司馬、司寇、司空爲六官，此六官之稱號於列國所見如下：

〔註1〕呂思勉《讀史箚記》甲帙頁223，木鐸出版社印行，民國72年。

官名＼國名	1 周	2 魯	3 鄭	4 衛	5 晉	6 齊	7 楚	8 宋	9 吳	10 陳	11 小國	合計
大　宰	∨宰	∨	∨				∨	∨	∨		越、薛	8
司　徒	∨	∨	∨	∨			∨	∨		∨		7
宗　伯		∨										1
司　馬		∨	∨				∨	∨		∨	蔡	6
司　寇	∨	∨									唐	9
司　空		∨	∨		∨			∨司城		∨	曹司城	6
合　計	3	6	5	2	2	1	4	5	1	3	5	37

　　由上表之統計結果，吾人可得出下列結論：

（一）魯國是《左傳》中唯一六官首長備載的國家

　　《周禮》天、地、春、夏、秋、冬六官各由不同首長主持，名號各自不同，唯魯國兼備此六官首長。

　　《春秋》依據魯史而寫成，故對於魯國事務之記載本較爲詳備，此爲魯國兼備六官首長原因之一；然而，魯國爲周公首封之地，雖由其子伯禽就國，然所施行，亦不出乎周公的理想境界，此亦爲是以列國官制中，魯國與《周禮》較爲相似之故，由此亦可見所謂「《周禮》盡在魯矣」洵非虛言。

（二）鄭國、宋國皆有五官之長的稱號

　　宋因武公名司空，而改司空爲司城，此係《左傳》明文記錄者，故宋之〈司城〉，仍是〈司空〉之易名，二者可以等同視之。鄭國姬姓，鄭桓公爲周厲王少子、宣王之庶弟，故鄭國之制與魯相似，蓋由於血脈相近之故。是以劉起釪甚至說：「鄭所見三十七官名中，僅春秋末年所見開卜一官與周卜正相異（可爲卜正屬官），而與楚開卜同，似爲受楚偪所蒙影響，而其全部制度固與周一致。」〔註2〕

　　至於宋國雖爲子姓，且近楚國，然其制度與《周禮》系統，則又有十分類似之處。即以此五官首長而論，已知一二。至於宋國最自成一格之處，莫過於執政不拘一官，如孔父嘉以大司馬、華督以大宰，華元以右師、向戌以

〔註2〕劉起釪〈《周禮》是春秋時周魯衛鄭官制的產物〉頁18，收於《中國文哲研究通訊》第三卷。

左師、樂毅以司城執政等等。此種官職尊卑無有常態，正是宋國注意選拔人才以及分散職務權力的一種做法。

（三）楚雖異姓，然亦注意吸收中原文化。

　　對於楚國，中原雖向來以蠻夷之邦視之，然其職官制度，卻是大部分沿襲自殷周。〔註3〕五官之首長名稱，楚國即沿用了四官，其見載於《傳》之機率甚至比同是姬姓國家的晉國、衛國還高。可見得楚國在歷史的演進過程中，仍帶有中原國家的影子。

（四）《周禮》中所缺漏的〈司空〉一職，可由《左傳》之記載補遺。

　　〈冬官〉亡佚後，冬官之長的司空之職，也遂不能得知；《周禮》〈地官‧鄉師〉、〈地官‧司救〉、〈秋官‧大司寇〉皆論及司空，其職責與役作相連，則司空主事也。故凡需從事體力勞役之作，皆交由司空統一發派，此當即司空一職原本之職責也。

　　《左傳》中計有魯、鄭、晉、宋、陳、曹等六國設立司空；其中宋因武公之名司空，故廢司空之職，而改以「司城」之職代之；曹國因毗鄰宋境，亦以司城代司空也。諸國之司空除爵位不一外，晉士蒍城絳、晉司空以時平易道路及陳國司空致地皆可見出司空掌管土地與役作之相關事宜，此與金文所見相同，足可為《周禮》之補遺。〔註4〕

（六）由列國採用六官之比例看，在此之前，當有一套列國可以參考使用的官制法則

　　由上表可知，除去國小勢微的小國不計之外，共有十個國家或多或少採用了六官的名號。而從史書記載的選材角度看，這樣的比率，只會比當時實際使用得低；也就是說，在當時列國之間，對於六官的稱號最起碼有如此比例，實際上之使用當更高於此。由如此視角思考，則當時必有一套可供列國參考使用的官制法則；不然其彼此間的同質性不會如此之高。至於此書是否即是未成定本的《周禮》？或是依憑如郯子之類通曉古今官制的通人，為各國制定職官制度？則需再進一步考證。

─────────────

〔註3〕李瑾、徐俊在〈論先秦楚國職官名稱及其有關問題〉一文中說：「楚國職官名稱，除了少數幾個創自楚國而外，絕大多數沿襲自殷周奴隸制國家，……其中以"尹"字作為官名後綴的異常顯著。」文收於《華中師院學報》1982年第六期。頁121，

〔註4〕詳見本論文第六章〈司空〉一則。

二、除六官外，尚有六種職官名稱是多國所共同採用的

國名＼官名	1 周	2 魯	3 鄭	4 衛	5 晉	6 秦	7 齊	8 楚	9 宋	10 吳	11 陳	12 隨	13 其它	合計
師氏類	˅			˅	˅		˅	˅				˅	蔡	8
祝史類		˅	˅	˅			˅		˅			˅	虢	7
大 史	˅	˅	˅	˅	˅		˅						邾虢	8
御 戎		˅	˅	˅			˅					˅		6
右		˅	˅	˅	˅		˅					˅		6
行 人	˅	˅	˅	˅	˅					˅	˅		巴	9
合 計	3	6	5	6	5	1	3	3	1	1	1	4	5	44

　　上表所論之〈師氏〉一職，實包括所謂師保、大師、大傅、太子傅以及少師等；這些職稱所負責之職務皆爲教誨國君或太子，即《周禮》中〈師氏〉之工作，只是列國所用名稱各不相同。又祝史之類，於列國則分成大祝、祝、祝史、祝宗，其職責皆爲祭祀天地神明也。其餘大史、御戎、右以及行人四類則是列國共同使用之官名，且其職務內容也若合符節。

三、列國官職常有名同實異或名異實同者，其運用之妙，存乎一心

　　列國與《周禮》六官之首長名稱，相似度雖如此之高，然而，在實際施行上，其職權與位階，卻又不盡相同。即以大宰一職而論，魯國僅一見，雖從《傳文》可知此官在當時爲所有官爵中之最尊貴者，然並未見相關職責，且此官也僅此曇花一現，之後未再出現；鄭國之大宰，任爲副使、楚國之大宰，擔任文職；享有最高權位之大宰，則非宋國與吳國莫屬了！宋國之大宰曾有執政的輝煌紀錄，吳國大宰則是爲國君之左右手，全部政事均賴其決定，且執政時間長達三十六年之久。

　　由〈大宰〉之職的例子來看，各國雖然使用同一種官名，然而在國情的適應上，卻出現了各種不同的變化。此爲從周朝「王天下」的政治格局，轉變成列強爭鋒的過程中，難以避免的過程。其它各類官職，亦或多或少有此種情形。

　　至於職責最具常模與不變性的職官，則非司寇與行人莫屬。司寇爲刑官，各國皆同；楚國與唐易司寇爲司敗，或爲語音之轉變，職責則爲相同之性質。

司寇之官，除了整治盜賊與驅逐不義之人外，鮮少見其主動刑罰大臣者；〔註5〕反而是大臣們一再自稱自己將「歸死於司寇」，可見得在當時社會裡，仍然是「刑不上大夫」的法則。

行人之官爲所有官職中，各國設置之比例最高者，計有九個國家設有此官，即連小國之巴國，亦有行人之官見於記載。此當是因爲當時各國往來頻繁，外交使節必須時常傳達彼此國君意旨也。然《左傳》中之行人並無區分大行人與小行人，一律以「行人」稱之，此又爲與《周禮》之不同者。

至於與《周禮》的相較上，職低位卑的職官，在歷史的紀錄上，當然是不足佔有一席之地；偶而地露臉，卻與《周禮》所載之職官性質極爲相似。例如饔人、府人、校正之類，此類小官，於史書出現之機率極低；然其出現所代表之職責範圍，則又與《周禮》所載無異。此可證明《周禮》之著作時代容或有爭議，然其書所提供之先秦史料，卻是足資後人參考印證的。

斯維至以爲：「古書中言周代官制以《周禮》最詳，然其撰作年代，先儒已多疑之。維至因念金文中屢見職官之名，雖不該備，固考史者最可信之資料。爰於暇日，粗加摭拾，證以典籍，略附疏釋。乃知《周禮》所言職官之名稱及其職掌，實與金文往往契合，但其言六官之系統，則非古制。此二事似自當分別論之也。郭沫若氏曩作《周官質疑》（金文叢考）僅舉十九項目，而於其眞實性之一面並抹殺之，誠太過矣。」〔註6〕從斯維至如此論點來看，不管在金文或史籍所載，其與《周禮》實有相合之處，故《周禮》一書之眞實性，自然不容抹殺。

再者，《周禮》一書既是爲周朝王室而作，今請以周朝官名爲主，以見列國與王室之間在官名的使用上之異同情形。

六官歸屬	周朝官名	列國官名	說　　　明
天　官	宰	大宰	唯周使用「宰」名，其餘魯、鄭、楚、宋、吳、越列國皆稱「大宰」。
	宰　旅	無	
	膳　夫	膳宰	周膳夫之職無明文記載；晉有膳宰一職，主調理鼎俎，並曾任使節。

〔註5〕以司寇刑罰大臣之例，或可以昭公二年之鄭公孫黑爲代表。子產當時喝令公孫黑：「不速死，司寇將至」，仍只是恫嚇語氣，並非司寇眞正行刑也。

〔註6〕斯維至《兩周金文所見職官考》頁1，收於《中國文化研究彙刊》第七卷，民國36年9月。

地 官	司 徒	司徒	魯、鄭、衛、楚、宋、陳六國。 唯宋偶稱大司徒。
	大師、傅	太子傅、大師、大傅、少師、	魯、衛、晉、齊、楚、蔡、隨。 師傅類職官在列國間稱呼頗不一致，或因引文之故稱爲某某之師（傅）；或有專門名稱爲大師、大傅、少師等。
春 官	泠	泠	楚亦有鍾儀自稱爲泠人之族，皆掌樂器。
	卜 正	大卜、卜尹	晉、梁稱大卜；楚稱卜尹。
	大 史	大史	魯、鄭、衛、晉、齊、邾、虢。 名稱相同，所掌亦同。
	內 史	無	
夏 官	候	候人、候奄、斥候	晉、楚亦有此官，然較偏重於軍事，與周朝引導賓客出境不類。
	御 士	御士	楚、宋同有御士之官。周之御士爲王禦敵，至於楚則爲王駕車，皆君王身邊之官也。
秋 官	司 寇	司寇、司敗	魯、鄭、衛、晉、齊、楚（司敗）、宋、唐（司敗）。皆掌刑罰之事。
	行 人	行人	魯、鄭、衛、晉、秦、吳、陳、巴。 皆掌出使及應對賓客之事。
冬 官 考工記	陶 正	無	
其 它	三 吏	無	
	卿 士	無	
	官 師	無	
	尉 氏	軍尉	周爲掌刑之官；晉有軍尉之職，亦掌軍中刑法。
	公 族	公族大夫	周之公族無職責記載；晉之公族大夫則爲掌公族子弟之教育。

　　周之職官於《左傳》中之出現機率並不高，若就史書所載而觀，如宰、司徒、大師、大史、司寇、行人之類是列國所使用之官稱及其職掌皆與王室相同的；唯史書之記錄詳略有別，當可做爲互爲補充之用也。

　　至於內史、三吏、卿士等職級較爲崇高之職官，則不見于列國。此蓋由於內史爲掌策命之事；卿士爲諸侯爲王室大臣之特殊稱號，故不見于列國也。

四、春秋列國顯然較《周禮》系統更爲重視太子的師保教育

　　《周禮》對於掌王公卿子弟之教化工作者，僅設有師氏：中大夫一人、上士二人；保氏：下大夫一人、中士二人。由爵等來看，師氏與保氏之官爵僅止於大夫之列，不至於卿。然而，從《左傳》中所記載的列國教育之官，顯然爵位更高，而權力而更重。故在《左傳》之中，有關師保之職，其分工極爲細密，如所謂大師、少師、太傅、少傅。從爲師、傅再設副手來看，足

知師保類官職，在春秋之時，擔負著更爲重要的職務，是以必得設一副手以資輔佐也。《左傳》中所載的師保類職官，與《周禮》不同，卻與《禮記·文王世子》所載相似。〔註7〕

　　類此師氏之職，於周、魯、衛、晉、齊、楚、蔡、隨皆有所見。其中，晉國區分爲大師、大傅，其中士會甚至以王之命卿的高貴身份，既將中軍又兼領大傅一職，足證此時大傅之官的尊貴及受重視。同時大師、大傅之爵位有時又位在執政者之上。如宣子爲政之後，施行一系列的改革，既成，以授大師與大傅。

　　其它例如衛國，透過定姜之口曰：「先君有冢卿以爲師保」，知在衛國，師保之官，亦非常尊貴，甚至以冢卿爲之，此皆春秋列國重視師保教育之證也。再看制度迥異之楚國，其對師保類職官的尊崇之於中原，亦不遑多讓。鍾儀回答晉君所問時，特別提出太子「師保奉之」；而楚共王所念茲在茲者則爲「未及習師保之教訓」；再如平王之時，即有大師與少師之區分。由上述例子可知，在春秋列國互相爭鋒之時，儲君教育的好壞，恆常關係著國家未來的前途，是以當時各國對於世子之教育皆十分重視，此乃與專爲周王室所作的《周禮》官制中，最特別的一點！

　　除了師保類職官的分工細密化之外，在〈春官〉類職官中，亦可見其分工細密化的例子。

五、〈春官〉類職官是所有職官中，出現最多的類屬

　　〈春官〉系統在《周禮》的規劃中，是屬於禮儀、占卜、文史、天象與音樂之官。在民智未開的時代，這些負責人神溝通的巫者是所有人民的信賴與託付，是以其官位尚能受到尊重。然進入周朝以來，對於天道生生不息的概念，已逐漸深入人心，是以這些負責禱告祝祀的官員地位逐漸沒落。儘管如此，〈春官〉類職官，卻仍是《左傳》記載中，出現最多的一個類屬。這種現象一方面或許由於當時占卜祭祀之活動仍然十分頻繁；另一方面，亦有可能是因爲《左傳》作者於採擇史事時的一個特殊觀察。范甯於《穀梁傳·序》中說：「左氏艷而富，其失也巫。」〔註8〕所謂「其失也巫」正是《左傳》作者描述史事的特殊視角選擇；同時也是〈春官〉類職官出現最多的原因之一。

〔註7〕見本文第六章〈各國職官比較·師氏〉。
〔註8〕見《穀梁傳·序》頁7，十三經注疏本，藝文印書館印行。

　　由於職官性質的相近，〈春官〉類職官於《左傳》中常有合併或合稱的情形。以祝、史、宗而言，宗掌四時祭祀、祝則可分成大祝、小祝、喪祝、甸祝、詛祝；史又分成大史、小史、內史、外史四種不同官職。然在《左傳》當中，此三類職官經常合稱，或稱祝史、或稱祝宗；當然其中有二種官職之合稱，亦有二種官職併為一職的例子。例如衛國的「祝史揮」，便是一人身兼祝與史二職，而統稱為「祝史」。這種職官合流的趨勢，說明了這三種官職的同質性極高，是以在列國之間，官職常常合稱。

　　〈史官制度——附論對傳統之尊重〉一文中說：「祝、宗、史、卜雖然已經分成四個職位，但到了春秋時代似乎仍然混淆不清。比如，《左傳》有六條就將祝與史連用。……至於卜與史分得尤其不清楚。《左傳》記載占卜的各條中，有五條說明占者是卜人；而另外八條則說明是史官。……可見占卜不一定由卜人，史官亦能夠占卜，就是因為最初史官同卜人並沒能分職的緣故。」〔註9〕

　　除了在名稱上的合流之外，在實際職務上，祝、史、宗，乃至大師、卜筮的職務，亦漸向廣博的方向邁進，而非屬於專人專學的職官。最著名的莫過於晉國的師曠。師曠以大師的角色出場，然而其卻經常借預言論斷吉凶，這說明了樂師之角色，已逐漸滲入祝、卜之間，從樂理到天象地理，來去自如。

　　再如史類職官，原本以記載史事為主，但史官同時也通曉卜筮，由卜卦、筮草之後，經常由史官負責解答，知此二種職務亦有合流之趨勢，此大概亦即晉國「筮史」一職的由來了！

　　歷史是真實社會生活的縮影，它以獨特的視角記錄了當時人民的實際生活，所以，它比起既定格式的官制之書，更能傳神地表達出一套官制在施行時，可能產生的各種變數與狀況。以《左傳》與《周禮》相較，《周禮》對於官職員額與其職掌，固然有詳細的介紹；然而，在實際施行中，卻有許多細則是當初制定官職制度者所不能逆料的。由歷史的記錄中，可以更真實地體會一套官制在施行的過程中，所產生的各種實際狀況。

（一）由於專業知識的養成時日長久，某些職官遂演變為世代相承

　　制定官制者不可能預測到職官會形成一種家族傳承制度，然而在實際的操作與流行過程，由於權力的掌握以及專業知識的養成與陶冶，許多職官自

〔註9〕見《中國上古史》待定稿第三本頁416～417，中央研究院歷史語言研究所中國上古史編輯委員會編，中華民國74年。

然而然地形成世代交替的狀況。最顯豁者莫過於魯國司徒、司馬、司空三官，為三家世職；又如樂官，其職業之專業是需要經過時間的陶冶的。所以楚國鍾儀在回答晉侯問話時，說：「臣之世族也。」又如上古社會極為重視的卜筮一職；在占卜過程的各項細則以及如何斷定占卜之結果，此非時間之力不能為功；是以楚國之觀從曰：「臣之先佐開卜」；至於梁國之太卜則有父子檔之出現；而在史官方面，其關乎天象人事與記錄，更為龐雜，是以養成過程更需耗費時間；所以齊國之太史視死如歸，前仆後繼，率皆為自家兄弟，此皆職官演進系統中，自然形成的一種家族傳承的狀況。

（二）列國官制變化之主要原因為強國富民與地理環境。

影響列國官制之變化者，除了互相爭鋒以爭取霸主地位的軍事系統考量外，外在環境的影響，亦常有舉足輕重的地位。

以軍事系統為重心考量的國家，最著名者非晉國莫屬；其次則為楚國。此二國家對於〈夏官〉類職官之設置，遠多於其它各國，顯見其對於逐鹿中原之勃勃野心。

而同屬於周朝支脈的魯、鄭、衛三國，在官制的設立上，則與周制相近，不出其範圍。

在地理位置之影響上，齊國由於地近沿海，是以設有獨特的衡鹿、舟鮫、虞候、祈望及侍漁等官。此五職官皆是因應齊國的山海地形而設置，其中祈望一職，甚且成為後代鹽官之始。此種因地制宜的特色，深切地反映出職官制度的可變性，在職官的研究上，有其代表性的意義。

另外，因地理之位置而不免受鄰近國家影響者，則為宋、陳兩國最為明顯。如宋國有門尹一職，以「尹」名官；至於常掌執政地位之左師與右師，約在僖公九年才有如此之區分；[註10] 而列國之中，唯楚國之官職最善於區分左右。如令尹下有左尹、右尹以佐其事；司馬之下亦區分左右司馬、其餘以左右畫分的官職，更有所謂的左史、右領等等，顯然宋國以左右區分官職，亦有來自於楚國之影響。另外，陳國芋尹一職亦與楚國之官同名。

（三）春秋之時，文職、武職尚無明顯之區分

以《周禮》之官制設計而言，〈夏官〉之屬較屬於軍事系統；然〈夏官〉

〔註10〕顧棟高曰：「子魚以左師聽政，而《傳》文始終稱司馬子魚，疑是時始立左右二師。」見春秋大事表》卷十，頁623。景印文淵閣四庫全書第179冊，臺灣商務印書館印行。

類之屬員，亦有兼任他官者，同時，也有非〈夏官〉類之屬員，也擔任軍事方面之職務，可見在春秋之時，文職武職之區分並不顯豁。如晉國之中軍將與楚國之令尹，一方面可帥師出征，一方面又執掌國政，此爲最顯著之例；另外，周之司徒亦可帥師出征；隨國之少師，於戰時甚至擔任戎右之工作；足見當時所受之教育皆爲文武合一之方式，故可文武兼備也。韓連琪曰：「這時的中軍將，雖然是軍事的最高統帥，但同時也是行政上的最高執政官。文武尚未殊途。到春秋末年的三晉才不僅有相的設置，同時也設置了將軍。《戰國策・趙策一》載張孟談告趙襄子曰：『故貴爲列侯者，不令在相位；自將軍以上，不爲近大夫。』這可見三晉在春秋末年，管理行政的相和掌握軍權的將已開始分離了。」〔註11〕

（四）特殊狀況時可由一人兼領多項職務：

在職官的設計上，當然以一人一職爲最理想之境界；然某些特殊事件發生時，亦難免發生兼任職務的情形。最明顯者爲諸侯擔任王室之執政大臣，《左傳》中資料所見，虢公、鄭伯，皆是以一國之君的身份擔任周朝的卿士。不但執政官員由諸侯擔任，其它次要的職位也由諸侯擔任。如隱公十一年：「滕侯曰：『我周之卜正也。』」這些皆是以一國之君再分身擔任王室之大臣。再者，如晉國中軍將兼領執政；隨少師兼戎右；楚國棄疾兼陳蔡二縣；葉公於白公之亂時兼令尹、司馬二職等等，皆是此種兼職狀況的例子。

（五）《左傳》中某些官名影響及於後世：

春秋時代各國之官制常爲適應國情而自有某些調整，對於後世各朝代而言，則選擇性地運用了部份官制。例如魯國司徒、司馬、司空三官，爲三家世職；爾後漢朝以大司徒、大司馬、大司空爲三公，即用魯制。〔註12〕晉國以「中軍將」地位最尊，亦稱「元帥」。僖公二十七年《傳》曰：「作三軍，謀元帥」是也。同時，亦可稱爲「將軍」，昭二十八年《傳》曰：「豈將軍食之而有不足？」是也。後世設官有「將軍」、「元帥」等名，其源實起於此。〔註13〕齊國因應山海地形而設置特殊職官，其中祈望一職，成爲後代鹽官之始。另外，晉國軍尉之官掌刑法，《史記・百官志》以爲「太尉，秦官，掌軍事。」其實尉之官於周

〔註11〕韓連琪〈春秋戰國時代的中央官制及其演變〉頁6，收於《文史哲》1985年1月。
〔註12〕《左傳會箋》第二十一，頁1420。竹添光鴻著，天工書局印行，民國77年。
〔註13〕顧棟高《春秋大事表》頁625，景印文淵閣四庫全書。

朝稱尉氏、於晉國稱軍尉，亦皆掌軍事及刑法。則秦之太尉，必有受此啓發。

（六）職官事務繁雜之時，設有多人輪值當班。

　　列國對於職官員額之編制，因應國情與實際狀況需要而有不同，如本節論述行人之職在春秋各國設置的比例高達十國，足見當時外交使節往來之頻繁，故各國之行人或有專官、或臨時派任，並無一定。如鄭國之子羽，即春秋時最著名之行人。由於行人之事務繁雜，是以在列國之內，行人之官不只一位，其中以晉國子朱的一段話，最能道出當時情景。襄公二十六年：「秦伯之弟鍼如晉修成。叔向命召行人子員。行人子朱曰：『朱也當御。』三云，叔向不應。子朱怒，曰：『班爵同，何以黜朱於朝？』撫劍從之。」（卷三十七，頁 629）這段文字說明了朝廷事務繁重之時，各種官職當有多人共同承事，而其彼此之間，則以輪值之方式，以負責本職之相關事務。

　　類似之情形，還可以從齊國崔杼弒其君的例子看出。襄公二十五年《傳》：「大史書曰：『崔杼弒其君』，崔子殺之。其弟嗣書，而死者二人。其弟又書，乃舍之。南史氏聞大史盡死，執簡以往，聞既書矣，乃還。」（卷三十六，頁 619）由齊國大史前仆後繼的大無畏精神看，知史官之編制亦在一人以上，同時彼此之工作有互相支援之特性。

　　以上所言之各種實際施行官制之情況，皆爲設官分職之初還未能臻於盡善盡美者；諸如輪班之制度與權變措施、文武職之不區分、受環境影響後所新增的職官名稱、以及某些特殊官職因專業的需要，而形成的家族傳承，皆有賴於歷史文獻的客觀描寫，才得以顯出設官分職的眞實狀況，這也正是以《左傳》與《周禮》相互比對，對於春秋時代官制所能析分出更細微的政治概況。

參考書目

一、參考書部分

1. 《左傳》,《十三經注疏》本,藝文印書館印行。

2. 《周禮》,《十三經注疏》本,藝文印書館印行。

3. 《尚書》,《十三經注疏》本,藝文印書館印行。

4. 《詩經》,《十三經注疏》本,藝文印書館印行。

5. 《爾雅》,《十三經注疏》本,藝文印書館印行。

6. 《儀禮》,《十三經注疏》本,藝文印書館印行。

7. 《論語》,《十三經注疏》本,藝文印書館印行。

8. 《禮記》,《十三經注疏》本,藝文印書館印行。

9. 《九經古義》,清·惠棟,《叢書集成簡編》,臺灣商務印書館,民國 54 年。

10. 《中國文化新論思想篇二·天道與人道》,劉紀曜,聯經出版社。

11. 《中國古文化》,文崇一,東大圖書公司,民國 79 年。

12. 《中國古文化的奧秘》,馮天瑜,周積明,湖北人民出版社,1987 年。

13. 《中國古代官制》,王天有,臺灣商務印書館印行,民國 83 年。

14. 《中國古代官制講座》,楊志玖主編,萬卷樓圖書有限公司出版,民國 86 年。

15. 《中國古禮研究》,鄒昌林,文津出版社,民國 81 年。

16. 《中國官制史》,孫文良,文津出版社印行,民國 82 年。

17. 《中國通史參考資料——遠古至漢》,里仁書局,民國 69 年。

18. 《中國喪葬史》,張捷夫,文津出版社,民國 84 年。

19. 《中國遠古史研究》，黃彰健，中央研究院歷史語言研究所專刊，民國 85 年。

20. 《中國歷代職官輯要·夏朝的主要職官》，陳立民，石桂芬，董文義，甘肅人民出版社，1990 年 12 月。

21. 《中國歷代職官辭典》，潘英，明文書局，民國 81 年。

22. 《中國歷史研究法》，梁啓超，里仁書局，民國 73 年。

23. 《中國禮俗史》，王貴民，文津出版社，民國 82 年。

24. 《五禮通考》，秦蕙田，聖環圖書有限公司印行，民國 83 年。

25. 《日知錄集釋》，顧炎武，黃汝成集釋，欒保群、呂宗力校點，花山文藝出版社印行，1991 年。

26. 《古代祭禮中之政教觀──以《禮記》成書前爲論》，林素英，文津出版社，1997 年。

27. 《古代禮俗與風俗》，葉國良，臺灣書店，民國 86 年。

28. 《古史續辨》，劉起釪，中國社會科學出版社，1991 年。

29. 《古事雜談》，許進雄，臺灣商務印書館印行，民國 80 年。

30. 《古書疑義舉例等七種》，楊家駱主編，世界書局，民國 51 年。

31. 《史記會注考證》，司馬遷，瀧川龜太郎考證，天工書局印行，民國 78 年。

32. 《史學方法》，王爾敏，東華書局，民國 75 年。

33. 《史學方法論文選集》，杜維運、黃俊傑編，華世出版社，民國 69 年。

34. 《史學概論》，姜義華等著，水牛出版社，民國 83 年。

35. 《史學與中國文化傳統》，陳其泰，書目文獻出版社，1992 年。

36. 《左傳分國集注》，韓席籌，華世出版社，民國 67 年。

37. 《左傳列國職官》，清·沈彤，，臺灣商務印書館，民國 54 年。

38. 《左傳官名考》，李調元，新文豐出版社，民國 74 年。

39. 《左傳事緯》，清·馬驌著，徐連城校點，齊魯書社，1992 年。

40. 《左傳記事本末》，清·高士奇撰，里仁書局，民國 70 年。

41. 《左傳會箋》，竹添光鴻，天工書局印行，民國 77 年。

42. 《左傳稱詩研究》，張素卿，國立台灣大學出版委員會，民國 80 年。

43. 《左傳舊注疏證》，劉文淇撰，平平出版社，民國 63 年。

44. 《左傳譯文》，沈玉成編譯，復文圖書出版社，民國 79 年。

45. 《甲骨文通檢第四冊──職官人物》，饒宗頤主編，香港中文大學，1995 年。

46. 《先秦史研究》，唐嘉弘主編，雲南民族出版社，1987 年。

47. 《先秦史論稿》，徐中舒，巴蜀書社，1992 年。

48. 《先秦禮制研究》，陳戍國，湖南教育出版社，1991 年。

49. 《先秦禮樂》，劉清河、李銳，雲龍出版社，1995 年。

50. 《西周冊命制度研究》，陳漢平，學林出版社。

51. 《西周史》，許倬雲，聯經出版社，1990 年。

52. 《西周年代》，李仲操，文物出版社，1991 年。

53. 《吳越春秋》，楊家駱主編，世界書局，民國 56 年。

54. 《呂氏春秋》，呂不韋編，高誘注、陳奇猷校釋，華正書局出版，民國 74 年。

55. 《杜預及其春秋左氏學》，葉政欣，文津出版社，民國 78 年。

56. 《求古編》，許倬雲，聯經出版事業公司，民國 73 年。

57. 《兩周官制論稿》，汪中文，復文圖書出版社印行，民國 82 年。

58. 《兩漢經學今古評議》，錢穆，東大圖書公司，民國 72 年。

59. 《周代分封制度研究》，葛志毅，黑龍江人民出版社，1992 年。

60. 《周代姓氏二分及其起源試探》，方炫琛，學海出版社，民國 77 年。

61. 《周代采邑制度研究》，呂文郁，文津出版社，民國 81 年。

62. 《周代城邦》，杜正勝，聯經出版社，1979 年。

63. 《周代卿大夫研究》，段志洪，文津出版社，民國 83 年。

64. 《周代國家政權研究》，郝鐵川，黃山書社印行，1990 年。

65. 《周代國野關係研究》，趙世超，文津出版社，民國 82 年。

66. 《周代祭祀研究》，張鶴泉，文津出版社，民國 82 年。

67. 《周代禮俗研究》，常金倉，文津出版社，民國 82 年。

68. 《周官之成書及其反映的文化與時代新考》，金春峰，東大圖書股份有限公司，民國 82 年 11 月。

69. 《周禮五官考》，明‧陳仁錫，叢書集成簡編，臺灣商務印書館，民國 54 年。

70. 《周禮漫談》，徐啟庭著，頂淵文化事業有限公司出版，民國 86 年。

71. 《宗周社會與禮樂文明》，楊向奎，人民出版社，1992 年。

72. 《尚書釋義》，屈萬里，中國文化大學出版部印行，民國 73 年。

73. 《春秋人譜》，程發軔，臺灣商務印書館，1995 年。

74. 《春秋大事表》，顧棟高，景印文淵閣四庫全書，臺灣商務印書館印行。

75. 《春秋分紀》，宋‧程公說，景印文淵閣四庫全書，臺灣商務印書館印行。

76. 《春秋世族譜》，清・陳厚耀，景印文淵閣四庫全書，臺灣商務印書館印行。

77. 《春秋史》，童書業，臺灣開明書店，民國 67 年。

78. 《春秋左氏傳舊注疏證》，劉文淇，平平出版商發行，未著年月。

79. 《春秋左傳注》，楊伯峻，源流出版社，民國 71 年。

80. 《春秋左傳研究》，童書業，上海人民書局，1980 年。

81. 《春秋左傳敘錄》，章太炎，學海出版社，民國 73 年。

82. 《春秋左傳詁》，洪亮吉，中華書局印行。

83. 《春秋左傳補注》，惠棟，欽定四庫全書，景印文淵閣四庫全書。

84. 《春秋左傳學史稿》，沈玉成、劉寧，江蘇古籍出版社，1992 年。

85. 《春秋左傳讀》，章太炎，學海出版社，民國 73 年。

86. 《春秋要領》，程發軔，東大圖書公司印行，民國 78 年。

87. 《春秋異文考》，陳新雄，嘉新水泥公司文化基金會，民國 53 年。

88. 《春秋識小錄》，程廷祚，《叢書集成續編》第二七一冊。

89. 《晉書》，唐・房玄齡、褚遂良，上海古籍出版社印行。

90. 《殷周社會史》，白川靜著，溫天河、蔡哲茂譯，聯經出版社，民國 78 年 8 月。

91. 《殷周政治與宗教》，張榮明，中華發展基金管理委員會，五南圖書出版公司聯合出版，民國 86 年。

92. 《荀子集解》，李滌生，臺灣學生書局，民國 77 年。

93. 《商代的官僚機構、軍隊》，孫淼，文物出版社，1987 年 12 月。

94. 《商周制度考信》，王貴民，明文書局印行，民國 78 年。

95. 《國史大綱》，錢穆，國立編譯館，民國 77 年。

96. 《國語》，韋昭注，漢京文化事業有限公司出版，民國 72 年。

97. 《從左傳論春秋時代之政治倫理》，李新霖，文津出版社，民國 80 年。

98. 《淮南子》，劉安等編，高誘注，上海古籍出版社印行，1989 年。

99. 《通志略》，宋・鄭樵著，何天馬校，民國 71 年。

100. 《楚文化史》，張正明，南天書局，民國 79 年。

101. 《楚文化研究》，文崇一，東大圖書公司印行，民國 79 年四月。

102. 《楚史新探》，宋公文，河南大學出版社，1988 年。

103. 《楚史論叢》，張正明主編，湖北人民出版社，1984 年。

104. 《楚源流史》，何光岳，湖南人民出版社，1988 年。

105. 《楚滅國研究》，何浩，武漢出版社，1989 年 11 月。

106. 《經書淺談》，楊伯峻，萬卷樓圖書有限公司，民國 82 年。

107. 《經義述聞》，王引之，臺灣商務印書館，民國 68 年。

108. 《漢書》，顏師古注，宏業書局印行，民國 73 年。

109. 《睡虎地秦簡研究》，王叔岷，文史哲出版社，民國 82 年。

110. 《管子》，房玄齡注，劉績增注，上海古籍出版社，1989 年。

111. 《說文解字注》，許慎著、段玉裁注，黎明文化事業公司印行，民國 77年。

112. 《儀禮漫談》，林志強、楊志賢，頂淵文化事業有限公司，1997 年。

113. 《劉申叔先生遺書一》，劉師培，華世出版社，民國 64 年。

114. 《慶祝王更生教授七秩嵩壽紀念文集》，文史哲出版社，民國 86 年。

115. 《魯國史》，郭克煜，人民出版社，1994 年。

116. 《墨子》，上海古籍出版社，1991 年。

117. 《歷代職官沿革史》，陳茂同，華東師範大學出版社，1997 年。

118. 《歷代職官表》，黃本驥，洪氏出版社，民國 72 年。

119. 《韓非子》，韓非，上海古籍出版社印行，1989 年。

120. 《禮記漫談》，劉松來，頂淵文化事業有限公司，1997 年。

121. 《簡明古代職官辭典》，孫永都、孟昭星，北京圖書館出版社，1997 年。

122. 《職官分紀》，宋·孫逢吉撰，中華書局，1988 年。

123. 《繹史》，清·馬驌，欽定四庫全書史部，第一二五冊，景印文淵閣。

124. 《霸權迭興——春秋霸主論》，晁福林，生活、讀書、新知三聯書店出版發行，1992 年。

125. 《讀史札記》，呂思勉，木鐸出版社，民國 72 年九月。

126. 《觀堂集林》，王國維，世界書局印行，民國 72 年。

二、期刊、論文部分

1. 〈中國古代官僚機構的膨脹規律及根源——兼析兩宋官冗的社會背景〉，郭正忠，《晉陽學刊》，1987 年第三期。

2. 〈中國官僚制度的開始：縣的起源〉，顧立雅，《中國史研究動態》，1979年第一期。

3. 〈中國歷代官制講座——名稱與中原不同的楚國官制〉，楊升南，《文史知識》，1984 年第二期。

4. 〈中國歷代軍事職官制度〉，雷淵深、季德源，《中國史研究》，1993 年第四期。

5. 〈令尹子囊與令尹子庚傳考〉，宋公文，《湖北大學學報》（哲學社會科學版），1985 年第五期。

6. 〈古代史官與典籍的形成及其作用〉，斯維至，《史學史研究》，1982 年第二期。

7. 〈史官文化的演進〉，王柬，《歷史研究》，1993 年第四期。

8. 〈左史記言、右史記事，事爲春秋，言爲尚書，讐言發覆〉，金景芳，《史學集刊》，1981 年第一期。

9. 〈左傳在歷史文學上的兩大特色〉，汪受寬，《史學史研究》，1996 年第一期。

10. 〈左傳材料來源考〉，王和，《中國史研究》，1993 年第二期，民國 85 年 5 月。

11. 〈左傳敘事體例分析──每事自爲一章〉，易平，《江西大學學報》（社會科學版），1983 年第四期。

12. 〈先秦的民族結構、民族關係和民族思想──兼論楚人在其中的地位和作用〉，張正明，《民族研究雙月刊》，1983 年第五期。

13. 〈先秦社會的巫、巫術與祭祀〉，許兆昌，《史學集刊》，1997 年第三期。

14. 〈先秦宦官考略〉，馬良懷，《中國歷史文獻研究集刊》，第五集。

15. 〈先秦楚文化試探〉，陳金木，《孔孟月刊》，第二十二卷第十期。

16. 〈西周公卿職位考〉，楊善群，《中華文史論叢》，1989 年第二期。

17. 〈西周史官考〉，《中國史研究》，1985 年第二期。

18. 〈西周官制概述〉，左言東，《人文雜誌》，1981 年第三期。

19. 〈西周春秋政權抉微〉，葛志毅，《中國史研究》，1988 年第一期。

20. 〈西周春秋時期的國人〉，任常泰、石光明，《中國歷史博物館館刊》，1982 年第四期。

21. 〈西周春秋時期的國家形式〉，何茲全，《歷史研究》，1989 年第五期。

22. 〈西周時代的楚國〉，楊寬，《江漢論壇》，1981 年第五期。

23. 〈兩周史官考〉，賴長揚、劉翔，《中國史研究》，1985 年第二期。

24. 〈兩周金文所見職官考〉，斯維至，《中國文化研究彙刊》，第七卷，民國 36 年 9 月。

25. 〈周代司徒之職辨非〉，沈長雲，《中國史研究》，1985 年第三期。

26. 〈周代四史析論〉，許兆昌，《史學集刊》，1998 年第二期。

27. 〈周原甲骨與古代祭禮考辨〉，葛志毅，《史學集刊》，1989 年第四期。

28. 〈周禮成書于漢初說〉，彭林，《文學史研究》，1989 年第三期。

29. 〈周禮宗法制度略論〉，錢杭，《中華文史論叢》，1986 年第一期。

30. 〈周禮所見婦女之地位及職司〉，王爾敏，《漢學研究》第十二卷第二期，民國 83 年 12 月。

31. 〈周禮治官思想初探〉，彭林，《中國史研究》，1991 年第二期。

32. 〈周禮是春秋時周魯衛鄭官制的產物〉，劉起釪，《中國文哲研究通訊》，第三卷第三期。

33. 〈周禮宮廷婦教研究〉，陳麗蓮，《中山中文學刊》第一期，1995 年 6 月。

34. 〈周禮與中國之政治哲學〉，方穎嫻，《鵝湖學誌》第六期，1991 年 6 月。

35. 〈尚左、尚右與楚、秦、宋官的尊卑〉，何浩，《中國史研究》，1989 年第二期。

36. 〈尚左、尚右辨〉，晁中辰，《中國史研究》，1988 年第二期。

37. 〈春秋外交人才的遴選〉，《歷史研究》，1994 年第四期。

38. 〈春秋列國官名不見於周禮考〉，何大安，《中國東亞學術研究計畫委員會年報》，第十一期，民國 61 年 8 月。

39. 〈春秋時代的驛傳〉，徐鴻修，《中國古代史論叢》，1981 年第三輯。

40. 〈春秋時期晉國的縣制〉，周蘇平，《史學月刊》，1986 年第二期。

41. 〈春秋時期楚令尹序列辨誤〉，宋公文，《江漢論壇》，1983 年第八期。

42. 〈春秋時期楚司馬系列考述〉，宋公文，《江漢論壇》，1986 第六期。

43. 〈春秋時期楚國上層文化面貌初探〉，張君，《學術月刊》，1985 年第十二期。

44. 〈春秋時期楚國集權政治初探〉，楊范中、祝馬鑫，《江漢論壇》，1981 年第四期。

45. 〈春秋時楚滅國新探〉，何浩，《江漢論壇》，1982 年第四期。

46. 〈春秋時楚對江南的開發〉，何浩、殷崇浩，《江漢論壇》，1981 年第一期。

47. 〈春秋楚國庶人淺析〉，張正明，《江淮論壇》，1984 年第八期。

48. 〈春秋楚縣略論〉，殷崇浩，《江漢論壇》，1980 年第四期。

49. 〈春秋戰國時代的中央官制及其演變〉，韓連琪，《文史哲》，1985 年第一期。

50. 〈春秋戰國時期官制尊左尊右考辨〉，姚國旺，《文史知識》，1988 年第二期。

51. 〈春秋戰國時期的人才流動〉，馮慶余、閻忠，《史學集刊》，1991 年第一期。

52. 〈春秋戰國時期的巫覡信仰〉，石瑄，《中國歷史博物館館刊》，1991 年第十五、十六期。

53. 〈洪範成書考〉，劉起釪，《中國社會科學》，1980 年第三期。

54. 〈秦漢嗇夫考〉，錢劍夫，《中國史研究》，1980 年第一期。

55. 〈荊楚國名新探〉，王廷洽，《大陸雜誌》，第八十卷第四期。

56. 〈商周政體初探〉，張鳳喈，《社會科學戰線》，1982 年第三期。

57. 〈從吳楚戰爭看伍員的軍事思想〉，楊范中，《江淮論壇》，1984 年第七期。

58. 〈從周禮天官及地官二篇看周代祭祀問題〉，蕭靜怡，《孔孟月刊》第三十五卷第九期。

59. 〈從楚的歷史發展看楚與中原地區的關係〉，舒之梅、吳永章，《江漢論壇》，1980 年第一期。

60. 〈從漢代郎將職掌之發展論官制演變的一些特徵〉，廖伯源，《中央研究院歷史語言研究所集刊》，民國 83 年 12 月。

61. 〈從禮儀制考察官制〉，周一良，《中國古代史論叢》，1982 年第二輯。

62. 〈略論令尹子文〉，宋公文，《江淮論壇》，1984 年第九期。

63. 〈略論楚人尚武〉，宋公文，《江漢論壇》，1992 年第一期。

64. 〈異姓史官與周代文化〉，《歷史研究》，1994 年第三期。

65. 〈雲夢秦簡官私奴隸問題試探〉，唐贊功，《中華文史論叢》，1981 年第三期。

66. 〈楚令尹淺說〉，吳永章、舒之梅，《江漢論壇》，1980 年第六期。

67. 〈楚史二三題〉，熊鐵基，《江漢論壇》，1980 年第一期。

68. 〈楚巫散論〉，何崇恩，《湘潭大學報》（社會科學版），1987 年第一期。

69. 〈楚役制初議〉，吳永章，《江淮論壇》，1983 年第十二期。

70. 〈楚官考〉，吳永章，《中華文史論叢》，1982 年第二期。

71. 〈楚官師、傅、保及太師新解〉，何浩，《湖北大學學報》（哲學社會科學版），1988 年第五期。

72. 〈楚官源流考索〉，劉先枚，《江漢論壇》，1982 年第八期。

73. 〈楚國后妃考〉，羅運環，《江淮論壇》，1985 年第三期。

74. 〈楚國官印考釋〉，李家浩，《江漢考古》，1984 年第二期。

75. 〈楚國官制考〉，左言東，求索，1982 年第一期。

76. 〈楚國的「莫敖」之官與「屈氏」之族〉，蔡靖泉，《江漢論壇》，1991 年第二期。

77. 〈楚國的史書與史官〉，何浩，《江漢論壇》，1988 年第五期。

78. 〈楚國興亡初探〉，查瑞珍，《南京大學學報》（哲學社會科學），1981 年第一期。

79. 〈楚連尹爲主車之官說〉，駱瑞鶴，《江淮論壇》，1984 年第六期。

80. 〈概論西周内服職官的爵位判斷〉，王貽樑，《中華文史論叢》，1989 年第一期。

81. 〈試析春秋中、后期晉國的政局和趙氏強盛的原因〉，徐勇，《中國史研究》，1989 年第四期。

82. 〈試論先秦的軍事刑罰〉，陳恩林，《史學集刊》，1987 年第十一期。

83. 〈試論西周春秋時期的楚國土地占有制度〉，何浩，《江淮論壇》，1983 年第四期。

84. 〈試論楚國的宗族制及其特點〉，張君，《武漢師範學院學報》（哲學社會科學版），1984 年第四期。

85. 〈試論楚國衰亡的一個原因──摒棄人才〉，趙樺，《湘潭大學學報》（社會科學版），1985 年第二期。

86. 〈儀禮·聘禮職官職掌探析〉，張中惠，《孔孟月刊》，第三十二卷第二期。

87. 〈談《令殷》中的楚及相關諸問題〉，《中華文史論叢》，第四十六輯。

88. 〈談古官司空之職──兼說考工記的内容作成時代〉，沈長雲，《中華文史論叢》，1983 年第三期。

89. 〈論左史倚相籍貫、職司及溝通周晉楚文化先導作用〉，張君，《晉陽學刊》，1988 年第一期（總第四十六期）。

90. 〈論先秦時期瞽矇的社會功能及歷史地位〉，許兆昌，《史學集刊》，1996 年第二期。

91. 〈論先秦楚國職官名稱及其有關問題〉，李瑾、徐俊，《華中師院學報》，1982 年第六期。

92. 〈論春秋官制的演變〉，郝鐵川，《中國史研究》，1987 年第一期。

93. 〈論楚令尹的内政權〉，宋公文，《湖北大學學報》（哲學社會科學版），1988 年第一期。

94. 〈論楚國職官名稱及其有關問題〉，《華中師院學報》，1982 年第六期。

95. 〈論歷代中央官制之變遷〉，劉師培，《國粹學報》，第二十七期，1907 年。

96. 〈論蘇掩治賦〉，李學勤，《江淮論壇》，1984 年第三期。

97. 〈魯國的歷史地位與魯國史研究〉，楊朝明，《史學集刊》，1995 年第四期。

98. 《《周禮》成書年代〉，楊建芳，《中國文化研究所學報》，第二十二卷，1991 年。

99. 〈關于春秋時代的楚王權──從莊王時代到靈王時代〉，安倍道子，《楚史研究專輯》，湖北省楚史研究會、武漢師範學院學報編輯部同編。

100. 〈關于蔿掩庀賦〉，劉家和，《江淮論壇》，1984 年第三期。

101. 〈釋「莫敖」，唐嘉弘〉，《江淮論壇》，1984 年第十一期。

102. 〈讀《評鬻熊爲火師說》有感〉，《江淮論壇》，1984 年第三期。

103. 〈觀射父——春秋末期楚國宗教思想家〉，蕭漢明，《江淮論壇》，1986 年第五期。

104. 〈左傳人物名號研究〉，方炫琛，政治大學中國文學研究所博士論文，民國 72 年。

105. 〈包山楚簡所見楚官制研究〉，文炳淳，台灣大學中文研究所碩士論文，民國 86 年。

106. 〈古代禮俗左右之辨研究——以三禮爲中心〉，彭美玲，台灣大學中國文學研究所，博士論文，民國 85 年 5 月。

107. 〈西周冊命金文所見官制研究〉，汪中文，臺灣師範大學國文研究所博士論交，民國 78 年。

108. 〈巫及其與先秦文化之關係〉，李添瑞，政治大學中國文學研究所碩士論文，民國 77 年。

109. 〈晉史蠡探——以兵制與人事爲中心〉，台灣大學中文研究所博士論文，民國 81 年 5 月。

110. 〈敘事與解釋——《左傳》經解研究〉，張素卿，台灣大學中國文學研究所博士論文，民國 86 年 5 月。

附　表

附表一　各國職官一覽表——《周禮》天官之屬

官名	周	魯	鄭	衛	晉	吳	齊	楚	宋	秦	邾	曹	越	薛	十三國
1. 大宰	✓宰	✓	✓		✓		✓		✓				✓	✓	8
2. 少宰								✓	✓						2
3. 左宰		✓													1
4. 右宰				✓											1
5. 宰旅	✓														1
6. 宰人		✓													1
7. 宰夫				✓	✓		✓								3
8. 膳夫	✓														1
9. 膳宰					✓										1
10. 饔人		✓					✓								2
11. 甸人					✓			✓帥甸							2
12. 獸人					✓										1
13. 醫					✓		✓	✓		✓					4
14. 府人		✓	✓		✓				✓						4
15. 小臣					✓										1
16. 大閽						✓		✓大閣			✓				3
17. 閽								✓							1
18. 寺人		✓侍人		✓	✓	✓			✓						5
19. 司宮		✓	✓					✓	✓另有巷伯						4
20. 豎				✓	✓							✓			3
21. 外僕			✓掌舍												1
二十一類	3	7	5	3	9	2	4	6	6	1	1	1	1	1	50

附表二　各國職官一覽表──《周禮》地官之屬

序號	官名 ＼ 國名	1 周	2 魯	3 鄭	4 衛	5 晉	6 齊	7 楚	8 宋	9 陳	10 蔡	11 隨	十一國 統計
1.	大司待	∨	∨	∨	∨			∨	∨	∨			7
2.	鄉　正								∨				1
3.	封　人			∨				∨	∨		∨		4
4.	牧　人					∨	∨	∨					3
5.	縣　師						∨						1
6.	保氏（師氏）				∨								1
7.	大師（師氏）	∨	∨		∨			∨			∨		6
8.	太傅（師氏）					∨	∨						2
9.	太子師、太子傅（師氏）	∨						∨	∨				4
10.	少師（師氏）				∨			∨				∨	3
11.	門尹（司門）								∨				1
12.	隧正（遂大夫）		∨						∨				2
13.	縣人、縣宰、縣公、縣大夫		∨		∨縣人	∨		∨縣公	∨				5
14.	虞　人		∨				∨						2
15.	迹　人								∨				1
	15 類	3	5	2	5	6	4	7	7	1	2	1	43

附表三　各國職官一覽表——《周禮》春官之屬

序號	官名	1 周	2 魯	3 鄭	4 衛	5 晉	6 齊	7 秦	8 楚	9 宋	10 邾	11 隨	12 虢	13 梁	十三國統計
1.	宗伯		✓												1
2.	宗人												✓		1
3.	典瑞									✓					1
4.	司墓（墓大夫）			司墓✓											1
5.	泠、師（樂師）	泠✓	師✓						✓	✓					4
6.	大師					✓	✓								2
7.	工（瞽）		工✓	✓	✓	工✓									4
8.	卜正、大卜、卜尹	卜正✓				大卜✓			卜尹✓				✓		4
9.	卜		✓	✓		✓		✓							4
10.	筮史（筮人）		✓		✓	✓				✓					4
11.	占夢					✓									1
12.	大祝					✓									1
13.	祝						祝✓			✓			✓		3
14.	祝史		✓	祝史✓	✓							祝史✓			4
15.	祝宗		✓	✓	✓										3
16.	巫（司巫）				✓	✓			✓						3
17.	巫（男巫）		✓												1
18.	大史	✓	✓	✓	✓	✓			✓		✓			✓	8
19.	內史	✓													1
20.	外史		✓												1
21.	左史				✓	✓									2
22.	祭史						✓								1
23.	南史						✓								1
24.	史						✓								1
25.	巾車		✓			✓									2
26.	宗人（都宗人）		✓	✓									✓		3
27.	祝宗（家宗人）		✓	✓	✓										3
	二十七類	4	13	8	8	11	5	1	4	4	1	1	4	1	65

附表四　各國職官一覽表——《周禮》夏官之屬

序號	官名	1 周	2 魯	3 鄭	4 衛	5 晉	6 楚	7 宋	8 陳	9 蔡	10 隨	十國統計
1.	大司馬		✓	✓			✓	✓	✓	✓		6
2.	小司馬							✓				1
3.	中軍司馬					✓						1
4.	上軍司馬					✓						1
5.	左司馬						✓					1
6.	左司馬						✓					1
7.	城父司馬						✓					1
8.	侯人	✓候				✓	✓					3
9.	司士					✓						1
10.	僕大夫、正僕人（太僕）					✓	✓					2
11.	小臣					✓						1
12.	御僕		✓			✓						2
13.	御士	✓					✓	✓				3
14.	御戎		✓	✓	✓	✓	✓				✓	6
15.	右		✓	✓	✓	✓	✓				✓	6
16.	校人、校正		✓			✓校正		✓校正				3
17.	馬師（圉師）			✓								1
18.	圉人		✓			✓		✓				3
19.	馬正（家司馬）		✓									1
	十九類	2	7	4	2	11	9	5	1	1	2	44

附表五　各國職官一覽表——《周禮》秋官之屬

序號	官名	1 周	2 魯	3 鄭	4 衛	5 晉	6 齊	7 秦	8 楚	9 宋	10 吳	11 陳	12 唐	13 巴	十二國統計
1.	大司寇、司敗	✓	✓	✓	✓	✓	✓		✓ 司敗	✓			✓ 司敗		9
2.	小司寇									✓ 少司寇					1
3.	士師				✓ 大士	✓									2
4.	野司寇（縣士）			✓ 野司寇											1
5.	司隸					✓									1
6.	行人	✓	✓	✓	✓		✓	✓			✓	✓		✓	9
	六類	2	2	3	3	3	2	1	1	2	1	1	1	1	23

附表六　各國職官一覽表——《周禮》冬官之屬

序號	國名\官名	1 周	2 魯	3 鄭	4 衛	5 晉	6 宋	7 陳	8 曹	八國統計
1.	司空、司城		∨	∨		∨	∨司城	∨	∨司城	6
2.	陶　正	∨								1
3.	所		∨		∨	∨				3
	三　類	1	2	1	1	2	1	1	1	10